Manfred Müller

Der erfolgreiche Hundeführer

Der erfolgreiche Hundeführer

Von Manfred Müller

3., vollständig überarbeitete
und erweiterte Auflage

Verlagshaus Reutlingen · Oertel + Spörer

Haftungsausschluß

Die Hinweise in diesem Buch stammen vom Autor. Es können jedoch keinerlei Garantien übernommen werden.
Eine Haftung des Autors bzw. des Verlages und seiner Beauftragten für Personen-, Sach- und Vermögensschäden ist ausgeschlossen.

Die Deutsche Bibliothek – CIP-Einheitsaufnahme

Müller, Manfred:
Der erfolgreiche Hundeführer / von Manfred Müller. – 3., vollst. überarb. und erw. Aufl. – Reutlingen : Verl.-Haus Reutlingen Oertel und Spörer, 1995
ISBN 3-88627-150-1

Postfach 16 42 · D-72706 Reutlingen
3. Auflage

Schrift: 9½/11p Stone
Satz und Druck: Oertel + Spörer, Reutlingen
Einband: Heinrich Koch, Tübingen
Printed in Germany
ISBN 3-88627-150-1

Vorwort

Das Verhältnis zwischen Mensch und Hund ist **stets** nur so gut, wie der Hundeführer bereit ist, seine ihm zufallende Führerrolle **auf der Ebene des Hundes** zu verwirklichen. Dabei bestehen die zwei Grundbedingungen für eine **optimale** Lösung dieser Aufgabe darin, daß der Hundeführer

1. seine Führqualitäten **gezielt** ergründet und im Bedarfsfall entwickelt.
2. **sachlich** lernt, wie er sich dem Hund gegenüber zu verhalten hat.

Denn die Praxis zeigt immer wieder, daß hundliches Fehlverhalten fast ausschließlich die Folge **menschlicher** Führschwäche und Unkenntnis ist. So handelt z. B. ein Mensch lern- und tierpsychologisch falsch, wenn er seinen Hund vermenschlicht, versachlicht, versklavt, perfektioniert oder seinen Hund weitgehend sich selbst überläßt. Ein Hund kann nur dann in **jeder** Hinsicht **erfolgreich** behandelt, geformt, geführt und gehalten werden, wenn der Hundeführer sein Metier **bestens** beherrscht und mit dem Hund allzeit **artgerecht** zusammenarbeitet. Die logische Konsequenz ist, daß Mensch und Hund ein Lernpaar sind und **beide** lernen müssen – der Mensch zuerst und der Hund danach, **nicht** umgekehrt und **nicht** einseitig. Dabei besteht das Hauptproblem für den Menschen darin, sich ein **hundgerechtes** Verhalten anzugewöhnen, d. h. entsprechend den Regeln der Hundewelt zu agieren und zu reagieren und **nicht** nach den Prinzipien der Menschenwelt.

Damit der Mensch sich nun zu einem **wirklich** erfolgreichen Hundeführer in **allen** Lebenslagen entwickeln kann, habe ich dieses Buch zu einem **allgemeinen** „Lehrbuch für erfolgreiche Hundeführung" vervollkommnet. Das Wesentliche im **richtigen** Umgang mit dem Hund ist so detailliert in Wort und Bild dargestellt, daß die **praktische** Befolgung dieser aufgezeigten Wahrheiten und der daraus resultierende **richtige** Umgang mit dem Hund für jeden aufgeschlossenen und verantwortungsbewußten Hundeführer nahezu mühelos ist.

In diesem Sinne wünsche ich den Hundeführern **alles** erdenklich Gute bei ihrer Selbstverwirklichung als **erfolgreicher** Hundeführer.

Manfred Müller

Manfred Müller, Architekt, geb. 1939, hat von Geburt an mit Deutschen Schäferhunden zusammengelebt. Einschlägiges Studium der Verhaltensbiologie und Lernpsychologie. Seit 1970 Spezialisierung auf tierpsychologisch richtige Förderung, Formung und Führung von Schutzhunden. Intensive Forschungsarbeit und vorzügliche Leistungen mit vielen verschiedenen Hundetypen unterschiedlichen Alters aus Eigenzucht (Zucht v. Deutschen Schäferhunden unter dem Zwingernamen „vom Wildbachtal") und Fremdzucht. Ziel: Verbesserung der Schutzhundgestaltung auf breiter Basis. Umfangreiche Vortragstätigkeit und zahlreiche Publikationen in diversen Fachorganen. Aufzeichnungen der Erkenntnisse in Büchern und Filmen.

Veröffentlichte Werke im Verlag Oertel + Spörer:
„Vom Welpen zum idealen Schutzhund"
= allgem. Leitfaden für den Aufbau des Hundes
„Der erfolgreiche Hundeführer"
= allgem. Leitfaden für die Hundeführertätigkeit
„Die Spezialausbildung des Schutzhundes"
= spezieller Leitfaden für die Schutzhundprüfungen
„Der leistungsstarke Fährtenhund"
= spezieller Leitfaden für die Fährtenarbeit
„Der echte, führige Schutzhund"
= spezieller Leitfaden für den Schutzdienst

Inhalt

Teil I

Die Führ-Reife

Kapitel 1

Das Entwicklungssystem

Die Grundlage jeder *richtigen* Behandlung des Hundes mit *allen* Konsequenzen ist ein *optimales* Mensch-Hund-Verhältnis. Die zwei wichtigsten Komponenten dieser *idealen* Mensch-Hund-Beziehung sind, daß der Hundeführer

1. sich selbst und seinen Hund *sicher* beurteilt, die einzelnen Verhaltensweisen *eindeutig* versteht und mit dem Tier *artgerecht* umgeht;

2 ein *umfassendes* Fachwissen besitzt, den hundlichen Lehrstoff bis in das *kleinste* Detail beherrscht sowie den Grund und die Bedeutung *aller* seiner Handlungen *genau* kennt.

Diese zwei Komponenten enthalten ein Gemisch von *verschiedenen* Einzelheiten, die ein *bestimmtes* Lehrgebäude darstellen. Im ersten Teil dieses Buches wollen wir nun das Lehrgebäude für die Entwicklung der Führ-Reife *näher* untersuchen. Dabei beginnen wir gleich mit der Hauptfrage:

„Besitzen wir die für eine *erfolgreiche* Hundeführung *notwendigen* Führeigenschaften?"

Bekanntlich ist der erste Kernpunkt jeder *mustergültigen* Führung von Hunden die Führ-Reife des Menschen. Diese Führerreife ist primär das Resultat der Selbsterziehung, die wiederum das Produkt aus Einsicht und Selbsterkenntnis ist. Dabei bildet die Einsicht des Menschen den Untergrund und die Selbsterkenntnis das Fundament jeder echten *erfolgreichen* Hundeführung. Diese Wahrheit gilt ganz *besonders* für die Führer von Schutzhunden, weil gerade in dieser Mensch-Hund-Beziehung der Rudelführer *immer* der Mensch sein sollte. Dies bedeutet z. B., daß der Hundeführer *jederzeit* in der Lage sein sollte, den Schutzhund mit *unbedingter* Sicherheit von einem Angriff abzuhalten oder einen begonnenen Kampf in *jeder* Phase *kompromißlos* abzubrechen. Dagegen kann der Schutzhund zu einer ständig ungesicherten Waffe werden, wenn er seinem Führer nicht in *jeder* Situation *zuverlässig* gehorcht. Deshalb sollte der Hund z. B. im Schutzdienst *stets* führerabhängig arbeiten und *niemals* helferabhängig, d. h. *nur* der Führer bestimmt den Kampfverlauf, *nicht* der Helfer und noch weniger der Schutzhund.

Da die Führerrolle im Mensch-Hund-Rudel also *ausschließlich* dem Menschen zukommt, sollten wir möglichst schon *vor* dem Kauf eines Schutzhundes klären, ob wir auch die *notwendigen* Führungsqualitäten besitzen.

Stellt sich bei der Selbstanalyse heraus, daß unser geistig-seelisches Netzwerk unvollkommen in bezug auf eine *erfolgreiche* Hundeführung ist, dann sollten wir diese Lücken *umgehend* schließen. Wollen wir aus irgendwelchen Gründen diese Mängel *nicht* beheben, dann sollten wir im Interesse *aller* Beteiligten auf einen Schutzhund verzichten.

Diese Eigenkontrolle sollten die Vereine *aller* Schutzhundrassen dadurch fördern, daß sie ihre gut veranlagten Tiere *nur* an Hundeführer abgeben, die durch ihre Führqualitäten dem Schutzhund eine tierpsychologisch *richtige* Ausbildung, Führung und Haltung garantieren.

Die Führeigenschaften sind aber nicht nur für die Schutzhundführer von *entscheidender* Bedeutung. Auch die Figuranten oder Helfer sollten *beste* Charaktermerkmale in Verbindung mit einem *fundierten* Fachwissen besitzen. Denn das spätere Verhalten des Schutzhundes gegenüber den Menschen allgemein und dem Helfer im besonderen ist sehr stark abhängig von den Erfahrungen, die der Hund während des Aufbaues im Schutzdienst sammelt.

Was nützt dem Hundeführer ein Schutzhund, den er von Anfang an zwar *optimal* aufgebaut hat, der dann aber von einem *unqualifizierten* Helfer so behandelt wird, daß er entweder überhaupt nicht mehr beißt oder bösartig, bissig, unsicher und unberechenbar wird. Der Schutzhund wird dieses Trauma zeitlebens *nicht* überwinden und der einst bestens geformte Hund wird zum Problemhund.

Vom Hund wird z. B. einwandfreier Charakter, Mut, Kampftrieb und „sportliches" Verhalten verlangt. Dagegen zeigt die Arbeit und das Produkt „Schutzhund" vieler Helfer, daß die Helfertätigkeit scheinbar an keine Voraussetzungen gebunden ist. Dabei sollten gerade diese Personen, welche dem Schutzhund die Kampftaktik beibringen, besonders ausgeglichene, beherrschte, charakterstarke, verantwortungsbewußte, aufgeschlossene , intelligente, bewegliche und fachlich qualifizierte Menschen sein. Sie sollten ein ausgeprägtes Einfühlungs- und Reaktionsvermögen sowie eine hohe geistige Reife besitzen.

Jähzornige, nervöse, reizbare, unsichere, einseitige, träge, interessenlose, bequeme, voreingenommene, gewalttätige und mißgünstige Menschen eignen sich kaum für diesen „Job". Noch ungeeigneter sind Menschen mit Charakterschwäche, Gefühllosigkeit, Verantwortungslosigkeit, Lernunfähigkeit und vor allem solche mit Komplexen. Auf keinen Fall aber sollten Personen das Amt des Schutzdiensthelfers erhalten, deren Geist im umgekehrt proportionalen Verhältnis zu ihrer Körperkraft steht.

Hier tragen die einzelnen örtlichen Schutzhundvereine eine große Verantwortung, deren sich die wenigsten richtig bewußt sind. Vor allem aber sollten die Hauptvereine darauf dringen, daß in den Ortsgruppen nur Helfer eingesetzt werden, die

a) in einer Eignungsprüfung nachgewiesen haben, daß sie für dieses Amt die notwendigen geistigen, seelischen und körperlichen Voraussetzungen mitbringen, und
b) in speziellen Kursen für diese verantwortungsvolle Aufgabe intensiv geschult wurden.

1. Die Einsicht

Es ist ein bekannter Endruck, daß in unserem heutigen technischen Zeitalter die *meisten* Menschen sich selbst die Nächsten sind. Wie die Erfahrung zeigte, sind auch die meisten Hundeführer mehr an sich selbst als an anderen interessiert. Die Folge davon ist, daß nur wenige Hundeführer *aufgeschlossen* auf die Probleme anderer Hundeführer reagieren und sich *offen* mit diesen auseinandersetzen.

Von dieser *loyalen* Minderheit besitzen leider nur *eine geringe Zahl* das *notwendige* theoretische und praktische Rüstzeug für eine *wirkliche* Hilfe. Und von diesem Rest an *qualifizierten* Hundeführern sind nur einige bereit, ihr Wissen und ihre Erfahrungen an *jeden* Hundeführer *uneingeschränkt* weiterzugeben. Diese wenigen *ideale*n Hundeführer sind dann häufig auch noch Einzelgänger und oft wenig bekannt.

Dieser Mangel an wirklich *fähigen* Hundeführern zwingt den *hilfesuchenden* Hundeführer in der Regel, sich mit den *eigennützig* denkenden und handelnden Kameraden auseinanderzusetzen. Damit aber ist der Mißerfolg für den Hilfesuchenden vorprogrammiert, weil diese Art Menschen ihre Mitmenschen gewöhnlich nur im Hinblick auf ihren *eigenen* Vorteil fördern.

Da auch bei diesen „Ego-Hundeführern" die notwendigen *fachlichen* Voraussetzungen für eine *echte* Hilfe meist fehlen, kann die Zusammenarbeit nur *negative* Folgen haben, d. h. der Schaden ist für den Hilfesuchenden *stets* größer als der Nutzen. Damit aber hat der hilfesuchende Hundeführer seine kostbare Energie und Zeit im Hinblick auf eine *erfolgreiche* Hundeführung vergeudet.

Wie können wir uns als Hundeführer vor so einem Mißerfolg schützen? Die Antwort auf diese Frage ist sehr *einfach* und *wirksam* zugleich:

„Übernimm für alle Belange im Umgang mit dem Hund selbst die Verantwortung!"

Dies bedeutet, daß wir den Weg zum *erfolgreichen* Hundeführer *selbständig* und *eigenverantwortlich* gehen sollten – *ohne* dabei die Schuld für Fehler, Mißgeschicke, Niederlagen etc. auf andere oder auf äußere Umstände abzuwälzen, *vor allem nicht auf den Hund.* Denn der Hund unterliegt dem „Muß-Gesetz" seiner Artwelt und kann nur so handeln, wie es ihm seine Instinkte und seine instinktgebundenen Lernerfahrungen vorschreiben. Dabei sind die Lernerfahrungen des von Natur aus *prädestinierten* „Haustieres Hund" fast ausschließlich die Resultate von Menschenprägungen, vor allem durch die Bezugsperson Hundeführer.

Somit *disqualifizieren* wir uns als Hundeführer selbst, wenn wir dem zuvor *falsch* erzogenen Hund auch noch die Schuld für sein Fehlverhalten zuschieben.

Aber nun zurück zu der Antwort: „Übernimm für *alle* Belange im Umgang mit dem Hund *selbst* die Verantwortung". Diese Aussage mag im ersten Augenblick für einige Hundeführer ungewohnt oder schockierend sein. Aber es ist die *einzige* Möglichkeit der Selbstentwicklung *ohne* nachteilige Fremdbestimmung, und *alle* wirklich *erfolgreichen* Hundeführer sind *letztlich* diesen Weg der Selbstbestimmung gegangen. Dabei ist es wichtig, *jeden* Zweifel hinsichtlich der Zielerreichung auszuschalten und seine *ganze* Energie auf die Wegarbeit zu richten. Denn das Ziel ist nur das Ende des Weges oder das Ergebnis der Wegarbeit oder das Dach des fertig errichteten Mensch-Hund-Gebäudes.

Haben wir diese *entscheidende* Gegebenheit der Selbstentwicklung zu unserer *eigenen* Sache gemacht, indem wir uns gedanklich und gefühlsmäßig mit der Eigenverantwortlichkeit *voll* identifiziert haben, dann können wir mit der Errichtung des Fundaments beginnen.

2. Die Selbsterkenntnis

Wie bereits dargestellt, ist das Lernverhalten des Hundes im wesentlichen das Ergebnis der Führererziehung. Somit läßt *jedes* Fehlverhalten des Hundes *stets* Rückschlüsse auf die Charaktermerkmale des Hundeführers zu. Dies bedeutet, daß auch der Hundeführer am Verhalten des Hundes seine *eigenen* Stärken und Schwächen erkennen kann, vorausgesetzt, der Hundeführer ist *ehrlich* zu sich selbst. Und diese Ehrlichkeit zu sich *selbst* ist der *wichtigste* Bestandteil der Eigenverantwortung. Deshalb können wir mit Erfolg *eigenverantwortlich* nur tätig sein, wenn wir unseren Charakter ehrlich analysieren und unsere Stärken und Schwächen *objektiv* registrieren und akzeptieren. Mit anderen Worten: Die Übernahme der Eigenverantwortung bedingt Selbsterkenntnis für den Erfolg! Und je besser ein Mensch sich *selbst* erkennt, desto mehr kann er sein Leben und seine Tätigkeit *selbst* bestimmen.

Diese Selbstanalyse zur Erkenntnis der *eigenen* Wesensart kann entweder *ausschließlich* durch Selbstbeobachtung und *eingehender* Selbsterforschung erfolgen oder mit Hilfe von Typisierungen, angefangen mit der hippokratischen Temperamentslehre bis hin zur Geburts-Horoskop-Analyse.

Dabei sollten diese verschiedenen Aussagen wirklich *nur* als Hilfsmittel zur Erleichterung der Selbstanalyse betrachtet und verwendet werden, aber *nicht* als bindender Tatbestand. Denn *jeder* Mensch ist zwar eine Persönlichkeit, die nach einer ganz bestimmten Gesetzmäßigkeit aufgebaut ist, aber diese Persönlichkeitsstrukturen sind bis zu einem gewissen Grad veränderbar. Daher kann auch niemand unsere Wesensmerkmale so *vollkommen* erfassen wie wir selbst. Dies bedeutet, daß nur wir *selbst* unsere mehr oder weniger ausgeprägten Begabungen und Fähigkeiten, verbunden mit unseren speziellen Interessen und Verhaltensweisen, *vollständig* erkennen können und *nicht* andere Personen.

Somit ist der Kern der Selbsterkenntnis die Selbstanalyse und *nicht* die Fremdanalyse.

Die allgemeine Charakterologie allein genügt aber nicht, um einen Hund *erfolgreich* zu führen. Denn ob z. B. der Mensch

1. mehr theoretisch oder mehr praktisch begabt ist;
2. seinen Willen mehr aktiv-dynamisch oder passiv-verhalten entfaltet;
3. mehr enge Umweltbeziehungen pflegt oder sich mehr auf sich

selbst zurückzieht ist im *richtigen* Umgang mit dem Hund zweitrangig.

Das *wichtigste* in der *optimalen* Mensch-Hund-Beziehung sind die Führeigenschaften des Menschen. Diese sollten im Hundeführer entweder bereits als Stärken vorhanden sein oder durch *gezieltes* geistiges und körperliches Training aufgebaut, ergänzt oder verbessert werden.

Aus diesem Grund ist bei der Selbstanalyse *größter* Wert zu legen auf die Erforschung der Führeigenschaften. Dies gilt vor allem für die Führer von Schutzhunden, weil sich hier ein *schlechter* oder *widersinniger* Umgang mit dem Hund *umweltbelastender* oder *umweltgefährdenter* auswirkt als falsche Verhaltensweisen bei kleinen Hunderassen.

Da die wissenschaftlichen Charakterologien und Typologien sich *nicht* speziell auf die Führeigenschaften des Hundeführers beziehen, sollen jetzt einige Hundeführermerkmale schematisch zusammengestellt werden. Diese Abstraktion erhebt zwar nicht den Anspruch auf Vollständigkeit, aber sie ist eine gute Hilfskonstruktion für die Selbstanalyse.

A: Wichtige Führeigenschaften

positive	**negative**
Aktivität	Passivität
Arbeitsfreude	Lustlosigkeit
Artgerechte Tierliebe	Vermenschlichung/Versachlichung
Aufgeschlossenheit	Interessenlosigkeit/ Voreingenommenheit
Ausdauer	Unbeständigkeit
Ausgeglichenheit	Launenhaftigkeit
Autorität	Herrschsucht/Gewalt
Begeisterungsfähigkeit	Freudlosigkeit
Beherrschtheit	Unbeherrschtheit
Beobachtungsgabe	Deutungsmangel
Bescheidenheit	Überheblichkeit
Denkfähigkeit	Unlogische Denkweise
Durchsetzungsvermögen	Schwachheit
Einfühlungsvermögen	Gefühllosigkeit

Einsicht	Uneinsichtigkeit
Entschlossenheit	Unentschlossenheit
Ernsthaftigkeit	Lauheit
Fachwissen	Unwissenheit
Führvermögen	Unterordnungsbereitschaft
Geduld	Ungeduld
Geistige Reife	Komplexe
Gelassenheit	Reizbarkeit
Gewissenhaftigkeit	Ungenauigkeit
Intelligenz	Lernunfähigkeit
Konsequenz	Inkonsequenz
Ordnung	Unordnung
Pflichtgefühl	Nachlässigkeit
Reaktionsvermögen	Trägheit
Realismus	Schwärmertum
Regelmäßigkeit	Unregelmäßigkeit
Richtiger Tonfall	Schreierei/Monotonie
Ruhe	Unruhe
Schnelligkeit	Langsamkeit
Sicherheit	Unsicherheit
Standhaftigkeit	Wankelmut
Tatkraft	Energielosigkeit
Unterscheidungsgabe	Voreingenommenheit
Verantwortung	Verantwortungslosigkeit
Verständnis	Verständnislosigkeit
Vertrauen	Mißtrauen
Vielseitigkeit	Einseitigkeit
Vorstellungsvermögen	Phantasielosigkeit
Weitblick	Kurzsichtigkeit
Willensstärke	Willensschwäche
Zielstrebigkeit	Ziellosigkeit
Zuversichtlichkeit	Zweifel

Haben wir unsere Stärken und Schwächen soweit aufgedeckt, dann sollten wir eine Bewertung dieser Eigenschaften vornehmen nach der Regel:

Decke zuerst *objektiv* und *kompromißlos* alle deine *positiven* und *negativen* Führeigenschaften auf. Notiere sie und liste deine Stärken und Schwächen nach Ausprägungsgrad auf.

positive Eigenschaften			negative Eigenschaften		
stark	mittel	schwach	schwach	mittel	stark

Jetzt können wir *genau* erkennen, in welche Richtung wir als Hundeführer primär tendieren. Entsprechen unsere geistig-seelischen Eigenschaften mehr dem Pol des reinen Hundeliebhabers, den der Hund zwar liebt, aber in *keiner* Weise achtet und gehorcht oder neigen wir mehr zum Pol des Tyrannen, dem der Hund zwar mehr oder weniger gut gehorcht, aber den er weder respektiert noch liebt.

B. Der Hundeführertyp

Zeigt die Selbstanalyse, daß der Hundeführer von Natur aus bereits viele *positive* geistig-seelische Eigenschaften besitzt, vor allem *ausgeprägte* Führungsqualitäten, dann kann er sogar weniger gut veranlagte Hunde *optimal* führen. Sind dagegen seine Wesenszüge *unvollkommen* in bezug auf die Hundeführung, dann wird er auch mit dem *besten* Tier nur beschränkte Erfolge erzielen.

Dieser Mangel an Führeigenschaften bedeutet auf der anderen Seite jedoch nicht, daß der Hundebesitzer zeitlebens ein mittelmäßiger Hundeführer bleibt. Denn der Mensch besitzt die Fähigkeit, durch Änderung seines Selbstbildes, das jedes menschliche Wesen in sich trägt und auf dem seine Persönlichkeit, sein Verhalten und sogar seine persönlichen Lebensbedingungen gegründet sind, auch seine Persönlichkeit und sein Verhalten zu ändern. Dies bedeutet: *Jeder Besitzer eines*

Hundes kann sich durch gezieltes geistiges und körperliches Training zu einem erfolgreichen Hundeführer entwickeln.

Diese Tatsache ist besonders für den Schutzhundführer von *entscheidender* Bedeutung. Denn die Qualität der Schutzhundleistungen ist fast ausschließlich abhängig von den Eigenschaften des Hundeführers und weniger von den Anlagen des Hundes, es sei denn, der Schutzhund ist wesensschwach und dadurch nicht ausbildbar.

Diese Erkenntnis stellen die *wirklichen* Könner in der Schutzhundausbildung *jederzeit* unter Beweis. Daraus folgt: Wenn die Leistungen des Schutzhundes *primär* von den Führeigenschaften des Hundeführers bestimmt werden, dann trifft bei einem Versagen des Schutzhundes *niemals* die Schuld den Hund, sondern *stets* den Hundeführer. Somit sollte auch *nicht* der Schutzhund z. B. von Amts wegen bestraft werden, wenn er anderen Menschen einen Schaden zufügt, sondern *immer* der Hundeführer.

Diese *große* Verantwortung, die Führer von Schutzhunden gegenüber dem Tier und der Umwelt haben, bedingt logischerweise eine *höhere* Führungsqualifikation. Vor allem die vier Grundeigenschaften *jeder vernünftigen* Hundeführung sollten die Schutzhundführer von Natur aus oder durch Selbsterziehung im *richtigen* Maß besitzen: *Aufgeschlossenheit, Beherrschtheit, Ernsthaftigkeit und Führvermögen.*

Die *wichtigsten* Elemente dieser einzelnen Grundeigenschaften sind im Bereich:

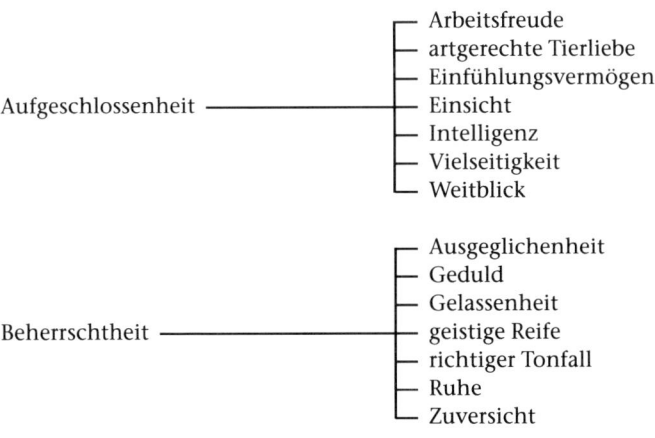

Aufgeschlossenheit
- Arbeitsfreude
- artgerechte Tierliebe
- Einfühlungsvermögen
- Einsicht
- Intelligenz
- Vielseitigkeit
- Weitblick

Beherrschtheit
- Ausgeglichenheit
- Geduld
- Gelassenheit
- geistige Reife
- richtiger Tonfall
- Ruhe
- Zuversicht

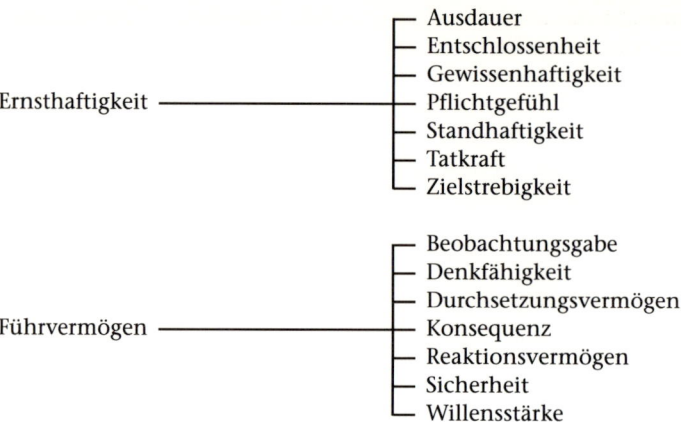

Ernsthaftigkeit
- Ausdauer
- Entschlossenheit
- Gewissenhaftigkeit
- Pflichtgefühl
- Standhaftigkeit
- Tatkraft
- Zielstrebigkeit

Führvermögen
- Beobachtungsgabe
- Denkfähigkeit
- Durchsetzungsvermögen
- Konsequenz
- Reaktionsvermögen
- Sicherheit
- Willensstärke

Die Stärke der vier Grundeigenschaften *jeder vernünftigen* Hundeführung können wir nach folgender Regel feststellen:

Übertrage deine nach Ausprägungsgrad geordnete Stärken und Schwächen in die Wirkungsgrad-Tabelle der vier Grundeigenschaften.

	postive Eigenschaften			negative Eigenschaften		
Eigensch.	stark	mittel	schwach	schwach	mittel	stark
Aufge-schlossen-heit						
Be-herrscht-heit						
Ernst-haftig-keit						
Führ-ver-mögen						

Jedoch ist die Kenntnis der vier Grundeigenschaften mit ihren Bestandteilen für den Aufbau eines *angemessenen, realistischen* Selbstbildes als Hundeführer nur dann sinnvoll, wenn gleichzeitig ein Wertmaßstab besteht, an dem der einzelne Hundeführer sein *momentanes* Niveau erkennen kann.

Aufgrund ihrer verschiedenen geistig-seelischen Eigenschaften können die Hundeführer in acht Eignungsstufen unterteilt werden:

Stufe I: Das sind *ideale* Hundeführer, die eine *echte* Autorität sind und alle *wichtigen* Bestandteile der vier Grundeigenschaften *optimal* besitzen.
Jedoch besteht die *negative* Seite dieser Stufe, die als Anlage bekämpft werden sollte, primär in der Neigung zum Einzelgänger.

Stufe II: Das sind *vorzügliche* Hundeführer, die eine Autorität sind und alle *wichtigen* Bestandteile der vier Grundeigenschaften besitzen.
Jedoch besteht die *negative* Seite dieser Stufe, die als Anlage bekämpft werden sollte, primär in der Neigung zu Herrschsucht.

Stufe III: Das sind *sehr gute* Hundeführer, die autoritär veranlagt sind und viele Bestandteile der vier Grundeigenschaften besitzen.
Jedoch besteht die *negative* Seite dieser Stufe, die als Anlage bekämpft werden sollte, primär in der Neigung zu Herrschsucht, Überheblichkeit und Voreingenommenheit.

Stufe IV: Das sind *gute* Hundeführer, die bestimmte Führeigenschaften besitzen, aber durch die *negative* Seite dieser Stufe, die als Anlage bekämpft werden sollte, sich selbst behindern. Dieses Hemmnis besteht primär in der Neigung zu Lauheit und Unbeherrschtheit.

Stufe V: Das sind *mittelmäßige* Hundeführer, deren *negative* Seite, die als Anlage bekämpft werden sollte, primär in der Neigung zu Lauheit, Unbeherrschtheit und Voreingenommenheit besteht.

Stufe VI: Das sind *schlechte* Hundeführer, deren *negative* Seite, die als Anlage bekämpft werden sollte, primär in der Neigung zu Lauheit, Unbeherrschtheit, Unterordnungsbereitschaft und Voreingenommenheit besteht.

Stufe VII: Das sind *sehr schlechte* Hundeführer, deren *negative* Seite, die als Anlage bekämpft werden sollte, primär aus Komplexen besteht.

Stufe VIII: Das sind *ungeeignete* Hundeführer, deren *negative* Seite alle *wichtigen* Bestandteile der vier Grundeigenschaften in *gegenteiliger* Form umfaßt.

Natürlich wird ein Hundeführer anlagemäßig kaum einer Eignungsstufe voll entsprechen. Dies ist auch nicht wichtig. Entscheidend für die Selbsteinstufung sind die positiven Eigenschaften einer Stufe, die der Hundeführer überwiegend besitzt. Aber auch die fehlenden Führeigenschaften und die negativen Neigungen sollten erfaßt werden, damit der Hundeführer diese Unvollkommenheiten zielgerecht beseitigen kann.

Zusammenfassend können wir feststellen:

Ein Hund wird uns um so uneingeschränkter als Meuteführer lieben, anerkennen und gehorchen, je positiver unsere geistig-seelischen Eigenschaften und je ausgeprägter unsere Führveranlagungen sind.

Charakterliche Unvollständigkeiten in bezug auf den Aufbau und die Führung von Hunden wirken sich auf Dauer nur dann nachteilig aus, wenn sie vom Hundeführer nicht systematisch beseitigt werden.

Fazit: Jeder Führer eines Hundes, egal welcher Rasse und welcher Größe, kann sich durch *gezieltes* geistiges und körperliches Training *jederzeit* von einer niedrigeren zu einer höheren Eignungsstufe emporarbeiten. Dabei sollte der Hundeführer nach folgender Regel handeln:

Bestimme deine momentane Führerstufe und beginne mit der Verbesserung jener Führeigenschaften, die die *wenigsten* Unvollständigkeiten aufweisen oder die für dich am *leichtesten* zu erreichen sind, z. B. die „starken" Stärken und die „schwachen" Schwächen.

Allgemein gilt:

Wer ein *erfolgreicher* Hundeführer werden will, sollte zuerst einmal seine eigenen Stärken und Schwächen studieren, sich selbst richtig erkennen und dann erst den Hundetyp wählen.

Wer als Schutzhundeführer *erfolgreich* sein will, sollte zielstrebig seine Führeigenschaften vervollkommnen und den Hund tierpsychologisch richtig aufbauen.

Wer im Beruf Erfolg hat und ihn gern ausübt, wer glücklich, fröhlich und zufrieden mit sich selbst ist, eignet sich besser zum Schutzhundführer als Absteiger, Unzufriedene und Erfolglose.

Wer seine volle Aufmerksamkeit auf das anzustrebende Ziel richtet, wer positiv denkt, schöpferisch handelt und wer an den Erfolg glaubt, der erreicht die befriedigende Erfüllung seines langerstrebten Zieles.

Wer seine naturgegebenen Talente weckt und fördert, seine Tüchtigkeit unter Beweis stellt und wer seine negativen Gewohnheiten ändert, der entwickelt ein angemessenes, realistisches Selbstbild.

Wer den Mut aufbringt, Fehler zu machen, den Erfolg zu riskieren und wer eine „Blamage" einstecken kann, der handelt richtig. Denn ohne Fehler, Irrtümer und Niederlagen können wir keine neuen Fähigkeiten erlernen. Das Hauptziel sollte es sein, ein innerlich ausgeglichener, selbstsicherer und schöpferisch denkender Hundeführer zu werden, der den Anforderungen einer tierpsychologisch richtigen Hundeausbildung gerecht wird und der Erfolg hat.

Dieses Hauptziel sollte mit *vollem* inneren Engagement *freudig* und *zuversichtlich* angestrebt werden, *ohne* sich von der Umwelt in irgendeiner Weise daran hindern zu lassen.

3. Die Selbsterziehung

Das Geheimnis *guter* menschlicher Beziehung ist primär Toleranz und Freundlichkeit. Diese beiden Eigenschaften sind mit ihren Einzelheiten jedoch *keine* Selbstverständlichkeit, sondern *vorwiegend* das Ergebnis einer *gründlichen* Selbsterziehung.

Das Geheimnis eines *erfolgreichen* Mensch-Hund-Teams ist primär Ernsthaftigkeit und Führvermögen. Diese beiden Eigenschaften mit ihren einzelnen Elementen sind in der Regel ebenfalls *zielstrebig* zu erwerben, zu vervollständigen, zu vervollkommnen und zu festigen.

Die Praxis zeigt jedoch, daß diese *notwendige* Selbsterziehung von vielen Hundeführern bisher überhaupt nicht erkannt oder sehr vernachlässigt oder generell nicht durchgeführt wurden.

Die Unterlassung dieses *wesentlichen* Bestandteils jeder *erfolgreichen* Hundeführung wird meist damit begründet, daß der Lernakt
- unnötig oder unsinnig sei,
- sehr schwer oder zu zeitraubend ist,
- nur mit Hilfe eines Fachmannes durchgeführt werden kann.

Die nähere Untersuchung dieser Abwehrhaltung zeigt jedoch sehr oft, daß die Abneigung gegenüber der Selbsterziehung weniger im Lernvorgang oder im Zeitaufwand liegt, sondern vor allem auf der *widersprüchlichen* Einstellung zum Hund basiert. Dieser bereits zur *allgemeinen* Gewohnheit gewordene Widerspruch besteht darin, daß die Menschen zwar vom Hund z. B. Assoziations- und Kombinationsbegabung, Führigkeit, Kampftrieb, Unterordnungsbereitschaft, Wesensstärke etc. verlangen. Aber gleichzeitig glauben, daß ihre Tätigkeit als Hundeführer an keine Voraussetzungen gebunden ist.

So können sich z. B. Hundeführer fehlerlos und dem Hund „haushoch" überlegen fühlen. Die Folge kann u. a. sein, daß sie oft großspurig herumreden und in ihrer Arroganz und Verblendung nicht mehr merken, daß z. B.

a) dieses Verhalten meist nur das Resultat der Furcht vor Fehlern, Gefahren, Mißerfolgen etc. ist;
b) sie mit so einer negativen Einstellung sich selbst in ihrer Entwicklung und Reifung blockieren;
c) sie ohne bestimmte Führeigenschaften stets zu jenen „kleinen Geistern" unter den Hundeführern zählen, die im Grunde dem Hund unterlegen sind;
d) der Hund durch sein Verhalten der ganzen Welt deutlich die Qualität seines Führers signalisiert;
e) die „großen Geister" unter den Hundeführern die Vorteile der Selbsterziehung klar erkennen, nutzen und damit großen Erfolg in der Hundeführung haben;
f) die Regel „ohne Fleiß kein Preis" auch uneingeschränkt für den Umgang mit dem Hund gilt.

Zum besseren Verständnis dieser Fakten nachstehend fünf allgemeine Beispiele hundlicher Verhaltensweisen zur Selbstbeantwortung:

1. Ein Hund, der es nicht wagt, seinem Führer *gerade* und *ruhig* in die Augen zu sehen und auch bei anderen Menschen *sofort* wegsieht, wenn er angeblickt wird, ist vorwiegend durch eine *falsche* Behandlung, Führung und Haltung in seinem Wesen unsicher, neurotisch und fürchtet den Menschen.
   Hundeführertyp?..

2. Ein Hund, der bei einem Hörzeichen oder schnellen Bewegung des Führers in sich zusammenzuckt oder andere Zeichen starker Furcht und Unsicherheit zeigt, wurde nicht *wesensgerecht* erzogen.
   Hundeführertyp?..

3. Ein Hund, der *bissig, angriffslustig* oder *rauflustig* ist und allen Wesen gegenüber eine feindliche Grundeinstellung hat, besitzt in der Regel eine *führerbedingte* starke psychische Störung.
   Hundeführertyp?..

4. Ein Hund, der auf seinen Führer *nicht* hört, den Menschen an der Leine hinter sich herschleift oder sich ziehen läßt, respektiert den Menschen *nicht* als Führer. In dem Mensch-Hund-Verband ist der Hund der Rudelboß.
   Hundeführertyp?..

5. Ein Hund, der *freundlich* und *selbstsicher* bei gleichzeitiger Zurückhaltung ist, der mit wacher Neugier in die Welt blickt und seinem Führer freudig gehorcht, ist ein *natürlich* gebliebener und *wesensgerecht* erzogener Hund, der sich bei seinem Herrn wohl fühlt, ihn liebt und respektiert.
   Hundeführertyp?. . . . .

Die Art und Weise der Selbsterziehung richtet sich *stets* nach den *vorhandenen* Fähigkeiten und Möglichkeiten der einzelnen Hundeführer. Jedoch bedingt die *erfolgreiche* Beseitigung von Fehlern und Unvollkommenheiten im Umgang mit dem Hund, daß einige Punkte beachtet werden.
Im wesentlichen sind das folgende Erkenntnisse:

1. Richte deine *volle* Aufmerksamkeit auf das anzustrebende Ziel. Stelle dir vor, daß du diese Eigenschaften bereits im *richtigen* Maß besitzt und handle *unbeirrt* danach. Das ist der wirkungsvollste und kürzeste Weg in der Selbstentwicklung, weil der Mensch sich so entwickelt wie er denkt und handelt.

2. Nutze *alle* Situationen für deine Weiterentwicklung und laß dich von Rückschlägen *nicht* aufhalten oder unterkriegen. Denn es ist ganz natürlich, daß bei der Änderung einer Gewohnheit anfangs die Fehlerquellen groß sind. Aber je mehr geübt wird, desto weniger werden die Fehler und um so größer wird die Selbstsicherheit. Außerdem zeigen dir die Fehlergrade den Reifungsfortschritt.

3. Übe *nicht* sprunghaft, sondern arbeite *systematisch* und *konsequent* an der Vollendung der eigenen Stärken und Verbesserung der eigenen Schwächen. Dabei gehe erst zur nächsten Eigenschaft oder Elementengruppe über, wenn die trainierte *sicher* beherrscht wird.

4. Schweige über deine Selbsterziehung gegenüber deinen Mitmenschen, egal ob Familienangehörige, Freunde, Sportkameraden etc., damit du dir nicht *unnötige* Schwierigkeiten schaffst. Aber fürchte dich *nicht* vor einer „Blamage". Denn „wer nicht wagt, der nicht gewinnt."

5. Entwickle *vorrangig* einen ernsthaften Willen. Denn der Hund reagiert auf *alle* deine Maßnahmen nur dann *richtig*, wenn er deine Festigkeit und Sicherheit dahinter spürt, sei es nun beim Hörzeichen, bei einer Einwirkung oder beim Lob.

6. Zögere *niemals* bei einer Aktion oder unterbrich deren Ablauf, weil du *plötzlich* Bedenken hast. Denn dadurch hemmst du die neue Gewohnheitsbildung und disqualifizierst dich gleichzeitig als Führer in den Augen des Hundes.

7. Denke *stets* daran, daß
   a) *nicht* die äußeren Umstände für eine *erfolgreiche* Hundeführung entscheidend sind, sondern die *innere* Einstellung des Hundeführers, sein Fachwissen und fachliches Handeln sowie sein Gespür für die Bedürfnisse und Reaktionen des Hundes;

   b) die Umwandlung einer negativen Gewohnheit in eine positive seine Zeit braucht und das Selbstbild eines wirklich *erfolgreichen* Hundeführers von heute auf morgen *nicht* zu verwirklichen ist;

   c) *nur* der Hundeführer das Aufbauziel im Mensch-Hund-Team setzt, übersieht und *gezielt* ansteuern kann sowie erwünschtes vom unerwünschten Verhalten zu unterscheiden vermag;

   d) der Hund *stets* seinem Herrn gefallen will und das tun wird, worauf der Führer positiv reagiert – vorausgesetzt, der Hundeführer zeigt allezeit *klare* Verhaltensweisen. Denn jedes *unklare* Führerverhalten bewirkt beim Hund mit der Zeit ein Fehlverhalten;

   e) *klare* Führung *innere* Sicherheit bedingt, die ein Resultat *erfolgreicher* Selbsterfahrung ist und diese wiederum aus der eigenen *positiven* Kreativität entsteht;

Zur besseren Übersicht wird die Führerentwicklung nochmals graphisch dargestellt.

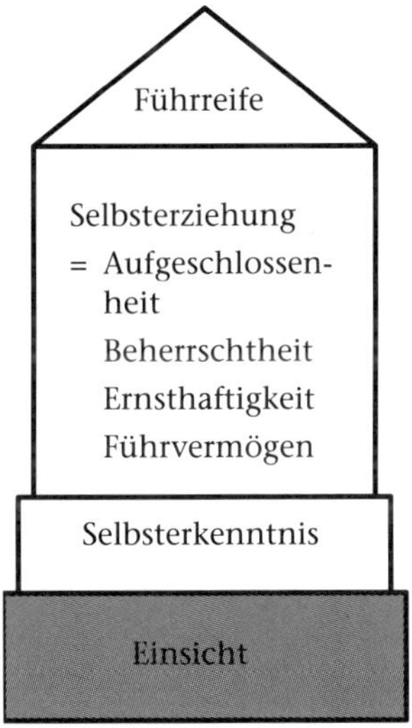

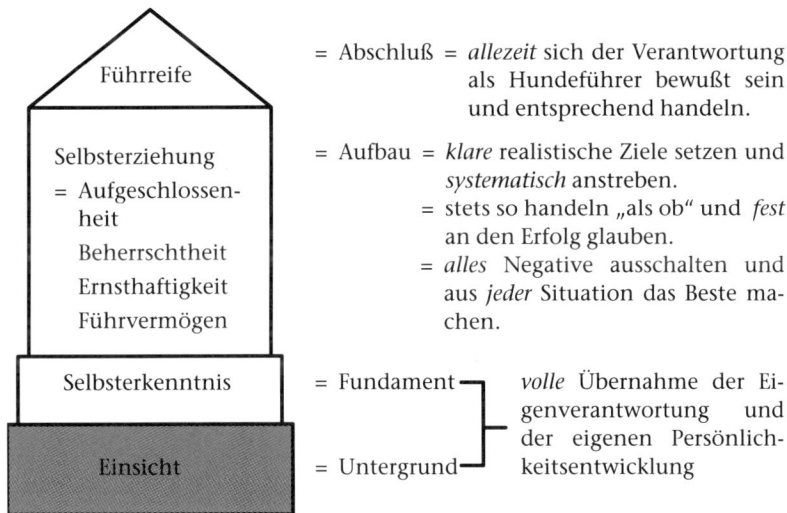

= Abschluß = *allezeit* sich der Verantwortung als Hundeführer bewußt sein und entsprechend handeln.

= Aufbau = *klare* realistische Ziele setzen und *systematisch* anstreben.
= stets so handeln „als ob" und *fest* an den Erfolg glauben.
= *alles* Negative ausschalten und aus *jeder* Situation das Beste machen.

= Fundament
= Untergrund
volle Übernahme der Eigenverantwortung und der eigenen Persönlichkeitsentwicklung

Wie bereits ausgeführt, richtet sich die Selbsterziehung *stets* nach den *vorhandenen* Fähigkeiten und Möglichkeiten der einzelnen Hundeführer. Diesem Umstand wird oft zu wenig Bedeutung beigemessen und die Hundeführer wundern sich dann, wenn die Arbeit an sich selbst nicht ihren Erwartungen entspricht oder sie sogar versagen.

Ein immer wieder zu beobachtender Fehler besteht darin, daß die Hundeführer ihre *natürlichen* Talente *nicht* richtig einschätzen oder *nicht* in der bestehenden Form akzeptieren. Dadurch entsteht ein Mißverhältnis zwischen den herrschenden Führereigenschaften und dem Führerehrgeiz oder Führerwunsch. Dieser Unterschied zwischen Begabung und Ehrgeiz oder Wunsch führt *immer* zu Streß und dessen negativen Folgen für eine *erfolgreiche* Leistung.

So ist z. B. falsch, den *idealen* Führertyp ehrgeizig oder erwartungsvoll anzustreben, wenn die *vorhandenen* Fähigkeiten nur für einen *sehr guten* Hundeführer reichen. Deshalb ist es besser, seinen Ehrgeiz oder Wunsch zu bezähmen und das erreichbare *realistische* Ziel anzustreben mit *befriedigenden* Zwischenzielen, als ständig *unzufrieden* mit sich selbst zu sein. Andererseits sollte der Hundeführer auch nicht zu bescheiden sein und mit einer niedrigeren Stufe vorliebnehmen, wenn er anlagemäßig eine höhere erreichen kann.

Als Grundregel gilt: Strebe weder zu hoch hinaus noch zu wenig an, dann trainierst du richtig! Dabei pflege *liebevoll* die *neuen* Eigenschaften und du erntest mit Sicherheit *bessere* Gewohnheiten, einen *qualifizierteren* Charakter und ein *günstigeres* Schicksal.

Die Führeigenschaften des Menschen sind zwar im Mensch-Hund-Rudel die *tragenden* Elemente, aber *ohne* die dazu *passenden* hundlichen Anlagen können sie nicht *voll* wirken. Aus diesem Grund stellt sich der *wirkliche* Erfolg im Umgang mit dem Hund nur dort ein, wo die Wesenszüge von Mensch und Hund zusammenpassen. Denn was nützt es z. B. einem *vollendeten* Schutzhundführer der Stufe IV, wenn er einen Hund erhält, den *optimal* nur ein Schutzhundführer der Stufe I oder II leiten kann.

Kapitel 2

Hundehaltung – ja oder nein?

Ergab nun unsere *objektive* Selbstanalyse, daß wir genug positive Eigenschaften für einen *erfolgreichen* Hundeführer besitzen, dann sollten wir *vor* der Anschaffung eines Hundes noch eine zweite wichtige Frage sehr sorgfältig und gewissenhaft klären:

„Können wir aus zeitlichen, räumlichen und finanziellen Gründen überhaupt einen Hund halten?"

Die Beantwortung dieses Fragenkomplexes ist vor allem für einen Schutzhundführer sehr wichtig, weil auch die Umweltfaktoren an der Gestaltung der Beziehung zwischen Mensch und Hund mitwirken und das Mensch-Hund-Verhältnis oft erheblich beeinflussen.

Es ist zwar ein sehr schöner Traum, einen braven Schutzhund zum Gefährten zu haben, aber leider entspricht die Wirklichkeit nicht immer dem erträumten Wunschbild. So kann es sein, daß z. B. die für den Schutzhund notwendige Auslaufzeit nicht eingehalten werden kann, die Mitmenschen gegen die Haltung eines Schutzhundes Einspruch erheben oder die Folgekosten zu hoch sind. Daraus ergibt sich, daß die Anschaffung eines Schutzhundes wahrhaft keine Sache sentimentaler Anwandlungen, sondern vielmehr kühler, gründlicher und sachlicher Erwägung ist. Je objektiver und intensiver wir uns mit diesen äußeren Problemen beschäftigen und sie lösen, desto weniger Überraschungen und Ärger erwarten uns später. Aus diesem Grunde sollten wir und schon von Anfang an den obersten Grundsatz einer wirklichkeitsgerechten, vernünftigen und tierpsychologisch richtigen Hundehaltung und Hundebehandlung einprägen: *Zuerst denken und dann handeln!*

Diese Maxime sollte ein erfolgreicher Hundeführer *nie* vergessen, sei es bei den Vorplanungen, beim Kauf, bei der Haltung, Pflege und Ernährung oder bei der Prägung, Belehrung, Erziehung und Ausbildung eines Hundes. Hundeführer, die diesen „roten Faden" im Umgang mit dem Hund verlassen, werden mit ihrem Hund immer Schwierigkeiten haben; das Zusammenleben kann dann zur Qual werden. Um aber durch Aufregung, Ärger und Sorgen unsere Gesundheit ruinieren zu lassen, dafür benötigen wir keinen Hund. Im Gegenteil: der Hund sollte uns primär helfen, uns vom Streß des Alltags zu erholen und unsere Gesundheit durch körperliches Training zu erhalten.

Diese Aufgabe kann der Hund aber nur dann zuverlässig erfüllen, wenn auch wir unseren Teil dazu beitragen, vor allem durch die Einhaltung der Maxime: zuerst denken und dann handeln.

Bei der Beantwortung der Frage nach der Hundehaltung können uns die nachfolgend aufgeführten Testfragen für die Haltung eines Schutzhundes sehr behilflich sein. Denn der Fragenkomplex gilt sinngemäß für *alle* Hundehaltungen.

Tabelle 1: Testfragen für die Haltung eines Schutzhundes

Nr.	Testfragen	ja	nein	Bemerkung
1.	Zu welchem Zweck will ich einen Schutzhund halten: aus Schutzbedürfnis als vielseitigen Gebrauchshund aus Interesse am Verhalten des Hundes als Spielgefährten für meine Kinder aus dem Gefühl einer Vereinsamung aus Liebe zum Hund allgemein zur Repräsentation?			
2.	Habe ich die für einen Schutzhund notwendige Zeit (täglich mindestens 2 Stunden) Aufgeschlossenheit Geduld Konsequenz Ausdauer Energie Freude Einfühlungsvermögen?			
3.	Kann ich dem Hund eine echte Autorität sein?			
4.	Kann ich gelegentlich verzichten auf: Geselligkeit/Theater/Kino/Fernsehen/Reisen?			
5.	Bin ich gewillt, mit meinem Hund regelmäßig und laufend zu üben?			
6.	Bin ich bereit, einem Rassehundeklub beizutreten und dort aktiv mitzuarbeiten?			

7. Bin ich bereit, an der körperlichen und geistigen Verbesserung der Rasse mitzuarbeiten?

8. Wo muß ich meinen Hund überwiegend halten:
   in der Wohnung
   im Zwinger
   an der Kette?

9. Steht dem Schutzhund genügend Auslaufgelände zur Verfügung?

10. Entsprechen meine Haltungs- und Betreuungsmöglichkeiten dem neuen Tierschutzgesetz?

11. Welches Geschlecht möchte ich am liebsten:
    Rüde
    Hündin

12. Welche Schutzhundrasse eignet sich am besten für mich und meine Verhältnisse:
    der Deutsche Schäferhund
    der Deutsche Boxer
    der Rottweiler
    der Dobermann
    der Riesenschnauzer
    der Airedale-Terrier
    der Hovawart?

13. Wozu möchte ich den Hund bevorzugt verwenden? – als
    Familienhund
    Begleithund
    Wachhund
    Schutzhund
    Rettungshund
    Sanitätshund
    Lawinenhund
    Blindenführhund
    Hütehund?

14. Welche Altersstufe entspricht am besten meinen Verhältnissen z. Z. des Erwerbs:
    Welpe 8–12 Wochen
    Junghund 3–6 Monate
    Junghund 6–12 Monate
    Hund über 12 Monate
    Hund mit Prüfung?

15. Welche Ahnentafel soll der Hund besitzen:
Kör- und Leistungszucht
Körzucht
Leistungszucht
Abstammungsnachweis
keine?

16. Wo möchte ich den Hund erwerben:
direkt vom Züchter
vom Hundehändler
vom Versand- oder Tierhandel
aus dem Tierheim
von anderen Personen?

17. Welche Leistungen soll der Verkäufer zusätzlich noch erbringen:
Schutzimpfung gegen Staupe, Hepatitis und Leptospirose
Schutzimpfung gegen Tollwut
Entwurmung
Durchführung einer Wesensbeurteilung
Erziehung zur Stubenreinheit
Gewöhnung an die Leine
Gewöhnung an das Autofahren
Erziehung zum grundsätzlichen Gehorsam
Absolvieren einer Schutzhundprüfung
Sonstiges?

18. Besitze ich die notwendigen theoretischen Kenntnisse in der
Aufzucht
Haltung
Fütterung
Pflege
Erziehung
Ausbildung?

19. Kann ich mir einen Schutzhund finanziell überhaupt leisten und habe ich die laufenden Kosten berücksichtigt für
Haftpflichtversicherung
Hundesteuer
Futter, Pflege usw.
Verein/Ausbildung usw.
Arzt, Medikamente usw.
Sonstiges?

20. Sind meine Mitmenschen mit der Hundehaltung einverstanden:
die Familie
der Vermieter
der Mitmieter
die Nachbarn
Sonstige?

21. Steht mir notfalls jederzeit ein Fachmann mit Rat und Tat zur Seite?

22. In welcher Eignungsstufe befinde ich mich?
Stufe I
Stufe II
Stufe III
Stufe IV
Stufe V
Stufe VI
Stufe VII
Stufe VIII?

23. Welcher Hundetyp paßt zu mir und könnte mein Freund werden:
Der Resonanzhund = ein Hund, der dasselbe Temperament besitzt wie ich, also temperamentmäßig gleichgelagert ist?
Der Komplementärhund = ein Hund, der ein dem eigenen entgegengesetztes Naturell besitzt?

24. Bin ich bereit, für einen gut veranlagten und aufgebauten Hund aus erster Hand einen angemessenen Preis zu bezahlen, d. h. den Züchter oder Hundeführer für seine Arbeit entsprechend zu honorieren?

Kapitel 3

Wer paßt zu wem?

Wie bereits im Kapitel 1 ausgeführt, stellt sich der *wirkliche* Erfolg im Umgang mit dem Hund nur dort ein, wo die Wesenszüge von Mensch und Hund zusammenpassen.

Aus diesem Grund ist es *sinnvoll*, noch *vor* dem Kauf eines Hundes die dritte wichtige Frage *eingehend* zu beantworten:
„Welcher Hundetyp entspricht am besten meiner Persönlichkeit, Vorstellung und Umwelt?“

Unbestreitbar sind die Hunde ebenso *vielschichtig* veranlagt wie die Menschen. Und nicht jeder Hundetyp ist für jeden Menschen und dessen Umwelt geeignet. Denn auch die „Persönlichkeit“ Hund ist nach einer ganz bestimmten Gesetzmäßigkeit aufgebaut, die aus dem Zusammenspiel von ererbten Anlagen und den Einflüssen der Umwelt entstanden ist.

Vor allem die Umwelteinflüsse, die schon während der Reife im Mutterleib, besonders aber vom Augenblick der Geburt an auf die ererbten Anlagen einwirken, können diese Anlagen so abändern, daß aus gleichen Erbanlagen verschiedene Eigenschaften oder aus verschiedenen Erbanlagen gleiche Eigenschaften entstehen. So kann zum Beispiel

a) der größte und stärkste Welpe eines Wurfes in ungünstigem Milieu kleiner, schwächer, uninteressierter und lernunfähiger werden als der in besonders günstigen Umweltbedingungen aufgezogene Schwächling;
b) ein mutiger, temperamentvoller und robuster junger Hund durch dauernde, grobe Einschüchterung von seiten seiner Umgebung so gehemmt und ängstlich werden, daß er sich später kaum mehr in seinen Reaktionen von einem geborenen Feigling unterscheidet.

Aus diesem Grund sollten wir uns als verantwortungsbewußte Hundeführer genau überlegen, welcher Hundetyp am besten unserem Charakter und unseren Vorstellungen entspricht. Hierbei ist es wie bei der Wahl eines Ehepartners. Entscheiden wir uns für den falschen Partner, kann die Ehe zur Katastrophe werden. Wählen wir jedoch den richtigen, kann dies den „Himmel auf Erden“ bedeuten. Da dieses „Eheleben“ mit dem Hund aber im Durchschnitt 10 bis 15 Jahre dauern kann, sollten wir bei der Wahl des Schutzhundes stets an den schönen Satz denken: „Drum prüfe, wer sich ewig bindet . . ." Eine gefühlsmäßige, momentane Entscheidung werden wir meistens bereuen.

Eine „Sache" sorgfältig prüfen können wir aber nur, wenn wir wissen, nach welchen Gesichtspunkten wir vorgehen sollen. Aus diesem Grund sollen uns die nachfolgend aufgeführten Anhaltspunkte bei der Auswahl des richtigen Hundetyps behilflich sein.

Der erste Schritt in der Beantwortung der Frage: „Wer paßt zu wem?" besteht darin, daß wir diesen Fragenkomplex unterteilen in
1) Fragen des Geschmacks und der Umwelt und
2) Fragen der menschlichen und hundlichen Eigenschaften.
Im einzelnen bedeutet dies folgendes:

A. Die Hunderasse

Die Frage, welche Hunderasse am *besten* unseren Wünschen und unserer Umwelt entspricht, ist von dem einzelnen Hundeführer oft nicht so schnell zu beantworten. Denn es müssen der *individuelle* Schönheitssinn und die *näheren* Lebensumstände in Einklang gebracht werden. Geschieht dies nicht, entsteht *unweigerlich* ein wunder Punkt, der sich zu einem großen Problem für den Hundeführer entwickeln kann. Deshalb sollten wir diese Frage ebenfalls sehr *ernst* nehmen.

Sind „die Würfel gefallen" und wir haben uns z. B. für einen Schutzhund entschieden, dann können wir zwischen den folgenden sieben *anerkannten* Schutzhundrassen wählen: Deutscher Schäferhund, Deutscher Boxer, Rottweiler, Dobermann, Riesenschnauzer, Airedale-Terrier und Hovawart.

Diese Rassen wurden aus den über 400 verschiedenen Hunderassen deshalb ausgewählt, weil sie durch besondere Zuchtauslese gute Anlagen zum Schutzhund mitbringen. Und je besser diese Veranlagungen bei den einzelnen Hunderassen durchgezüchtet sind, desto wertvoller, erstrebenswerter und verwendbarer ist dieser Rassehund als Schutzhund.

Andererseits bedeuten diese über viele, viele Generationen eingezüchteten guten Schutzhundanlagen jedoch nicht, daß der jeweilige Rassehund von Anfang an auch fertige Schutzhundeigenschaften besitzt, die sich irgendwann im Laufe seines Lebens entfalten. Wenn die ererbten Schutzhundanlagen nicht zielstrebig und zielgerichtet geweckt und gefördert werden, kann der Hund kaum Schutzhundeigenschaften entwickeln. Die Entscheidung, welchen Schutzhund wir von den sieben edlen Hunderassen erwerben sollen, ist also in erster Linie eine Frage des Geschmacks und der Umwelt. Als Entscheidungshilfe können die in meinem Buch „Vom Welpen zum idealen Schutzhund" näher beschriebenen und abgebildeten Schutzhundrassen dienen.

B. Der Hundetyp

Die Frage, welcher Hundetyp am *besten* zu unseren Führeigenschaften paßt, ist ebenfalls nicht immer einfach zu beantworten. Denn sie setzt bei uns gewisse tierpsychologische Kenntnisse voraus, die für den Hundekauf *unumgänglich* sind. Fehlt dieses Wissen, sollte zum Hundekauf *stets* ein *wirklicher* Fachmann mitgenommen werden, vor allem beim Erwerb eines Schutzhundes.

Jedoch gibt es einige Grundregeln, nach denen auch der Anfänger die Auswahl eines Hundes vornehmen kann. Für den Kauf eines Schutzhundes gilt z. B. allgemein folgendes:

1. Die von den einzelnen Rassehundeklubs aufgestellte „Charakterbeschreibung" gibt lediglich die *allgemeinen* Wesenseigenschaften der jeweiligen Schutzhunderasse an, *nicht* jedoch die Anlagen des Einzeltieres dieser Rasse. Denn innerhalb der einzelnen Rassen werden die Wesensmerkmale ebenso unterschiedlich vererbt wie zum Beispiel jene des Körperbaues. Dies bedeutet: Auch innerhalb der einzelnen Schutzhundrassen gibt es die unterschiedlichsten „Hundecharaktere".
2. Grundsätzlich können wir die Schutzhunde aller Rassen und Wesensveranlagungen in zwei Gruppen unterteilen:
   Gruppe I: Zu ihr gehören *alle* Schutzhunde, die dasselbe Temperament besitzen wie der Hundeführer selbst, also temperamentsmäßig *gleichgelagert* sind. Dies sind die sogenannten „Resonanzhunde".
   Gruppe 2: Zu ihr gehören *alle* Schutzhunde, die das dem Hundeführer entgegengesetzte Temperament besitzen, also temperamentsmäßig *entgegengesetzt* gelagert sind. Dies sind die sogenannten „Komplementärhunde".
3. Die Auswahl des einzelnen Schutzhundes sollte *nicht* nach körperlichen Merkmalen, sondern *in erster Linie* auf Grund seiner We-

senseigenschaften unter Berücksichtigung der jeweiligen Hundeführereigenschaften erfolgen.

Konkretisieren wir diese drei allgemeinen Aussagen, dann können wir folgendes feststellen:

4. Für autoritäre Schutzhundführer, die alle wichtigen Bestandteile der vier Grundeigenschaften besitzen und deren hervorstechende Merkmale Aufgeschlossenheit, Beherrschtheit, Ernsthaftigkeit und Führvermögen sind, eignet sich sowohl ein „Resonanzhund" wie ein „Komplementärhund".
5. Für autoritäre Schutzhundführer, die alle wichtigen Bestandteile der vier Grundeigenschaften besitzen und deren hervorstechende Merkmale Arbeitsfreude, Reaktionsvermögen, richtiger Tonfall und Tatkraft sind, eignet sich am besten ein „Resonanzhund". Dann gibt es kaum Ärger, Aufregungen und Konflikte.
6. Für autoritäre Schutzhundführer, die alle wichtigen Bestandteile der vier Grundeigenschaften besitzen und deren hervorstechende Merkmale Ausgeglichenheit, Ausdauer, Einfühlungsvermögen und Konsequenz sind, eignet sich am besten ein „Komplementärhund".
7. Für autoritär veranlagte Schutzhundführer, die zwar viele wichtigen Bestandteile der vier Grundeigenschaften besitzen, aber zu Launenhaftigkeit, Reizbarkeit, Ungeduld und Unruhe neigen, paßt nur ein „Komplementärhund" mit einem festen, harten Nervenkostüm und ruhigen bis phlegmatischen Tendenzen. Denn der Hund darf sich weder vor einem Zornausbruch noch vor einem heftigen Schlag fürchten und eine falsche Behandlung nicht so leicht übelnehmen.
8. Für autoritär veranlagte Schutzhundführer, die zwar bestimmte wichtige Bestandteile der vier Grundeigenschaften besitzen, aber zu Langsamkeit, Lustlosigkeit, Nachlässigkeit und Trägheit neigen, paßt nur ein „Komplementärhund" mit leicht zu stimulierenden Nerven- und Triebanlagen. Denn der Hund sollte den Hundeführer täglich aufmuntern und anregen.
9. Für Schutzhundführer, die überwiegend die negativen Bestandteile der vier Grundeigenschaften besitzen, eignet sich zwar auch ein Hund. Aber erfolgreiche Hundeführer werden sie nur, wenn sie ein Mindestmaß an Ernsthaftigkeit und Führvermögen entwikkeln. Werden diese notwendigen Führeigenschaften nicht ausgebildet, ist es besser, wenn diese Menschen auf die Führung eines Schutzhundes verzichten.
10. Schutzhunde, die mit Kindern zusammen aufwachsen, sollten nicht lärmempfindlich, wehleidig, weich, nervös und ängstlich,

sondern äußerst gutmütig, ausdauernd im Spiel und nervenfest sein. Am besten wählen Sie einen Hund, der schon 6 bis 8 Monate alt ist.

Fassen wir das Vorgenannte zusammen, so ergeben sich vier allgemeine Regeln, die bei der Beantwortung der Frage: „Wer paßt zu wem?“ unbedingt beachtet werden sollten:

1. Je selbstzufriedener, selbstbewußter und selbstsicherer der Hundeführer ist und je ausgeglichener er seiner Umwelt gegenübersteht, desto mehr paßt ein Resonanzhund zu ihm.
2. Je erregbarer, zorniger, nervöser und unausgeglichener der Hundeführer ist, desto geeigneter ist für ihn ein Komplementärhund.
3. Je aggressiver, geltungssüchtiger und schwerer führig ein Hund ist, desto weniger taugt er für nachgiebige, willensschwache und weiche Hundeführer.
4. Je weicher, rangtiefer und unsicherer ein Hund ist, desto ungeeigneter ist er für besonders energische Hundeführer.

Kapitel 4

Die Verwendungsarten des Schutzhundes

Nachdem wir nun unsere Eigenschaften als Hundeführer genau kennen, die Fragen der Hundehaltung sorgfältig geprüft haben und allgemein wissen, welcher Hundetyp zu unserem Charakter am besten paßt, sollten wir uns noch vor dem Kauf eines Hundes über die Ausbildungsmöglichkeiten und die dafür erforderlichen Wesensveranlagungen informieren. Dies ist besonders wichtig für Schutzhunde, weil sich die Verwendungsart eines Schutzhundes letztlich danach richtet, wie stark die einzelnen Schutzhundeanlagen bei ihm ausgeprägt sind. Mit anderen Worten: Jede spätere Verwendungsart des Schutzhundes erfordert ganz bestimmte und besonders ausgeprägte Wesenseigenschaften. Sind diese Anlagen nicht oder nur ungenügend vorhanden, so ist der Schutzhund zu bestimmten Leistungen nicht oder nur bedingt fähig. Daraus folgt: Auch beim Schutzhund gilt die Regel:

Wir können aus einem Lebewesen nicht mehr herausholen, als es veranlagungsmäßig mitbringt. Fordern wir mehr, wird es nicht selten für immer verdorben.

Aus diesem Grunde sollten wir vor dem Erwerb eines Schutzhundes genau überlegen, welche Aufgabe dem Hund einmal zufällt und welche Anforderungen an ihn gestellt werden. Dabei sollten wir unser theoretisches Wissen durch praktische Vergleiche ergänzen, weil vieles in der Praxis anders aussieht, als wir es uns meist vorstellen. Im einzelnen gehen wir bei der Lösung dieses Problems wie folgt vor:

A. Theorie

Zunächst sollten wir klären, zu welchem Zweck wir einen Schutzhund überhaupt halten wollen. Diese Frage sollte bereits analog des Punktes 1 in der Tabelle I beantwortet sein.

Haben wir uns für eine der drei ersten Möglichkeiten entschieden, sollten wir an Hand der Tabellen II und III prüfen, welche Verwendungsart unseren Vorstellungen am besten entspricht: Soll der Schutzhund als Familienhund, Begleithund, Wachhund, Schutzhund, Rettungshund oder als Sanitätshund, Lawinenhund, Blindenführhund oder als Hütehund eingesetzt werden?

Dann sollten wir die wichtigsten Wesensveranlagungen vergleichen, die ein Hund für eine bestimmte Verwendungsart ausgeprägt besitzen sollte, miteinander; zum Schluß sollten wir uns über die einzelnen Ausbildungsmöglichkeiten informieren. Besteht der Wunsch, den Schutzhund für zwei oder mehrere Arten zu verwenden, dann kann dies nur für artähnliche Verwendungsmöglichkeiten geschehen, z. B. als Familien- und Begleithund. Nicht aber zum Beispiel als Schutzhund und als Lawinenhund.

B. Praxis

Liegt theoretisch die Verwendungsart unseres Schutzhundes fest, sollten wir einige Vertreter jeder anerkannten Schutzhundrasse über einen gewissen Zeitraum in der Praxis testen. Wir sollten mit den Hundebesitzern sprechen, Zuchtstätten besichtigen, Hundeausstellungen besuchen und, was das entscheidendste bei den Schutzhundrassen ist, die einzelnen Tiere bei der Arbeit beobachten. Dabei sollten wir besonderen Wert auf den Arbeitseinsatz des Hundes legen, weil der Schutzhund ein Gebrauchshund ist und kein Mode- oder Schönheitshund. Hundeliebhaber, die bei einem Schutzhund nur die „Schönheit“ sehen oder die ihn nur „auf schön“ züchten, könnten mehr das Geschäftemachen im Sinn haben als die Steigerung des Gebrauchswertes eines Hundes. Der Schutzhund aber hat als Gebrauchshund eine konkrete Aufgabe zu erfüllen, d. h. er wird für praktische Zwecke eingesetzt. Diese ganz reale Aufgabe kann er aber nicht durch Schönheit leisten, sondern primär mit Einsatzfreude und Arbeitswillen, die eine Lernbegabung voraussetzen; Bedingung ist nur ein geeigneter Körperbau.

Damit wir aber zu einem objektiven Ergebnis gelangen, sollten wir nicht den Fehler begehen, alle Hunde sozusagen „über einen Kamm zu scheren“. Wir sollten stets daran denken, daß bei jedem Schutzhund andere Fähigkeiten besonders ausgeprägt sind. Beim Vergleich sollten wir diese individuellen Wesensanlagen unbedingt berücksichtigen. Im einzelnen bedeutet dies:

1. Stelle zuerst objektiv die praktischen Auswirkungen der Unterschiede zwischen den verschiedenen Verwendungsarten und Hunderassen fest.
2. Vergleiche diese praktischen Resultate mit deinen theoretischen Vorstellungen über die Verwendungsarten und Hunderassen.
3. Entscheide dich für den Hundetyp, der deinen Verhältnissen, deinem Charakter, deinem Geschmack und vor allem deinen Vorstellungen über die praktische Verwendungsart am besten entspricht.

Tabelle 2: Verwendungsarten, Wesensveranlagungen und Ausbildungsmöglichkeiten

Verwendungsart	erwünscht	evtl. erwünscht	Ausbildungsmöglichkeit
Der Familienhund Aufgabe: Er soll unter den heutigen Wohn- und Lebensbedingungen ein angenehmer Lebensgefährte sein, der ohne Schwierigkeiten überall hin mitgenommen werden kann.	Wesenssicherheit (bes. in friedl. Situationen, gegenüber fremden Menschen und im Verkehr), gute Führigkeit, mittlere Härte, enge Bindung an seinen Herrn, Schußfestigkeit.	Spieltrieb, Apportierbetrieb, Wachbetrieb **unnötig** Spürtrieb, Stöbertrieb, Schutztrieb **unerwünscht** Ängstlichkeit, Scheuheit, übersteigertes Mißtrauen, Kampftrieb, Schärfe, Jagdtrieb	In unserer heutigen Welt sollte auch der Familienhund ausgebildet werden. Vor allem sollte er die Prüfung für Begleithunde (BH) absolvieren. Das Zulassungsalter beträgt hierbei 12 Monate.
Der Begleithund Aufgabe: Seinen Herrn als	Wesenssicherheit (bes. in	Spieltrieb, Wachtrieb,	Noch mehr als beim Familienhund ist beim Be-

Verwendungsart	erwünscht	evtl. erwünscht	Ausbildungsmöglichkeit
angenehmer und folgsamer Gefährte auf seinen Aus- und Spaziergängen begleiten	friedl. Situationen, gegenüber fremden Menschen und im Verkehr), gute Führigkeit, mittlere Härte, enge Bindung an seinen Herrn, Schußfestigkeit, Apportiertrieb, Spürtrieb	Schutztrieb **unnötig** Stöbertrieb, **unerwünscht** Ängstlichkeit, Scheuheit, übersteigertes Mißtrauen, Kampftrieb, Schärfe, Jagdtrieb	gleithund die Prüfung für Begleithunde (BH) erforderlich. Hat er diese Prüfung bestanden, kann der Begleithund auch die Fährtenhundprüfung (FH) absolvieren.
Der Wachhund Aufgabe: Er soll sich durch Wachsamkeit, evtl. auch durch Kampf- und Schutzbereitschaft auszeichnen. Je nach Schwerpunkt unterscheidet man allgemein: den alarmierenden Wächter und den wehrhaften Wächter.	**a) Alarmierender Wächter** Mittl. Temperament, ausgeprägtes Mißtrauen, ausgeprägter Wachtrieb, enge Bindung an Herrn und Heimbezirk, mittl. Härte, Schußfestigkeit.	Kampftrieb, gewisse Schärfe, Führigkeit, Stöbertrieb **unnötig** Spürtrieb **unerwünscht** extreme Ängstlichkeit und Scheuheit, Apportiertrieb, Jagdtrieb	Aufgrund seiner meist gravierenden Wesensschwächen ist der alarmierende Wächter für eine andere Aufgabe kaum zu verwenden.
	b) Wehrhafter Wächter Wesenssicherheit, ruhiges bis mittleres Temperament, Wachtrieb, Unerschrockenheit	Spürtrieb, Führigkeit **unnötig** Apportiertrieb **unerwünscht** Ängstlichkeit,	Im Gegensatz zum alarmierenden Wächter ist der wehrhafte Wächter ausbildungsfähig. Zumindest sollte mit ihm die Schutzhundprüfung A (SchH A) absolviert werden. Die SchHA-Prü-

Verwendungsart	erwünscht	evtl. erwünscht	Ausbildungsmöglichkeit
	und Furchtlosigkeit, komb. mit erwünschter Schärfe, Kampf und Schutztrieb, Stöbertrieb, enge Bindung an Herrn und Heimbezirk, Härte, Schußfestigkeit.	Scheuheit, Jagdtrieb	fung besteht nur aus den Unterordnungsleistungen und dem Schutzdienst der SchHI-Prüfung. Die Fährtenarbeit entfällt.
Der Schutzhund Aufgabe: Seinen Herrn gegen Angreifer beschützen und verteidigen; Gegenstände oder Personen bewachen; Gelände nach Gegenständen oder Personen abrevieren; Menschenfährten ausarbeiten.	Wesenssicherheit, mittl. Temperament, Unerschrockenheit und Furchtlosigkeit, komb. mit einem gewissen Grad erwünschter Schärfe, ausgeprägter Kampf- und Schutztrieb, Härte, Apportiertrieb, ausgeprägter Spür- und Stöbertrieb, Ausdauer, gute Führigkeit, gute Assoziations- und Kombinationsbegabung, enge Bindung an seinen Herrn, Schußfestigkeit.	Wachtrieb **unerwünscht** Ängstlichkeit, Scheuheit, Weichheit, Jagdtrieb, geringe Bindung an seinen Herrn.	Der Schutzhund sollte zuerst als „Sportshund“ alle drei Schutzhundprüfungen (SchHI-III) nach der Prüfungsordnung des VDH oder alle drei internationale Prüfungen (IPI–III) nach der Prüfungsordnung des FCI absolvieren, bevor mit ihm praxisbezogen weitergearbeitet wird. Eine sinnvolle Ergänzung zu den drei SchH-Prüfungen oder IP-Prüfungen bildet die Fährtenhundprüfung (FH). Sie sollte mit jedem guten Schutzhund absolviert werden.

Verwendungsart	erwünscht	evtl. erwünscht	Ausbildungsmöglichkeit
Der Rettungshund Aufgabe: Durch Katastrophenfälle verschüttete Personen aufzufinden und zu verweisen.	Wesenssicherheit in friedl. Situationen, mittl. Temperament, Ausdauer, gute Führigkeit, Spürtrieb, Stöbertrieb, Schußfestigkeit, enge Bindung an seinen Herrn, gute Assoziations- und Kombinationsbegabung.	Kampftrieb, Beutetrieb **unnötig** Schutztrieb, Wachtrieb **unerwünscht** Ängstlichkeit, Scheuheit, Jagdtrieb, Schärfe, geringe Bindung an seinen Herrn.	Der Rettungshund für den zivilen Bevölkerungsschutz wird auf die Rettungshundeprüfung entweder durch die erfolgreiche Absolvierung einer Schutzhundeprüfung oder durch die von der AZG geschaffene Rettungshund-Tauglichkeitsprüfung vorbereitet. Bei dieser „Grundausbildung" sollten besonders der Spürtrieb und die Führigkeit gefördert werden, weil sie die Grundlagen des Rettungshundes bilden. Außerdem sollte darauf geachtet werden, daß der Hund allgemein Freude an der Arbeit entwickelt.

Tabelle 3: Die speziellen Verwendungsarten und Wesensveranlagungen

Verwendungsart	erwünscht	evtl. erwünscht	unnötig	unerwünscht
Der Sanitätshund Aufgabe: Ein bestimmtes Gelände nach Verwundeten absuchen, sie dem Führer durch Apportieren eines Bringsels zu melden und den Führer auf dem kürzesten Weg zum gefundenen Verwundeten führen	Wesenssicherheit, mittleres Temperament, Ausdauer, Stöbertrieb, Apportiertrieb, Furchtlosigkeit, gute Führigkeit, gewisse Härte, enge Bindung an seinen Herrn, gute Assoziations- und Kombinationsbegabung, Schußfestigkeit	Spürtrieb	Schutztrieb, Wachtrieb	Kampftrieb, Ängstlichkeit, Scheuheit, Jagdtrieb, Schärfe, geringe Bindung an seinen Herrn.
Der Lawinenhund Aufgabe: Durch Lawinen verschüttete Personen auffinden und verweisen.	Wesenssicherheit in friedlichen Situationen, mittl. Temperament, Ausdauer, gute Führigkeit, Spürtrieb, Stöbertrieb, Schußfestigkeit, enge Bindung an seinen Herrn, gute Assoziations- und Kombinationsbegabung		Schutztrieb, Wachtrieb	Ängstlichkeit, Scheuheit, Kampftrieb, Jagdtrieb, Schärfe, geringe Bindung an seinen Herrn

Verwendungsart	erwünscht	evtl. erwünscht	unnötig	unerwünscht
Der Blindenhund Aufgabe: Einen Blinden an Hindernissen vorbei und durch den Verkehr unserer Straßen führen. Diese Aufgabe stellt Höchstanforderungen an die Wesensveranlagungen und die psychischen Fähigkeiten.	Wesenssicherheit in friedlichen Situationen, ruhiges bis mittl. Temperament, gute Führigkeit, Ausdauer, gute Assoziations- und Kombinationsbegabung, Apportiertrieb, enge Bindung an seinen Herrn, mittlere Härte, Schußfestigkeit.	Spürtrieb, Schutztrieb	Stöbertrieb	Ängstlichkeit, Scheuheit, Kampftrieb, Schärfe, Jagdtrieb, ausgesprochene Weichheit, geringe Bindung an seinen Herrn
Der Hütehund Aufgabe: Eine Klein- oder Großviehherde zusammenhalten und in der vom Hirten gewünschten Richtung vorwärts treiben.	Wesenssicherheit und Unerschrockenheit, mittleres bis hohes Maß an Temperament, Ausdauer, Schußfestigkeit, gute Führigkeit, ausgeprägter Hüte- und Treibtrieb, enge Bindung an Herrn und Herde, Härte, gute Assoziations- und Kombinationsbegabung	Spürtrieb, Stöbertrieb, Apportiertrieb, Schutztrieb, Kampftrieb		Ängstlichkeit, Scheuheit, Weichheit, Schärfe, Jagdtrieb

Zusammengefaßt ergibt das Vorgenannte folgendes Schaubild:

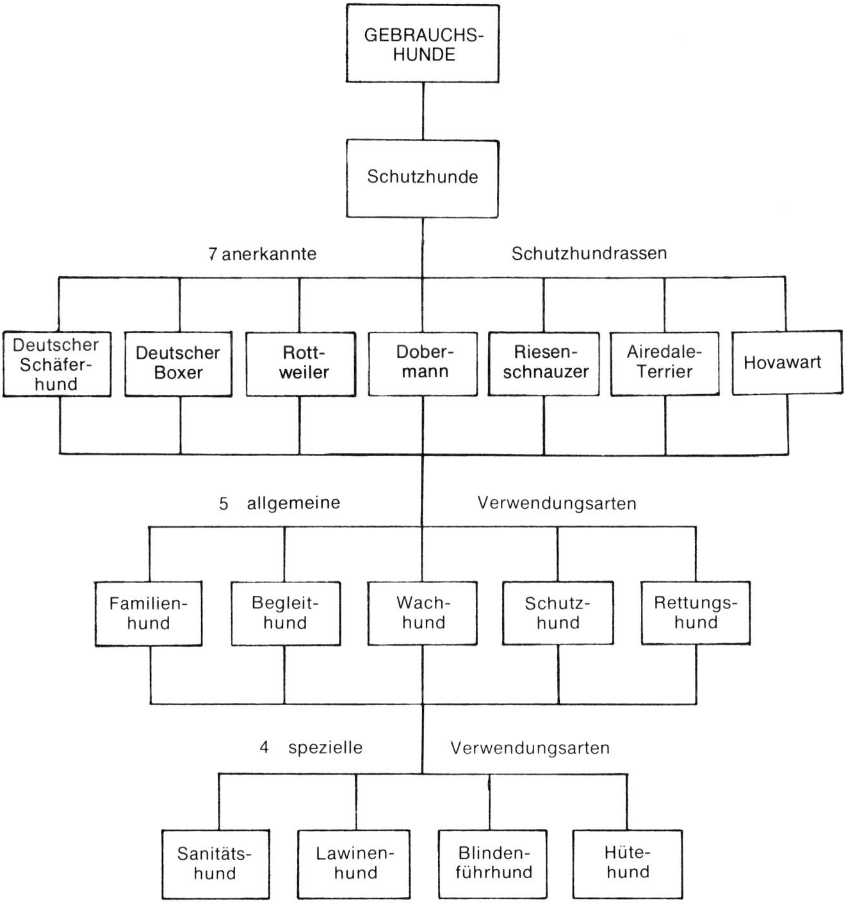

Kapitel 5

Der Kauf des Hundes

Nach dieser *intensiven* Vorbereitung auf die *richtige* Führung und Haltung des Hundes im allgemeinen und des Schutzhundes im besonderen, sollte *jedem* Hundeführer klar sein, wie groß die Verantwortung und Verpflichtung im Umgang mit dem „besten Freund des Menschen" ist. Dies bedeutet, daß wir uns mit dem Hundekauf erst dann *näher* beschäftigen sollten, wenn wir uns folgender Tatsachen *hundertprozentig* bewußt sind:

a) *Nur* wir als Hundeführer entscheiden primär darüber, ob
   - der Hund sich zu einem angenehmen Familienmitglied entwickelt oder eher zu einem störenden Gast wird.
   - der Schutzhund im Bedarfsfall zu nützlichen Diensten herangezogen werden kann oder zu einem Versager wird.

b) Beim Erwerb des Hundes zeigt sich zum ersten Mal, ob wir *alle* bisherigen Ausführungen *richtig* verstanden und verarbeitet haben.

c) Der *oberste* Grundsatz und gleichzeitig „rote Faden" *jeder* erfolgreichen, realistischen und tierpsychologisch *richtigen* Mensch-Hund-Beziehung hat auch beim Erwerb des Hundes seine volle *Gültigkeit:* **zuerst denken und dann handeln**.

Dabei ist die Wirksamkeit dieses Leitsatzes um so größer, je aktiver, intensiver, konsequenter und objektiver wir ihn in *allen* Bereichen anwenden.

Dieses Motto *zuerst denken und dann handeln* ist vor allem beim Kauf eines Schutzhundes von *entscheidender* Bedeutung. Denn bekanntlich hat der Hundeführer gegenüber diesen Gebrauchshundrassen eine *besondere* Verantwortung und Verpflichtung.

Aus diesem Grund sollte der Erwerb eines Schutzhundes *stets* nach kühler, gründlicher und sachlicher Erwägung erfolgen. Dabei sollte der Hundeführer wie beim Kauf eines Autos vorgehen und das Äußere (Gebäude des Hundes), das Innere (Wesen des Hundes) und die diversen Extras (spezielle Anlagen des Hundes) *sorgfältig* prüfen sowie die Preise vergleichen.

Dagegen ist der Mensch noch *nicht* reif für das verantwortungsvolle Amt des Schutzhundführers, wenn er den Schutzhund aufgrund sentimentaler Anwandlungen oder irgendwelchen momentanen Gefühlsausbrüchen zum Partner wählt. *Hundekauf ist ein Akt der Vernunft und nicht der Emotion!*

Als Entscheidungshilfe wollen wir nachfolgend einige Verkaufsregeln zusammenstellen, die zwar speziell für die Schutzhundrassen gelten, aber sinngemäß auch für *alle* anderen Hunderassen zutreffen.

A: Regeln beim Hundekauf

1. Hast du dich für eine bestimmte Schutzhundrasse entschieden, dann werde noch vor dem Kauf Mitglied des zuständigen Zuchtverbandes und lasse dich beraten. Nicht umgekehrt und hinterher, weil es dann oft schon für dich und den Hund zu spät ist.

2. Kaufe einen Schutzhund in erster Linie bei einem erfahrenen, verantwortungsbewußten, vertrauenswürdigen und allgemein anerkannten Züchter oder Hundeführer, der Mitglied im zuständigen Zuchtverband ist.

3. Vermeide es, einen Schutzhund beim Hundehändler, aus dem Tierheim, vom Versand- oder Tierhandel oder ohne nähere Besichtigung auf brieflichem Wege zu erwerben und schicken zu lassen, weil der Hund aus zweiter oder dritter Hand schon wesens- und gesundheitsmäßig geschädigt sein kann. Merke dir: *Kein Züchter oder Hundeführer von Ruf verkauft seine Tiere über mehrere Besitzer.*

4. Bevorzuge beim Kauf möglichst einen Hundekenner in deiner näheren Umgebung, weil du dann sofort dessen Rat und Hilfe in Anspruch nehmen kannst, falls dies einmal notwendig ist. Deshalb sichere dir die Unterstützung des Verkäufers noch nach dem Kauf.

5. Einen wirklich guten Züchter oder Hundeführer erkennst du nicht allein an der Zahl und Güte seiner Ausstellungspreise oder Leistungsprüfungen, sondern an seinem Umgang mit dem Hund. Sei deshalb zurückhaltend, aber freundlich zu einem Hundehalter, dessen Schutzhunde sich ihm und dir gegenüber ausgesprochen mißtrauisch, scheu, ängstlich oder unterwürfig verhalten – aber kaufe ihm auf keinen Fall ein Tier ab. Denn dieser Fehler ist meist zeitlebens nicht mehr reparabel.

6. Kaufe einen Schutzhund nicht bei einem „Schönheitszüchter," der die Leistung gänzlich vernachlässigt, sondern bei einem Züch-

ter, der auch den Gebrauchswert des Schutzhundes fördert. Er hat für den Alltag die besseren Hunde.

7. Laß dir vor dem Kauf die Ahnentafel, die Zucht- und Leistungsbewertungen und den Impfpaß des Schutzhundes zeigen. Ebenso die Beurteilungen und Bewertungen der Mutter und des Vaters. Laß dir die Hundemutter vorführen, wenn möglich auch den Rüden und Geschwister aus vorangegangenen Würfen.

8. Nimm zum Kauf eines Schutzhundes möglichst einen neutralen und anerkannten Fachmann mit oder erkundige dich beim zuständigen Zucht- oder Ausbildungswart genau über die Veranlagungen des Hundes, seiner Eltern und Geschwistern.

9. Kaufe einen Schutzhund nur mit einer einwandfreien Ahnentafel, einem sicheren Wesen und mit kraftstrotzender Gesundheit. Niemals aber einen von unbestimmter Herkunft. Vergleiche die Tätowiernummer der Ahnentafel mit der im Ohr des Hundes.

10. Wähle einen Schutzhund, der geschlechtlich, wesens,- alters- und größenmäßig deinen Verhältnissen am besten entspricht und zu deinem Charakter paßt. Zum Beispiel: je kleiner oder je voller die Wohnung, desto ruhiger der Hund.

11. Schließe mit dem Verkäufer einen Kaufvertrag ab. Behalte dir dabei vor, daß du den Kauf innerhalb von 24 Stunden annulieren kannst, falls vom Fachmann verborgene Fehler festgestellt werden.

12. Wenn du den Hund bezahlst, laß dir vom Verkäufer sofort alle Unterlagen über den Hund aushändigen und unterschreiben: Ahnentafel, Körschein, Zucht- und Leistungsbewertungen, Impfpaß, ärztliche Befunde, Wesensbeurteilung, Futterplan usw.

13. Schaffe dir möglichst einen 2 bis 3 Monate alten Welpen an. Er ist meist noch nicht umweltgeschädigt und läßt sich am leichtesten aufbauen, weil er sich noch von dir abhängig fühlt.

14. Der nächstbeste Hund ist ein Junghund von 3 bis 6 Monaten. Dabei hast du jedoch mit zunehmendem Alter auf die Schattenseiten seines Temperaments zu achten.

15. Wähle einen Hund von 6 bis 9 Monaten, wenn du z. B. in der Haltung und Aufzucht von Welpen noch unerfahren bist, zu besonders forschem Auftreten neigst oder kleine Kinder hast. Achte auch hier auf evtl. Wesensmängel.

16. Als vierter folgt der Hund von 9 bis 12 Monaten. Mehr noch als bei jüngeren Hunden prüfe das Tier auf mögliche Charakterfehler.

17. Noch mehr Vorsicht ist beim Ankauf eines Schutzhundes über 12 Monate geboten. Hierzu solltest du am besten einen Fachmann mitnehmen, weil einige Gebrauchsmängel erst ab diesem Alter auftreten und umfassend geprüft werden können.

18. Der Kauf eines abgerichteten Schutzhundes bedeutet noch lange nicht, daß du dir Mühe ersparst. Im Gegenteil; gelingt es dir nicht, den Hund ebenso an dich zu fesseln und zum Gehorsam zu bringen wie sein früherer Herr, so ist deine Lage mit der eines Menschen zu vergleichen, der ein schnittiges Auto kauft, zu dem ihm der Zündschlüssel aber nicht mitgeliefert wird.

19. Achte bei der Anschaffung eines Schutzhundes primär darauf, daß du keinen Hund erhältst, der
    a) ängstlich, feige, nervös, überreizt, scheu oder schreckhaft ist,
    b) sich dir kriecherisch nähert und evtl. dabei uriniert,
    c) vor dir zurückweicht und ausgesprochen kontaktscheu erscheint,
    d) allzu weich oder wehleidig ist,
    e) sich leicht ablenken läßt und keine Ausdauer hat,
    f) sich von den anderen Hunden absondert, am Spiel nicht teilnimmt, besonders lästig ist, einen äußerst faulen Eindruck macht oder sonstige Verhaltensweisen äußert, die stark von denen seiner Geschwister abstechen,
    g) deutlich größer oder kleiner ist als die Geschwister.

20. Willst du einen echten Leistungshund, dann entscheide dich bei den Welpen oder Junghunden für den ruhigsten, kräftigsten oder drahtigsten, kontaktfreudigsten, aufmerksamsten, interessiertesten und mutigsten.

21. Nimm nur einen Schutzhund, der keinen gravierenden Gebäudefehler hat und gesund ist. Prüfe ob,
    a) der Rüde beide Hoden besitzt,
    b) der Hund alle Zähne hat und die Zähne weiß, gleichmäßig gewachsen und gut gestellt sind,
    c) der Hund nicht über-, auf- oder unterbeißt – es sei denn, es ist ein Rassemerkmal – und sein Zahnfleisch rosafarben ist,
    d) der Hund nicht hustet und keinen Ausfluß aus Augen und Nase hat,

e) die Pfoten des Hundes, vor allem beim Welpen, gerade und kräftig und nicht krumm und angeschwollen sind,
f) der Hund keinen Nabel- oder Leistenbruch hat,
g) die Ausscheidungen des Hundes keinerlei Spuren von Würmern aufweisen,
h) die Haut des Hundes keinerlei Rötungen oder Anzeichen irgendwelcher Hauterkrankungen hat,
i) der Hund ein glänzendes und lockeres Fell besitzt und er nicht von Parasiten befallen ist.
j) der Hund keine Hüftgelenksdysplasie hat.

22. Bestehe darauf, daß der Verkäufer vorhandene innere und äußere Parasiten beseitigt, die Folgezustände daraus oder eine in der Entwicklung befindliche Erkrankung noch behandeln läßt.

23. Laß deinen Schutzhund sofort nach dem Kauf von einem einschlägigen Tierarzt allgemein untersuchen, begutachten und heb dir die Adresse des Arztes sorgfältig und griffbereit auf.

24. Denke daran, ein wirklich guter Schutzhund kostet seinen Preis, weil du nicht nur den Hund bezahlst, sondern auch die tierpsychologische Aufbauarbeit und Mühe des Züchters oder Hundeführers honorierst. Die Abgabe von billigen Tieren hat meistens einen tieferen Grund. Sei deshalb mißtrauisch. Das erspart dir später viel Ärger, Enttäuschungen und Kosten.

25. Merke dir: Bei der Anschaffung eines Schutzhundes geht *Wesen vor Schönheit,* weil der Schutzhund in erster Linie für den Gebrauch und nicht für das Auge geschaffen wurde. An Schönheitsfehler kannst du dich gewöhnen, an Charakterfehler nie. Wisse aber, daß jeder Schutzhund nur das leisten kann, was erbmäßig in ihm steckt. Schutzhunde mit kleinen Mängeln sind deshalb noch lange keine unbrauchbaren Hunde.

26. Suche dir beim Züchter so früh wie möglich einen Welpen aus, am besten schon mit 5–6 Wochen. Dann besuche ihn öfters und spiele mit „deinem" Hund, damit er dich jetzt schon als seinen künftigen Sozialpartner betrachtet. Die Anpassung fällt dem Welpen später leichter.

27. Achte darauf, daß zuerst nur du als künftiger Hundeführer mit deinem neuen „Meutekumpan" Kontakt aufnimmst, ihn selber abholst und ihn allein in sein neues Heim einführst.

28. Hole den Schutzhund zu einem Zeitpunkt in der Woche ab, an dem du dich am längsten mit ihm beschäftigen kannst. Dies ist

wichtig, weil die ersten 24 Stunden im neuen Heim für das Verhältnis des Hundes zu dir von entscheidender Bedeutung sind.

29. Übernehme den Schutzhund am besten an einem Vormittag, damit du ihn bis zum Abend einigermaßen in sein neues Heim eingewöhnt hast. Dann brauchst du meist keine Störung der Nachtruhe zu befürchten.

30. Gewöhne den Schutzhund gleich in dem Raum ein, der für ihn später sein Aufenthaltsort sein wird, weil du ihn sonst eigens noch an diesen Ort eingewöhnen mußt. Sobald er in diesem Raum gespielt, gefressen und geschlafen hat, wird er ihn meist als sein Heim betrachten.

B: Tests beim Hundekauf

Die Beachtung der vorgenannten Kaufregeln *allein* ist für die *richtige* Wahl eines Hundes ebensowenig ausreichend wie der Kauf eines Autos ohne eingehende Überprüfung der Technik und des Fahrverhaltens. Deshalb sollten wir zur Abrundung unseres Meinungsbildes den Hund *gezielt* erproben. Dabei sollten wir die Tests so gestalten, daß wir *klar* erkennen können, ob die Eigenschaftskonstellation des Hundes auch seiner *späteren* Aufgabe entspricht bzw. ob der Hund seine *spätere* Aufgabe auch *bestens* erfüllen kann.

Die Tabelle 4 zeigt solche Tests für den Kauf eines Schutzhundes. Natürlich können diese Anlagen-Erprobungen sinngemäß auch auf andere Hunderassen übertragen werden.

Tabelle 4: Tests beim Kauf eines Schutzhundes

Nr.	Erprobungen	Ergebnis	Bemerkung
A.	**Welpenerprobung** **I. von der 8. bis 20. Woche**		
1.	Wie verhält sich die Mutter mit ihren Kleinen vor und nach dem Erscheinen von Züchter und Käufer? Bei den Welpen getrennt von den Welpen	Sicher, unerschrocken, interessiert, gleichgültig, mißtrauisch, wachsam, aggressiv, unsicher, schreckhaft,	

	im Haus auf der Straße in fremder Umgebung	scheu, nervös, ängstlich, feige
2.	Wie verhält sich der einzelne Welpe, wenn die Hündin entfernt wird und du dich mitten unter den Wurf stellst? Beobachte dabei die Körper-, Ohren- und Rutenhaltung sowie die Art der Lautäußerungen!	Sicher, interessiert, kontaktfreudig, ungestört, gleichgültig, mißtrauisch, unsicher, scheu, ängstlich
3.	Wie ist die Schußfestigkeit zu beurteilen?	Gleichglültig, interessiert, aggressiv, mißtrauisch, schreckhaft, ängstlich, flüchtend
4.	Wie verhält sich der einzelne Welpe gegenüber einem Beutespiel (Lappen, Ball usw.)?	Beißt, hält fest, schüttelt, zerrt, knabbert, interessenlos, mißtrauisch, läuft weg
5.	Wie verhält sich der Welpe gegenüber einem Besen, den der Züchter im Aufzuchtzwinger zu ihm hin- und herbewegt?	Aggressiv, interessiert, unsicher, ängstlich
6.	Wie ist die soziale Rangordnung innerhalb des Wurfes, wenn du einen Knochen unter die Welpen wirfst?	Ranghöchste nach 2 Minuten entfernen, den Welpen, der danach die Spitzenposition einnimmt, ebenfalls nach 2 Minuten weg
7.	Wie verhält sich der Welpe, wenn der Züchter ihm den Fang weit öffnet, die Ohren untersucht, die Krallen der Vorderpfoten einzeln befühlt und bei den Rüden das Vorhandensein der beiden Hoden prüft?	Unbeeindruckt, als Spiel auffassend, winselnd, wehleidig, willenlos deprimiert, widersetzend, angstaggressiv, ängstlich
8.	Wie verhält sich der Welpe gegenüber alltäglichen Einflüssen (Wohnung, Auto, Verkehr, anderen Tieren usw.)?	Sicher, unerschrocken, interessiert, ruhig, gleichgültig, nervös, unsicher, schreckhaft, ängstlich

9.	Wie reagiert er gegenüber einer fremden Person, die ihm allein gegenübertritt?	Freudig, begrüßend, interessiert, zudringlich, aggressiv, gleichgültig, mißtrauisch, nähert sich kriechend, scheu, ängstlich, flüchtend, verkriecht sich
10.	Wie verhält er sich beim Berühren durch eine fremde Person?	Zutraulich, sicher, gleichgültig, drohend, aggressiv, ausweichend, unterwürfig, ängstlich
11.	Wie reagiert er an einem ihm unbekannten Ort?	Sicher, unerschrocken, interessiert, gleichgültig, mißtrauisch, aufmerksam, unsicher, nervös, schreckhaft, scheu, ängstlich, feige
12.	Wie reagiert der Welpe, wenn du direkt auf ihn zugehst und erst knapp vor ihm stehenbleibst?	Aufmerksam, stur, aggressiv, ruhig ausweichend, unterwürfig, ängstlich, flüchtend
13.	Wie verhält sich der einzelne Welpe, wenn er 2 Minuten auf den Tisch gesetzt, zuerst kurz festgehalten und dann losgelassen wird?	Sicher, unerschrocken, spielerisch-aggressiv, schicksalsergeben, wehleidig winselnd, unruhig, ängstlich zitternd
14.	Wie verhält sich der Welpe, wenn er vom Züchter für ca. 2 Minuten an Halsband und Leine genommen wird? a) zum ersten Mal b) zum zweiten Mal c) zum dritten Mal	Widersetzt sich hartnäckig und ständig, widersetzt sich eine gewisse Zeit, widersetzt sich nur ganz kurz, fügt sich sofort schicksalsergeben

15. Um ein Fehlurteil durch zufällige Indisposition des Prüflings auszuschließen, wiederhole diese Tests zwei- bis dreimal etwa in wöchentlichem Abstand. Weicht ein Welpe bei der Mehrzahl der Tests deut-

lich negativ oder positiv gegenüber dem Verhalten seiner Geschwister ab, dann wird sein Wesen in dieser Richtung so ausgeprägt sein, daß selbst bei optimaler Erziehung dieser Charakterzug nicht wesentlich zu korrigieren sein wird.

B. Junghunderprobung
II. Vom 6. bis 12. Monat

16. Der Hund läuft frei in fremder Umgebung auf freiem Feld oder offenem Gelände, vom Verkehr ungefährdet, herum. Er kann sich allem widmen, was ihn interessiert und darf vom HF (Hundeführer) nicht beeinflußt werden. Der HF soll mehrfach die Richtung ändern.

a) Wie ist die Bindung an den Hundeführer?	Zu eng, eng, wenig ausgeprägt, fehlt
b) Wie weit entfernt sich der Hund vom Hundeführer?	0 bis 5 m, bis ca. 15 m, bis ca. 30 m, mehr als 30 m
c) Läßt sich der Hund durch Umweltreize vom Hundeführer ablenken?	Ja, leicht, schwer, nein
d) Wie ist sein Gehabe?	Sicher, unerschrocken, temperamentvoll, draufgängerisch, zurückhaltend, mißtrauisch, gehemmt, nervös, scheu, ängstlich, ständig fluchtbereit
e) Bewegungs- und Betätigungstrieb	groß, mittel, ausgeprägt, wenig, nicht erkennbar
f) Temperament	sehr lebhaft, lebhaft, ruhig, träge und schwerfällig

	g) Wie reagiert er auf Schüsse?	Gleichgültig, interessiert, aggressiv, mißtrauisch, schreckhaft, ängstlich flüchtend
	h) Wie reagiert der Hund, wenn der HF ihn zu sich ruft?	Kommt sofort, kommt zögernd, kommt erst nach mehrmaligem Rufen, bleibt nur stehen und wartet, hört und kommt überhaupt nicht
17.	Der HF spaziert mit angeleintem Hund durch ruhige Wohnstraßen, belebte Straßen, zwischen Personengruppen, durch eine Unterführung usw.	
	a) Wie ist sein Verhalten im Verkehr allgemein?	Sicher, unerschrocken, interessiert, wachsam, gleichgültig, mißtrauisch, unsicher, schreckhaft, scheu, nervös, ängstlich, feige
	b) Wie reagiert er auf Verkehrsgeräusche?	Gleichgültig, interessiert, mißtrauisch, schreckhaft, ängstlich
	c) Wie verhält er sich gegenüber Fremdpersonen?	Sicher, interessiert, kontaktfreudig, zurückhaltend, wachsam, gleichgültig, mißtrauisch, unsicher, scheu, nervös, ängstlich
	d) Wie verhält er sich beim Berühren durch fremde Personen?	Sicher, zutraulich, gleichgültig, ausweichend, drohend, aggressiv, unterwürfig, scheu, ängstlich
	e) Wie verhält er sich, wenn eine fremde Person ihn festhält und mit ihm zu spielen versucht, während der HF außer Sicht ist?	Sicher, zutraulich, interessiert, spielerisch, gleichgültig, unterwürfig, mißtrauisch, scheu, ängstlich

f) Wie verhält er sich gegen drohende Fremde?	Sicher, unerschrocken aufmerksam, neugierig, gleichgültig, mißtrauisch, aggressiv, unsicher, unterwürfig, scheu, ängstlich

C. Erprobung von Welpe und Junghund

18. Der Hundeführer soll völlig gelöst, natürlich, wirklich freudig und ungehemmt mit dem Hund spielen. Spielart und Spielintensität sollen dem Alter des Hundes angepaßt sein. Dabei ist besonders auf Härte, Weichheit, Ausdauer, Beute- und Bringtrieb zu achten.

a) Wie verhält sich der Hund beim Spiel allgemein?	Begeistert, hemmungslos, freudig, gehemmt, unlustig, uninteressiert, schreckhaft, ängstlich
b) Wie verhält er sich beim spielerischen Kneifen, beim Auf-den-Rücken-Legen und An-der-Rute-Ziehen?	Unbeeindruckt, aggressiv, widerstrebend, gehemmt, empfindlich, wehleidig, ängstlich
c) Wie reagiert er, wenn der Hundeführer einen Beutegegenstand (Stock, Ball und dergl.) wegwirft?	Läuft hinterher, packt ihn und bringt ihn freudig zurück; läuft hinterher, packt ihn und spielt mit ihm; läuft hinterher und packt ihn erst nach Aufforderung; läuft hinterher, läßt ihn liegen und kommt zurück; läuft nur einige Schritte hinterher und bleibt dann stehen; läuft überhaupt nicht hinterher

d) Wie reagiert er, wenn ihm der Hundeführer die Beute wegnimmt?	Versucht, sie mit allen Mitteln wiederzubekommen; wartet darauf, daß der HF sie wieder wegwirft; verliert das Interesse an der Beute und läuft weg
e) Wie reagiert er, wenn der Hundeführer vor ihm einen ca. 60 cm langen Jute- oder Leinenstreifen hin- und herschwenkt?	Beißt, zerrt, knurrt, schüttelt, läßt nicht los, hält nur fest, knabbert, interesselos, mißtrauisch, läuft weg
f) Wie reagiert er, wenn der Hundeführer ruft, auf den Boden oder auf den Lappen schlägt und ihm die Beute wieder wegzunehmen sucht?	Bleibt unbeeindruckt und kämpft weiter, stutzt nur kurz und kämpft weiter, wird erst richtig aggressiv und gerät außer sich, läßt los und beißt erst wieder nach Aufmunterung in den Lappen, läßt los, wird unsicher und gehemmt, wird ängstlich und läuft weg
g) Wie reagiert er, wenn ihm die Beute überlassen wird?	Versucht, sie „totzuschütteln", behält sie und spielt, läßt los und wartet auf Ermunterung, läßt los und zeigt sich uninteressiert, läßt los und läuft weg
h) Wie verhält er sich, wenn eine Fremdperson den Hund auf eine vom Hundeführer angelegte Fährte ansetzt?	Nimmt sofort die Suche auf, sucht intensiv und mit tiefer Nase, zeigt wenig Fährteneifer, sucht mit Auge und Nase, sucht nur mit dem Auge, läßt sich von seiner Umgebung ablenken, zeigt keinerlei Interesse

	i) Wie ist die Ausdauer bei allen Tests zu beurteilen?	Sehr groß, groß, mittel, wenig, keine
	j) Wie ist seine Führigkeit?	Ausgeprägt, wenig ausgeprägt, vorhanden, fehlt, überhaupt nicht führbar
19.	Der Hundeführer konfrontiert den Hund mit kleinen und großen Haustieren.	
	a) Wie verhält der Hund sich gegenüber kleinen Tieren (Geflügel, Kaninchen, Katze, Hamster, Schildkröte etc.)?	Sicher, unerschrocken, interessiert, ruhig, gleichgültig, mißtrauisch, nervös, unsicher, schreckhaft, ängstlich, flüchtend, aggressiv, attackiert, beißt, jagt.
	b) Wie reagiert der Hund gegenüber großen Tieren (Kuh, Pferd, Schaf, Schwein etc.)?	Sicher, unerschrocken, interessiert, ruhig, gleichgültig, mißtrauisch, nervös, unsicher, schreckhaft, ängstlich, flüchtend, aggressiv, attackiert, bewacht, hütet, treibt.

20. Der Hundeführer sollte bei allen Tests besonders auf jene Welpen und Junghunde achten, die etwas **Außergewöhnliches** leisten. Denn diese Tiere können auch später meist beachtliche Leistungen vollbringen.

Die Abbildungen 1 bis 8 zeigen beispielhaft, wie unterschiedlich Welpen und Junghunde bei den „Welpen- und Junghunderprobungen" reagieren.
In Konfrontation mit Kühen (Abb. 1) signalisiert der rechte Welpe durch seine Körperhaltung und sein Bellen große Unsicherheit, während der linke Welpe völlig unbeeindruckt bleibt. Diese Gleichgültigkeit gegenüber den Kühen zeigt der linke Welpe auch allein (Abb. 2)

Abb. 3

Abb. 4

Bei der Konfrontation mit Schweinen (Abb. 3) signalisieren zwar beide Jungrüden konzentriertes Interesse, aber nur der hintere Rüde strahlt dabei Ruhe, Sicherheit und Unerschrockenheit aus. Dagegen zeigt der vordere Rüde eine gewisse Unsicherheit, die besonders bei der Kontaktaufnahme deutlich wird (Abb. 4).

Bei der Konfrontation mit Schildkröten (Abb. 5 und 6) verhält sich die Junghündin interessiert, konzentriert, ruhig, sicher und unerschrocken. Dabei zeigt sie eine große Ausdauer und Geduld.

Beim „Beutetest" (Abb. 7 und 8) verfolgt die Junghündin interessiert, konzentriert und temperamentvoll den Tennisball, packt ihn im Flug und spielt ausdauernd mit ihm.

Teil II

Die Lehr-Reife

Kapitel 6
Das Wissenssystem

Wie wir bereits wissen, sind die zwei *wichtigsten* Komponenten für eine *ideale* Mensch-Hund-Beziehung die Führeigenschaften und das Fachwissen des Menschen.

Den fachgerechten Aufbau der Führreife haben wir im ersten Teil dieses Buches *eingehend* behandelt. Nun wollen wir das Lehrgebäude für das Fachwissen *näher* untersuchen. Dabei beginnen wir wieder mit der Hauptfrage:

„Besitzen wir das für eine *erfolgreiche* Hundeführung *notwendige* Fachwissen?“

Das Fachwissen als zweite Komponente jeder *mustergültigen* Führung von Hunden ist in erster Linie das Resultat der Selbstbildung. Diese Selbstbildung wiederum ist das Produkt aus Einstellung und Hundeverständnis. Dabei bildet die innere Einstellung des Menschen den Untergrund und das Hundeverständnis das Fundament jeder echten *erfolgreichen* Hundeführung.

Diese Wahrheit gilt ebenfalls ganz *besonders* für die Führer von Schutzhunden, weil der Mensch in dieser Partnerschaft sowohl *Rudelführer* als auch *Ausbilder* sein sollte. Denn die eingezüchteten Gebrauchshundanlagen sollten *nicht* ungenutzt bleiben oder sich unkontrolliert auswirken, sondern zum Wohle der Menschen *gezielt* geformt und gebraucht werden. Dabei bestimmt die Leistungsqualität *immer* der Mensch. Dies bedeutet z. B., daß der Hundeführer *jederzeit* in der Lage sein sollte, eine Verhaltensweise des Schutzhundes schon *im Ansatz* zu erkennen und diese noch *zu Beginn* ihres Ablaufes zu fördern oder zu unterbinden. Dagegen kann der Schutzhund zum Problemhund werden, wenn die positiven oder negativen Einwirkungen zu spät erfolgen und *nicht* das erwünschte, sondern ein unerwünschtes Verhalten beeinflussen. Dies geschieht z. B. in der Regel dann, wenn die Maßnahmen des Hundeführers *nicht* bis spätestens *eine* Sekunden nach Ablauf derjenigen Verhaltensweise erfolgt, die der Hundeführer beeinflussen will.

1. Die Einstellung

Die Voraussetzung für eine *erfolgreiche* Hundeführung war die *innere* Einsicht, daß wir für *alle* Belange im Umgang mit dem Hund *selbst* die Verantwortung übernehmen sollten. Die Voraussetzung für den *erfolgreichen* Umgang mit dem Hund ist die *innere* Einstellung des Hundeführers, daß der Hund ein *andersartig* gelagertes Lebewesen als der Mensch ist. Dabei bestehen die *entscheidenden* Unterschiede zwischen Mensch und Hund in der Lebenswelt und dem Verhalten.

A: Menschenwelt und Hundewelt

Es ist allgemein bekannt, daß die Welt nach ganz *bestimmten* Gesetzmäßigkeiten aufgebaut ist. Dieser Systematik unterliegen *alle* Lebewesen. Die zwei *wichtigsten* Naturgesetze für unsere innere Einstellung lauten:

1. *Jedes Lebewesen, auch der Mensch, lebt in einer auf seine spezifischen Bedürfnisse zugeschnittenen Artwelt.*
   In dieser Artwelt ist nur jener Teil aus der allgemeinen Umwelt für das Lebewesen Wirklichkeit, den es wahrzunehmen imstande ist.

2. *Die Artwelten verschiedener Lebewesen können sich in manchen Bereichen überschneiden und dann teilweise sehr ähnlich sein. In solchen Bereichen können auch Lebewesen weniger verwandter Arten sich verstehen. Dagegen bleiben sie in anderen Bereichen einander immer fremd.*

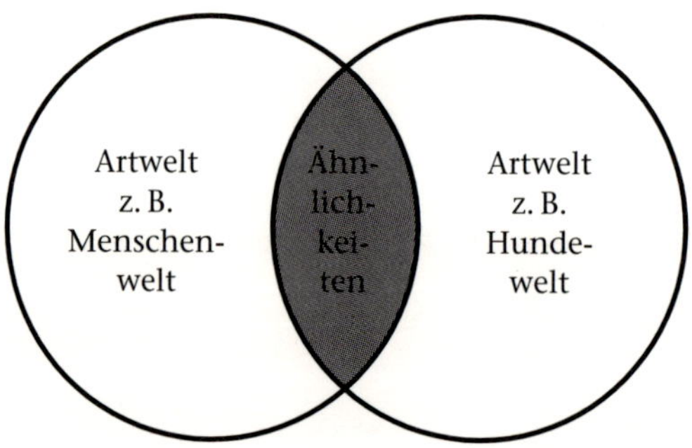

Die logische Folge aus diesen Naturgesetzen ist, daß das Weltbild eines *jeden* Lebewesens und die Verständigung der Lebewesen untereinander *primär* von dem Ausprägungsgrad ihrer äußeren und inneren Sinne abhängt.
Bei Mensch und Hund bedeutet diese Tatsache z. B. folgendes:

1. Der Mensch nimmt seine Umwelt hauptsächlich optisch wahr und der Hund geruchlich.
2. Beim Menschen dominiert das Bildgedächtnis und beim Hund das Geruchsgedächtnis.
3. Der Mensch sieht in seiner „Sichtwelt" wesentlich weniger als der Hund in seiner „Geruchswelt".

Somit ist der Mensch also ein mittelmäßiges „Augentier" und der Hund ein vorzügliches „Nasentier".

Die *wichtigsten* Unterschiede und Ähnlichkeiten der Artwelten von Mensch und Hund sind:

Menschenwelt		Hundewelt
Unterschiede	Ähnlichkeiten	Unterschiede
Mensch = Augentier. Er lebt in einer Sichtwelt. Seine Sinne reagieren in der Reihenfolge: *Auge-Gehör-Nase.*	*Beide Lebewesen sind Jäger und bis zu einem gewissen Grad Höhlenbewohner.*	Hund = Nasentier. Er lebt in einer Geruchswelt. Seine Sinne reagieren in der Reihenfolge: *Nase-Gehör-Auge.*
Auge: Weite des Blickfeldes ca. 100 Grad. Klares Erkennen von Farben sowie statische Gegenstände und Details auch auf Entfernung. Tagsehen gut. Nachtsehen schlecht.	Beide Lebewesen fügen ihr persönliches Leben in eine auf Lernbegabung zugeschnittene soziale Gemeinschaft ein.	Auge: Weite des Blickfeldes ca. 200–270 Grad. Seitliches und rückwärtiges Flächensehen. Scharfsehen nur bis ca. 8 m. Sehr gutes Bewegungssehen v. ca. 5–350 m. Tagsehen schlecht. Nachtsehen besser.
Gehör: Wahrnehmung bis zu einer Schallfrequenz von 16 000 bis 20 000 Hz.	Beide Lebewesen erkennen eine echte Autorität an, sind bereit zu gehorchen und ihre soziale Stellung in der Gemeinschaft zu verbessern.	Gehör: Wahrnehmung bis zu einer Schallfrequenz von 30 000 bis 80 000 Hz. Sehr genaues lokalisieren von Geräuschquellen. Entfernungshören ca. 4 mal weiter als der Mensch.

Menschenwelt		Hundewelt
Unterschiede	Ähnlichkeiten	Unterschiede
Nase: Größe der Riechschleimhaut 5 cm^2. Anzahl der Geruchsrezeptoren 5–7 Millionen.	Beide Lebewesen verständigen sich untereinander durch verbale, nicht verbale und taktile Signale.	*Nase:* Größe der Schleimhaut ca. 160 cm^2. Anzahl der Geruchsrezeptoren bis 220 Millionen. Wahrnehmen von Wärme. Empfindlichkeit mind. 100mal besser als beim Menschen.
Hohe Entwicklungsstufe.	Beide Lebewesen durchlaufen bis zur endgültigen Ausreifung ganz bestimmte Entwicklungsphasen.	Niedrigere Entwicklungsstufe.
Mensch = Verstandeswesen. Denkt und handelt mehr nach logischen und ethischen Gesichtspunkten.	Beide Lebewesen sind Lernwesen und müssen ihre lückenhaften Erbkoordinationen durch Lernen vervollständigen.	Hund = Trieb- und Instinktwesen. Denkt nicht logisch, besitzt weder Moral noch Schuldgefühle und lebt nur in der Gegenwart.
Der Mensch hat eine Sprache und Schrift entwickelt. Der Intellekt dominiert über das Gefühl.	Beide Lebewesen lernen, speichern und reproduzieren den Lernstoff nach denselben Regeln.	Der Hund handelt aus reiner egoistischer Trieb- und Instinktbefriedigung. Das Gefühlsleben ist sehr differenziert.
Das Interesse des Menschen wird primär durch optische Eindrücke ausgelöst und durch den Verstand geleitet.	Beide Lebewesen lernen in den sensiblen Phasen ihrer Kindheit und Jugend am leichtesten und nachhaltigsten.	Das Interesse des Hundes wird primär durch Gerüche ausgelöst sowie durch Trieb und Instinkte geleitet.
Das Orientierungsvermögen und der Heimkehrsinn des Menschen sind wenig ausgeprägt.	Beide Lebewesen sind in ihrer Entwicklungsrichtung abhängig von dem Lernstoff und den Umwelteinflüssen.	Der Hund besitzt einen überlegenen Orientierungs- und Heimkehrsinn.

Die Ähnlichkeiten in der Schnittfläche von Menschenwelt und Hundewelt, die das Verstehen von Mensch und Hund ermöglichen, sind jedoch nur *prinzipieller* Natur. Denn auf Grund der unterschiedlichen Entwicklungshöhe bestehen auch bei den Ähnlichkeiten artbedingte Abweichungen.

Die für eine *ideale* Partnerschaft zwischen Mensch und Hund *wichtigsten* Ähnlichkeiten differieren in folgenden *entscheidenden* Punkten:

Mensch	Hund
Sozialleben: Das Handeln und Reagieren erfolgt überwiegend verstandesmäßig. Die Grundlage guter menschlicher Beziehungen ist in erster Linie Toleranz und Freundlichkeit.	*Soziallleben:* Das Handeln und Reagieren erfolgt überwiegend trieb- und instinktmäßig. Die Grundlage des Zusammenlebens sind *klare* Über- und Unterordnungsverhältnisse, die Rangordnung. Dem Rudelführer wird nur solange Respekt, Liebe und Gehorsam gern und bereitwillig entgegengebracht, wie er absolut *autoritär, nicht* despotisch, „regiert". Zeigt das „Alpha-Tier" Schwächen, verliert es seine Führerposition. Der Begriff der Autorität und die damit verbundenen Verhaltensweisen sind *jedem* Hund mehr oder weniger stark angeboren und selbstverständlich.
Verständigung: Das tragende Element bei der innerartigen Kommunikation ist die lautliche (verbale) Sprache. Berührende (taktile) und stumme (nicht verbale) Signale sind zweitrangig.	*Verständigung:* Das tragende Element bei der innerartigen Verständigung ist die stumme „Körpersprache" nach dem Motto: „Hier bin ich, und hier tue ich etwas in einer ganz bestimmten Stimmung." Danach folgen taktile und verbale Signale.
Entwicklung: Der Wachstums- und Alterungsprozeß sowie die dazu gehörigen Entwicklungsstufen dauern länger.	*Entwicklung:* Der Wachstums- und Alterungsprozeß sowie die dazu gehörigen Entwicklungsstufen sind kürzer.
Lernen und Verhalten: Hohe Entwicklungsstufe = kaum	*Lernen und Verhalten:* Niedrigere Entwicklungsstufe = um-

vorhandenes Instinktgefüge = viel lernen. Gelernt wird durch Erfahrung, Beobachtung und vor allem durch Worte. Das Lernen kann kontrolliert werden. Das Verhalten wird fast nur von Lernleistungen gesteuert. Der Mensch kann sich über angeborene Verhaltensprogramme hinwegsetzen.	fangreicheres Instinktgefüge = weniger lernen. Gelernt wird *nur* durch Erfahrung und Beobachtung. Das Lernen unterliegt einem unbeeinflußbaren Zwang. Das Verhalten wird von Lernleistungen und ererbten Programmen gesteuert. Der Hund kann seine besser ausgebildeten Instinkte *nicht* überwinden.

Beim Entwicklungsvergleich von Mensch und Hund ist das Verhältnis von Menschenjahre zu Hundejahre abhängig vom Wachstums- und Alterungsprozeß des Hundes. Somit beträgt das Verhältnis im Alter von:

Lebensjahre	Menschenjahre	zu	Hundejahre
0– 1	ca. 18	:	1
2– 3	ca. 10	:	1
4– 6	ca. 7	:	1
7–10	ca. 6	:	1
11–14	ca. 5	:	1

Beim Vergleich der Entwicklungsphasen von Mensch und Hund ergibt sich folgende Analogie:

Mensch		Hund	
Phasen	Jahre	Phasen	Monate
Schoßkindzeit	1– 3	Prägungsphase	1– 2
Kleinkindzeit	3– 6	Sozialisierungs- und Rangordnungsphase	2– 4
Kinderzeit	7–10	Rudelordnungsphase	5– 6
Pubertät	11–15	Pubertätsphase	7–10
Physische Ausreifung	18–21	Physische Ausreifung	15–21
Psychische Ausreifung	22–26	Psychische Ausreifung	22–30

B: Die Struktur des Mensch-Hund-Teams

Fassen wir die *wichtigsten* Erkenntnisse aus dem Vergleich von Menschenwelt und Hundewelt regelartig zusammen, dann erhalten wir die Grundlage *jeder* Mensch-Hund-Beziehung:

Mensch und Hund zählen zu den *höheren* Lebewesen dieser Erde. *Beide* leben in einer auf Lernbegabung zugeschnittenen sozialen Gemeinschaft und verständigen sich durch verbale, nichtverbale und taktile Signale. *Beide* durchlaufen dieselben Entwicklungsphasen und müssen ihre angeborenen Verhaltensweisen durch individuell erworbene Erfahrungen (Lernen) ergänzen. Dabei wird ihr Verhalten durch die *ständige* Wechselwirkung von Erbgut und Umwelt geformt.

Die Qualität des Mensch-Hund-Verhältnisses hängt aber nicht nur ab von den Gemeinsamkeiten. Die Beschaffenheit des Mensch-Hund-Rudels wird *primär* bestimmt von der *unterschiedlichen* Entwicklungsstufe der zwei Artwelten. Denn für ein *optimales* Zusammenleben und Zusammenwirken von Mensch und Hund ist es von *entscheidender* Bedeutung, daß die Verbindung auf die körperlichen, seelischen und geistigen Anlagen von Mensch *und* Hund abgestimmt ist. Anders ausgedrückt:

Der Grad der Mensch-Hund-Verbindung hängt *immer* davon ab, inwieweit der zwischenartige Kontakt dem Niveau *beider* Individuen entspricht.

Denn kann ein Partner die von ihm geforderte Leistung auf Grund seiner Entwicklungsstufe *nicht* erbringen, entsteht ein gestörtes Verhältnis. Diese Disharmonie wirkt sich um so *negativer* aus, je weniger die Belange eines Partners berücksichtigt werden. Dieser Fakt im Umgang mit dem Hund wurde von den meisten Hundeführern *nicht* berücksichtigt.

Der *wichtigste* Unterschied zwischen Mensch und Hund ist, daß der Hund seine *angeborenen* Verhaltensprogramme *nicht* überwinden kann – auch *nicht* durch Lernerfahrungen. Daraus folgt, daß der Hund auch im Mensch-Hund-Rudel nach den Regeln *seiner* Artwelt handelt *und* behandelt werden will.

Der Kernpunkt des hundlichen Rudellebens ist die strenge *hierarchische* Struktur oder die sorgfältig *abgestufte* Rangordnung. Denn *jedes* gut funktionierende Rudelleben erfordert gegenseitig Verständigung, Organisation und Zucht (Ordnung, Gehorsam etc.).

Dieses Meutegefüge besteht aus dem Rudelführer und vielen Individualisten, deren Rang durch die Art und Zusammensetzung ihres Erbcharakters und der bisherigen Entfaltungsmöglichkeiten dieser Anlagen im Verhältnis zu den gleichen Faktoren bei den anderen

Meutegefährten bestimmt wird. Diese Rangordnung ist um so strenger, je dichter die soziale Gemeinschaft beieinander lebt und je kleiner der individuelle Lebensraum der einzelnen Mitglieder ist. Bereits den Jungen wird innerhalb dieser feststehenden Rangordnung ihr Platz zugewiesen und ihnen Wohlverhalten in absolut autoritärer Weise klargemacht.

Der Rudelführer – das „Alpha-Tier" – ist die anerkannte Autorität, und seine Befehle sind ehernes Gesetz. Jeder Rangniedere wird sich diesem Gesetz gern und freiwillig beugen, solange der Rudelführer durch sein Können und seine Erfahrungen das Überleben des einzelnen sichert. Erfüllt er diese Erwartungen nicht mehr oder nur unzureichend, wird sehr bald ein rangniederes Tier – meist ist es das „Beta-Tier" – versuchen, den Rudelführer aus seiner Stellung zu verdrängen, oder der Rudelführer wird von seinem Rudel zerrissen. Diese Handlungsweisen sind jedem Rudeltier mehr oder weniger stark angeboren.

Das Prinzip vom Führen und Geführtwerden spielt auch in der menschlichen Gesellschaft eine entscheidende Rolle für das Schicksal des einzelnen. Denn der Mensch ist ebenfalls ein „Herdentier", das sich entweder einfügen oder den Kampf um die Führerschaft bzw. um die Verbesserung seiner Rangstellung wagen muß. Dabei handelt der Mensch, im Gegensatz zum Tier, in erster Linie verstandesgemäß.

Übertragen wir diese Erkenntnisse auf die Beziehungen zwischen Mensch und Hund, so können wir feststellen:

Wenn Mensch und Hund Rudeltiere sind und sich die sozialen Gefüge von Mensch und Hund gleichen, dann sind auch die Prinzipien in der gemischten Mensch-Hund-Meute dieselben.

Da das Zurechtkommen miteinander aber von der Verwendungsart der Prinzipien abhängt und diese wiederum dem „geistigen" Niveau beider Individuen entsprechen sollte, kann sich eine gute Beziehung zwischen Mensch und Hund nur auf der Ebene des Hundes entwikkeln, d. h. das Verhältnis zwischen Mensch und Hund kann nur *hierarisch* aufgebaut sein.

Der einzige Unterschied gegenüber der reinen Hundemeute besteht lediglich darin, daß die Führerrolle von *vornherein* dem Menschen zukommt, weil ein solches Zusammenleben in einer bereits vorgebildeten menschlichen Gemeinschaft stattfindet.

Dies bedeutet: Der Hund, dem der Begriff der Autorität angeboren und selbstverständlich ist, erwartet von uns, daß wir uns als erfahrener und psychisch überlegener Anführer erweisen, den er ebenfalls uneingeschränkt lieben, respektieren und dem er gehorchen kann wie dem Rudelführer im sozialen Tierverband. Verhalten wir uns aber so, daß der Hund unsere Überlegenheit einfach nicht anerkennen kann, so wird er der „Stimme seines Blutes" folgen und bestrebt sein, die Stelle des Meuteführers selbst einzunehmen. Denn ein Rudel ohne Führer darf es vom Standpunkt des Hundes aus nicht geben. So weit dürfen wir es aber nicht kommen lassen. Deshalb nochmals, weil es so wichtig ist:

Bei der Behandlung des Hundes ist nicht maßgebend, wie wir den Hund sehen, sondern wie der Hund uns sieht: als eine Art Hund.

Die logisch *richtige* Konsequenz aus diesen *unveränderlichen* Gegebenheiten ist, daß wir den auf einer niedrigeren Entwicklungsstufe stehenden trieb- und instinktabhängigen Hund in *allen* Lebenslagen *artgerecht* behandeln.

Dagegen sind *alle* Denk- und Handlungsweisen des Menschen *grundfalsch,* welche im Hund die *nicht* vorhandene Vernunft ansprechen. Das Ergebnis dieses menschlichen Fehlverhaltens ist letztlich ein mißhandelter, in der Regel ungehorsamer, kläffender, zerrender, bissiger, unberechenbarer, streunender oder neurotischer Hund, der mehr Schaden als Nutzen verursacht.

Deshalb sollte *jeder* Hundeführer *von Anfang an* versuchen, wie ein Hund zu „denken" und auf die hundlichen Verhaltensweisen *nicht* menschlich, sondern hundeverständlich zu reagieren. Dies gilt vor allem für die Führer von Schutzhunden. Nun bestehen bei vielen Menschen jedoch gewisse angeborene Abneigungen oder erlernte Vorurteile gegen die *richtige* Behandlung des Hundes. Diese Voreingenommenheiten aber blockieren unser Denkschema und verhindern eine Neuorientierung im Umgang mit dem Hund. Deshalb sollten wir sie *konsequent* und *umfassend* beseitigen. Dies ist besonders für jene Hundeführer wichtig, die aus lauter Menschlichkeit, Sachlichkeit, Herrschsucht, Eigensucht oder Natürlichkeit den Blick für das *Wesentliche* im Zusammenleben mit dem Hund verloren haben und den „besten Freund des Menschen" vermenschlichen, versachlichen, versklaven, perfektionieren oder verwildern lassen.

Aus diesem Grund lautet das Motto für die *richtige* Einstellung zum Hund:

Jeder tierpsychologisch richtige und erfolgreiche Umgang mit dem Hund kann nur auf der Ebene des Hundes stattfinden! Dagegen entsteht niemals eine für Mensch und Hund vorteilhafte Verbindung, wenn der Hund „enthundlicht" wird!

Haben wir diese Wahrheit *vollkommen* zu unserem Leitsatz in der Haltung, Formung und Führung des Hundes gemacht, dann können wir mit der Errichtung des Fundaments beginnen. Zum besseren Verständnis werden die für uns wichtigen stammesgeschichtlichen und ererbten Programme von Mensch und Tier nochmals tabellarisch und graphisch dargestellt (s. Tabelle 1 und 2).

Tabelle 5: Das stammesgeschichtliche Programm von Tier und Mensch

Elemente des Erbprogramms	Aufbau des Erbprogramms	Garantie des Erbprogramms
Das Erbprogramm beinhaltet u. a. – *bestimmten* Aufbau und Form des Körpers. – *bestimmtes* Spektrum der Wahrnehmung. – *bestimmte* Ausdrucksformen. – *bestimmte* Lernfähigkeit. – Instinkte mit *bestimmten* Verhaltensmustern. – Triebe mit *bestimmten* Potentialen. – Bewegungsorgane mit *bestimmten* Werkzeugaktivitäten.	Das Erbprogramm ist so aufgebaut, daß *alle* Lebewesen in einem anderen Teil der allgemeinen Umwelt leben. Diese Artwelten sind so gestaltet, daß sie sich nur in *wenigen* Bereichen überschneiden. Die Schnittflächen bewirken, daß sich in diesen Bereichen auch Lebewesen *weniger* verwandter Arten verstehen.	Das Bestehen der einzelnen Lebewesen in ihrer Artwelt wird dadurch garantiert, daß das Erbprogramm – Aktionspotentiale zum *angemessenen* Gebrauch besitzt. – auf umweltbedingte Auseinandersetzung zugeschnitten ist. Formelartig: *angemessene* Energiezufuhr + *angemesessener* Energieverbrauch = Lebensgarantie.

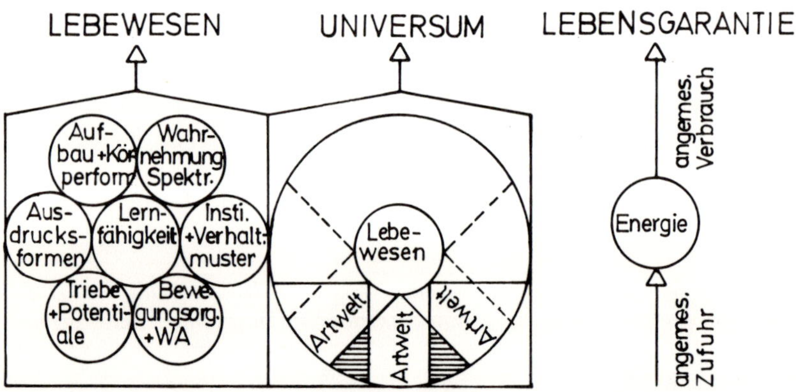

Tabelle 6: Das ererbte Verhaltensprogramm von Tier und Mensch

Grundlage des Verhaltensprogramms	Tierisches Verhaltensprogramm	Menschl. Verhaltensprogramm
Die *wichtigsten* Elemente des ererbten Verhaltensprogramms sind die *trieblichen* und *geistigen* Anlagen der einzelnen Lebewesen. Dabei bestimmen die vorhandenen Aktionspotentiale aus Triebpotentiale + Werkzeugaktivitäten der Bewegungsorgane *primär* das spezielle Verhalten.	Das Tier kann sein ererbtes Verhaltensprogramm *nur* bei einer bestimmten Lernfähigkeit beeinflussen. Dabei können über die Lernfähigkeit aber *nur* die Bewegungsorgane gesteuert werden, *nicht* die Triebe.	Der Mensch kann sein *gesamtes* Verhaltensprogramm durch sein Denken beeinflussen. Dabei können über das Großhirn die Triebe + Werkzeugaktivitäten sowohl *gezielt* gesteuert als auch mit *erkenntnismäßigen* Überleg. kombiniert werden.

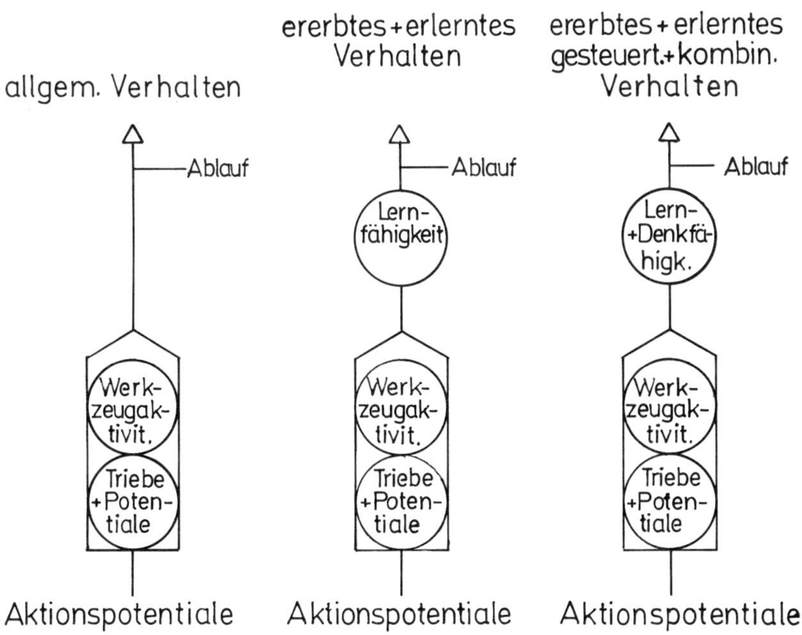

2. Das Hundeverständnis

Wie bereits aufgezeigt, ist eine *ideale* Partnerschaft zwischen Mensch und Hund nur möglich, wenn der Hundeführer seinen Hund *artgerecht* behandelt. Dieser *richtige* Umgang mit dem Hund setzt aber voraus, daß der Hundeführer seinen Hund versteht, d. h. daß der Hundeführer genau wissen sollte, wie sein Hund „denkt" und „spricht". Beherrscht der Hundeführer diese fundamentale Regeln der Hundewelt nicht, kann er *kein* wirklich *erfolgreicher* Hundeführer werden. Vor allem die Führer von Gebrauchshunden und speziell die Schutzhundführer werden *ohne* dieses fachliche Grundwissen kaum eine *optimale* Teamarbeit leisten, auch wenn sie ihr Arbeitsgebiet noch so gut kennen. Denn *nur* wenn wir die Ausdrucksweisen des Hundes *eindeutig* verstehen, können wir ihn auch *optimal* formen und führen.

Aus diesem Grund ist *eine* „Bildungslücke" im Bereich Hundeverständnis letztlich die Hauptursache für eine problematische Mensch-Hund-Beziehung und die daraus resultierenden Mißerfolge. Diesem Grundübel ist am besten zu begegnen, wenn wir schon bei unserer Eigenentwicklung das Hundeverständnis mit kultivieren.

A: Das „Denken" des Hundes

Dieser Punkt wurde schon unter der Rubrik „Einstellung" eingehend behandelt. Hier wollen wir die wichtigsten Aussagen nochmals regelartig zusammenfassen:

1. Der Hund ist ein Trieb- und Instinktwesen mit *feinen* Sinnen, sehr *differenziertem* Gefühlsleben und *beschränkten* psychischen Fähigkeiten.
2. Der Hund lebt in einer Gemeinschaft mit *klare*r Rangordnung, deren Prinzipien ihm *angeboren, selbstverständlich* und *unentbehrlich* sind.
3. Der Hund handelt auf Grund seiner *niedrigeren* Entwicklungsstufe im Mensch-Hund-Rudel nach *denselben* Regeln wie in einer reinen Hundemeute. Dabei sieht er den Menschen als eine Art Hund.
4. Der Hund erwartet von dem auf einer *höheren* Entwicklungsstufe stehenden Menschen, daß er die Führerrolle im Mensch-Hund-Rudel *von Anfang an* übernimmt und von vornherein auf *klare* Verhältnisse achtet.

5. Der Hund gehorcht *freudig* und *willig*, wenn er den Menschen als eine *echte* Autorität *lieben* und *respektieren* gelernt hat. Dagegen erfolgt Auflehnung, Dominanzumkehr oder Rivalität, wenn der Hund den Menschen *nicht* als einen *erfahrenen* und psychisch *überlegenen* Meuteführer einstufen kann. Denn einen Rudelführer *muß* es in der Welt des Hundes *immer* geben. Ist es nicht der Mensch, so ist es eben der Hund.
6. Der Hund lernt *nur* durch Erfahrung und Beobachtung. Aber *niemals* allein durch Worte und/oder Gesten.
7. Der Hund kann den Lernstoff *nicht* kontrollieren und weiß *nie*, wann er sein Lernziel erreicht hat. Deshalb lernt der Hund *unaufhörlich*.
8. Der Hund kann mangels Vernunft willentlich *nichts* falsch machen und seine Triebe und Instinkte *nicht* überwinden. Er kann das Erlernte *nur* verschiedenartig reproduzieren.
9. Der Hund wird entwicklungsmäßig und leistungsmäßig fast *ausschließlich* durch die vom Hundeführer ausgehenden Umwelteinflüsse geformt.
10. Der Hund verständigt sich *hauptsächlich* durch *optische* Körpersignale, die durch *gezielte* Bewegungsabläufe mit oder ohne taktilen Signalen und durch *differenzierte* Lautäußerungen ergänzt werden.

B: Die „Sprache" des Hundes

Die *wichtigsten* Verständigung des Hundes in der innerartigen *und* zwischenartigen Gemeinschaft sind:

a) Die optischen Signale

Die Haupt-Verständigungsart des Hundes ist die „Sprache" der Gebärden oder die „Körpersprache". Diese Signale sind als Wolferbe bei *allen* Hunden gleich und zeigen sowohl die allgemeine Stimmungslage des Hundes an als auch den Grad einer bestimmten Handlungsbereitschaft.

Als Sender für die optischen Signale fungiert der *ganze* Körper des Hundes. Dabei sind der Kopf und die Rute die *wichtigsten* Stationen bei der Signalgebung.

Die Signale selbst unterliegen einer *wechselnden* Intensität, werden oft nur kurz gezeigt und sind untereinander kombinierbar.

Ausgehend von der Normal-Haltung können wir die Grundelemente der einzelnen Signalformen allgemein in vier Gruppen unterteilen:

Die Normal-Haltung:
Der Hund steht oder geht aufrecht in *entspannter* Körperhaltung. Die Rute hängt locker nach unten. Die Ohren sind aufgerichtet und werden zur Geräuschwahrnehmung bewegt. Der Fang ist geschlossen.
Der Hund ist ausgeglichen, zufrieden und in freundlicher Stimmung.

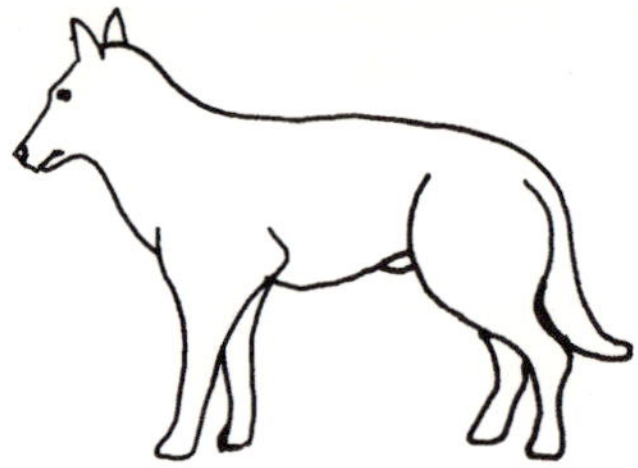

1) Die Bereitschafts-Haltungen:
Hierbei steht oder sitzt der Hund in aufrechter und erwartungsvoller Körperhaltung. Der Kopf ist erhoben, die Ohren aufgestellt und mit den Augen auf den Umweltreiz gerichtet. Die Rute ist ausgestreckt, der Fang leicht geöffnet. Diese Haltungen gehen in der Regel den nachfolgenden drei Haltungen voraus und drücken eine Reaktionsbereitschaft aus. Die zwei Grundhaltungen dieser ersten Gruppe sind:

Die Aufmerksamkeits-Haltung:
Der Hund steht aufrecht in ruhiger Körperhaltung. Die Augen und Ohren sind auf den Umweltreiz gerichtet. Der Fang ist geschlossen und die Rute etwas angehoben. Liegt der Hund, drückt nur der erhobene Kopf seine Aufmerksamkeit aus.
Der Hund ist für weitere Informationen empfangsbereit.

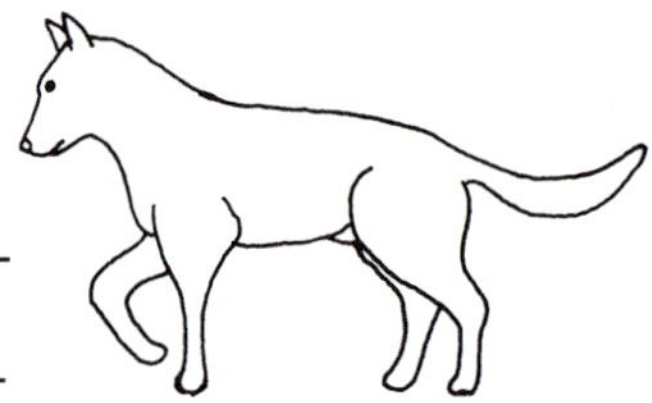

Die Wachsamkeits-Haltung:
Der Hund steht oder sitzt aufrecht in erwartungsvoller und angespannter Körperhaltung. Der Kopf ist erhoben. Die Ohren sind nach vorn gerichtet, der Fang leicht geöffnet und die Rute ist ausgestreckt.
Der Hund ist für blitzschnelle Reaktionen bereit.

2) Die Droh- und Aggressions-Haltungen:
Hierbei macht sich der Hund möglichst *groß*. Er streckt die Beine, sträubt die Rücken- und Nackenhaare, stellt die Ohren auf und nach

vorn, hält die Rute waagrecht oder steif nach oben und starrt mit runden Augen die Ursache seiner Verhaltensweise an.
Dabei wird die Stärke der Aggression durch das Ausmaß des Nasenrükkenrunzelns und des Zähnebleckens ausgedrückt, während die Intensität der Angriffsbereitschaft durch die Haltung, Steifigkeit und Bürstenförmigkeit der Rute angezeigt wird. Diese zweite Gruppe umfaßt folgende Haltungen:

Die Droh- und Imponier-Haltung:
Der Hund macht sich möglichst *groß*. Die Beine sind steif gestreckt. Die Nacken-, Rücken- und Rutenhaare sind gesträubt. Der Kopf ist aufgerichtet. Die Ohren sind nach vorn gestellt. Die Zähne werden oft gefletscht. Der Gegner wird angestarrt. Die Rute ist steif hochgerichtet und wird langsam bewegt.
Der Hund prüft die psychische Widerstandskraft seines Gegners oder Rudelgenossens.

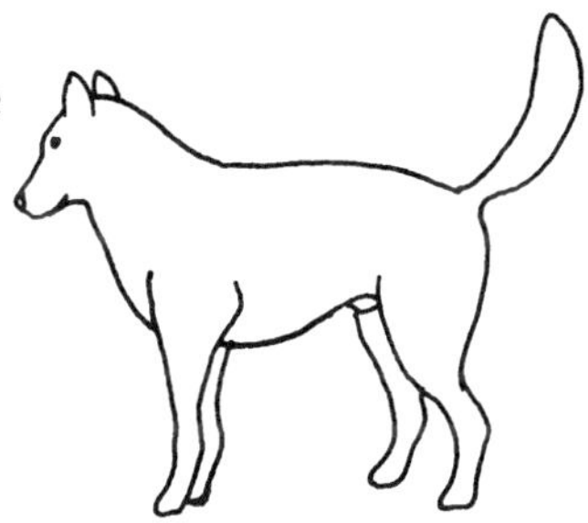

Die Droh-Freundlichekeits-Haltung:
Der Hund steht oder bewegt sich aufrecht. Er signalisiert mit erhobenen Kopf, hochgestellten Ohren und drohend geöffneten Fang vorne Verteidigungsbereitschaft. Dagegen bekundet er mit freundlich hin und her wedelnder Rute hinten Kontaktbereitschaft. Seine meist friedliche Grundstimmung liegt im Widerstreit zum Verteidigenmüssen.
Der Hund weiß noch nicht, wie er sich verhalten soll.

Die Aggressions-Haltung:
Der Hund geht aus der Droh- und Imponier-Haltung in die Angriffs-Haltung. Er schiebt den Kopf nach vorn, läßt Ohren und Haare aufgestellt und zeigt kampfbereit die Zähne. Dabei senkt er seine steife, bürstenförmige Rute bis in die Waagrechte, während die Spitze erregt zuckt. Seine Beine knicken leicht ein und der Gegner

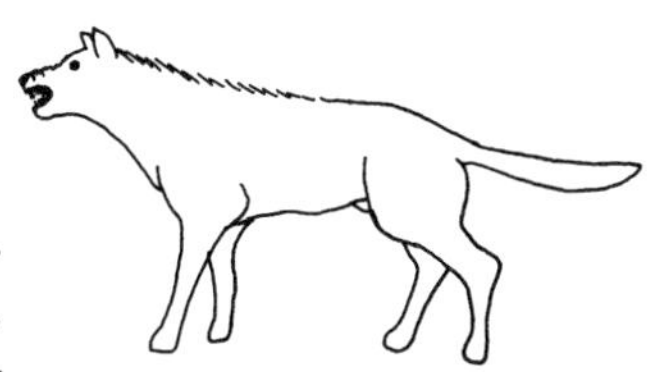

wird direkt angestarrt.
Diese Haltung ist die letzte Drohung vor dem Angriff.

Die Aggressions-Angst-Haltung:
Der Hund zeigt kombinierte Elemente von Aggression und Angst. Die Nacken- und Rückenhaare sind gesträubt, der Fang ist offen und die Zähne werden gefletscht. Dagegen ist die Rute meist eingeklemmt, die Ohren sind zurückgelegt und die Lippen horizontal zurückgezogen. Diese Haltung ist typisch für einen Angstbeißer.

Der Hund ist ängstlich und unsicher, wird aber aus Angst eher beißen als ein selbstsicherer Hund.

3) Die Demuts- und Angst-Haltungen:
Hierbei macht sich der Hund möglichst *klein*. Er knickt die Beine ein, legt die Körperhaare an, wedelt mit hängender Rute oder klemmt sie ein, zieht die Ohren nach unten und hinten und grinst unterwürfig mit horizontal zurückgezogenen Lippen. Dabei wird die Größe der Angst durch die Länge der Mundwinkel und durch die Weite der nach unten gezogenen und nach hinten gelegten Ohren sichtbar.
Zu dieser dritten Gruppe gehören folgende Haltungen:

Die passive Unterordnung:
Der Hund nimmt in unterwürfiger, geduckter oder kriechender Körperhaltung Kontakt zu seinem Rudelgenossen auf. Der Kopf ist gesenkt oder vorgestreckt. Die Ohren sind angelegt und die Lippen grinsend zurückgezogen. Die Rute hängt und wedelt.

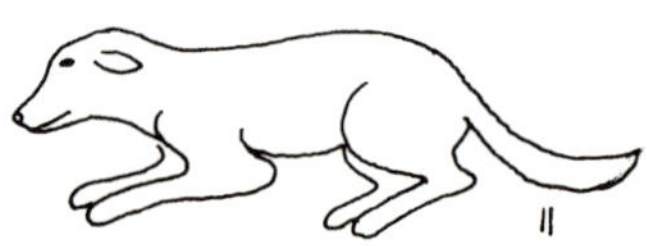

Der Hund ist unsicher und will befrieden.

Die passive Unterwerfung:
Der Hund liegt demütig und ruhig auf dem Boden. Die Ohren, Rute und Haare sind angelegt und die Lippen unterwürfig grinsend zurückgezogen. Manchmal

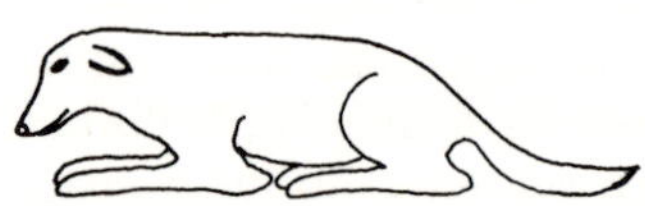

wedelt die Rute ein wenig.
Der Hund ist stark verunsichert und will beschwichtigen.

Die totale Unterwerfung:
Der Hund liegt ergeben auf dem Rücken, spreizt die Hinterbeine und bietet seine Genitalien dar. Die Ohren sind angelegt, die Augen verengt und die Lippen unterwürfig grinsend zurückgezogen. Die Rute liegt zwischen den Beinen. Manchmal wird in dieser Stellung sogar uriniert.
Der Hund hat sich total ergeben. Jede weitere Einwirkung ist sinnlos.

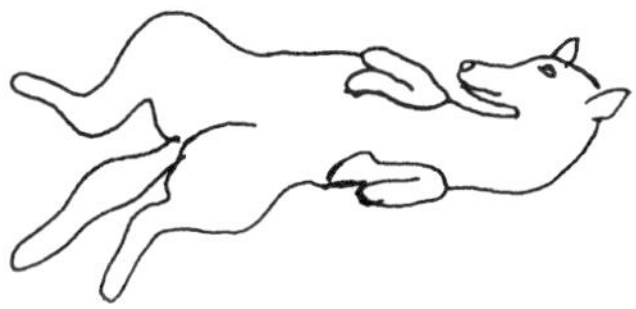

Die Angst-Haltung:
Der Hund macht sich klein und verlagert sein Gewicht auf die Hinterbeine. Alle Körperhaare sind angelegt und die Rute ist eingeklemmt. Die Ohren sind nach unten gezogen und nach hinten gelegt. Die Lippen sind horizontal zurückgezogen.
Der Hund möchte einer Auseinandersetzung aus dem Weg gehen.

4) Die Kontakt- und Spiel-Haltungen
Hierbei macht sich der Hund *nicht* äußerst groß oder klein. Er zeigt *keine* Aggressions- oder Angstelemente, sondern signalisiert durch Körperhaltung, Mimik, Kopf- und Rutenbewegungen seine Freude, Freundlichkeit und Bereitschaft zur Kommunikation. Dabei wird der Grad der Aufregung besonders durch die Heftigkeit des Schwanzwedelns angezeigt.
Zu dieser vierten Gruppe zählen folgende Haltungen:

Die Kommunikations-Haltung:
Der Hund steht oder bewegt sich aufrecht. Er bekundet mit mäßig erhobenem Kopf, leicht angelegten Ohren, begrüßendem Grinsen und freundlich hin und her wedelnder Rute seine Kommunikationsbereitschaft.

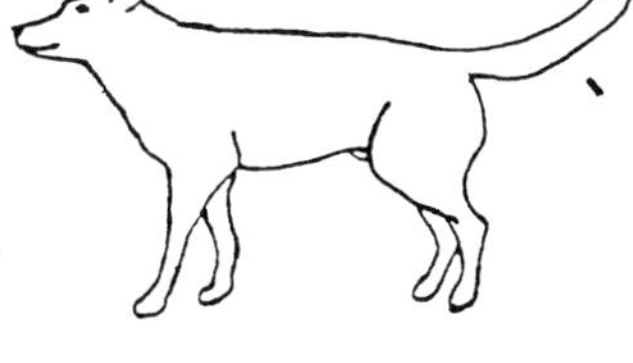

Der Hund ist freudig, freundlich, friedfertig und zur Kontaktaufnahme bereit.

Die aktive Unterordnung:
Der Hund zeigt die aktive Unterordnung oder Begrüßung, wenn er jemand freundlich begrüßt. Der Körper geht in freudiger Verbeugehaltung. Der Kopf wird gesenkt und der leicht geöffnete Fang stößt oft ruckweise nach oben. Die Ohren sind angelegt und das Gesicht zeigt ein begrüßendes Grinsen. Die Rute wedelt hängend oder aufgestellt hin und her.
Der Hund ist freudig erregt, freundlich und friedfertig.

Die Spiel-Überfall-Haltung:
Der Hund fixiert von weitem seinen Gegner. Er schleicht sich in geduckter Haltung langsam näher und galoppiert plötzlich vorwärts. Kurz vor seinem „Opfer“ zeigt er durch Kopfschütteln, Zickzacksprüngen oder Hopssprüngen seine Spielbereitschaft. Die Körperhaare sind angelegt und die Ohren aufgestellt. Der Fang ist meist geöffnet. Die Rute wird hoch oder waagrecht gehalten.

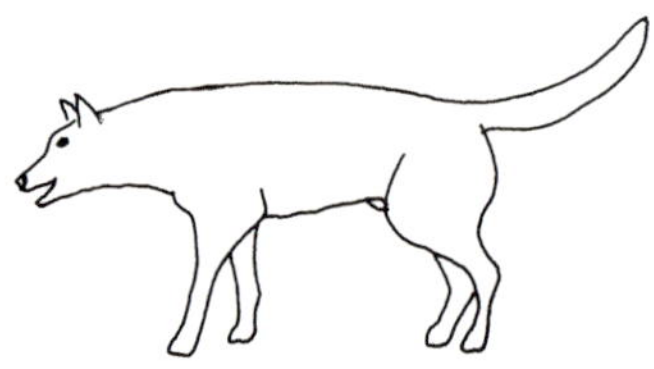

Die Spiel-Aufforderung
Der Hund legt sich vor den Partner auf die ausgebreiteten Vorderbeine. Der Vorderkörper ist fast auf dem Boden. Der Kopf, die Rute und oft auch der Hinterkörper werden rückartig bewegt. Die Augen sind groß und rund und fixieren kurzfristig den Partner. Die Ohren sind aufgestellt oder leicht angelegt. Die Lippen sind grinsend nach hinten gezogen. Aus dieser Haltung springt der Hund plötzlich nach vorn oder vom Partner zurück und fordert ihn damit zum Verfolgungsspiel auf.

Schematisieren wir die einzelnen Verhaltensweisen, dann können wir folgendes Ausdrucksmodell erstellen:

Grundhaltungen der hundlichen Körpersprache:

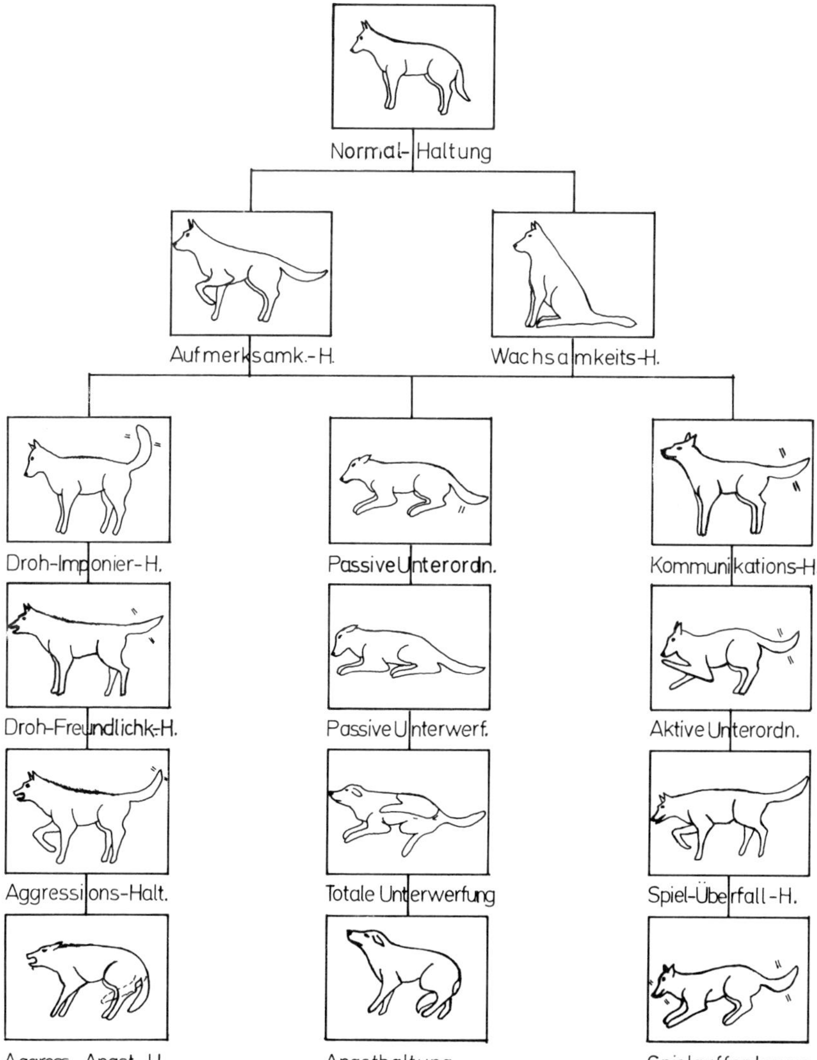

Da sich das *feiner* abgestufte individuelle Verhaltensbild des Hundes *stets* nach dem Verhalten des Gegners oder Rudelgenossen richtet, bedingt eine *optimale* Verständigung zwischen Mensch und Hund nicht nur die Kenntnis der Grund-Körperhaltungen des Hundes, seines damit verbundenen allgemeinen Gemütszustandes und des Wirkungsgrades seiner jeweiligen Gemütslage, sondern auch die *richtige* Deutung der Einzelsignale.

Aufgeschlüsselt drücken die *wichtigsten* Signale des Hundes allgemein folgendes aus:

a) Fellsträuben:

1. am Rücken mit Ohrstellung nach vorn	= Warnung, Drohung
2. vor der Rute, ohne Beteiligung der Ohren	= etwas ist nicht in Ordnung
3. auf der Rute	= Imponieren, Aggression

b) Ohrenstellung:

1. ohne Spannung	= Uninteressiertheit, Gelassenheit, Zufriedenheit
2. aufrecht, bei Hängeohren die Ohrwurzeln	= Aufmerksamkeit, Selbstvertrauen, Wachsamkeit
3. seitwärts gedreht	= gespannte Stimmung
4. zurückgelegt	= Unsicherheit, Angst

c) Gesichtsmuskeln:

1. entspannt, Fang geschlossen	= Uninteressiertheit, Ausgeglichenheit, Zufriedenheit, Freundlichkeit
2. angespannt, Fang leicht geöffnet	= Aufmerksamkeit, Wachsamkeit
3. Lippen hochgezogen, Nasenpartie gekräuselt, Stirn gerunzelt oder glatt	= Warnung, Drohung

4. Lippen horizontal zurückgezogen	= Unsicherheit, Angst, Unterwerfung
5. Lippen grinsend zurückgezogen, Fang geschlossen oder leicht geöffnet	= Freude, Freundlichkeit, Friedfertigkeit

d) Rutenhaltung:

1. entspannt nach unten	= Uninteressiertheit, Ausgeglichenheit, Zufriedenheit
2. hin und her wedelnd	= Erregung, Freude, Begrüßung, Kontaktsuche
3. hochgereckt	= Selbstbewußtsein, Aufmerksamkeit oder verdeckte Unsicherheit
4. gerade, steif nach hinten	= Drohung
5. eingekniffen	= Unsicherheit, Ängstlichkeit

Allgemein gilt: Die Verzagtheit drückt sich beim Hund in der Mimik aus, während sich das Selbstvertrauen im „Imponiergehabe", zeigt.

b) Die taktile Sprache

Der Hund drückt seine Gestimmtheit aber nicht nur durch die Haltung seines Körpers aus, sondern ergänzt bestimmte Körpersignale durch gezielte Bewegungsabläufe mit oder ohne taktilen Signalen.

Die Bedeutung einiger *wichtiger* Ausdrucksverhalten sind:

1) Die Zusammengehörigkeit im Rudel wird dadurch verdeutlicht, daß der Rudelgenosse den Kopf oder die Pfote auf den Körper des anderen legt.

2) Das Anstupsen mit der Nase ist unter Rudelgenossen ein Zeichen für freundliche Kontaktsuche und eine Aufforderungsgeste.

3) Die Zuneigung zum Rudelführer wird durch Lecken seiner Schnauze bekundet.

4) Das freundliche, kontaktsuchende und begrüßende Wedeln mit

der Rute wird durch freudiges Anspringen des Rudelgenossen und dem Quer-durch-das-Gesicht-Lecken ergänzt.

5) Die Leckbewegungen der Zunge bei der passiven Unterordnung bekräftigen die Ergebenheit des Hundes, während das Anheben der Vorderpfote eine verstärkende Beschwichtigungsgebärde bei dieser Haltung darstellt.

Diese artbedingten zusätzlichen Signalformen sollten wir *niemals* unterbinden, sondern die unerwünschten Bewegungen und Berührungen nur *sinnvoll* abändern. So sollten wir z. B. das Anspringen in ein *nur* vorne oder seitliches Hochspringen umwandeln und das Schnauzenlecken auf ein Handlecken beschränken.

c) Die akustische Sprache

Der Hund hat sich im Laufe seiner Haustierwerdung dem Menschen lautlich angepaßt. Aus dem einfachen Wuffen des Wolfes entstanden sehr differenzierte Lautäußerungen, die vom leisen Fiepen bis zum lauten Schreien reichen und in engem Zusammenhang mit der Körpersprache stehen.

Die im Umgang mit dem menschlichen Rudelgenossen wichtigste lautliche Sprache ist das Bellen. Denn es ist als eigentliche Ansprache in der Hauptsache an den Menschen gerichtet und dient z. B. zur

- Begrüßung, wenn es gleichmäßig, mit Freudenquietschern und Jubelschreien versehen, erschallt (meist in Verbindung mit Rutenwedeln).
- Aufforderung, wenn es vom leisen zum gleichmäßig nerventötenden Bellton ansteigt (auch in Verbindung mit Rutenwedeln).
- Warnung, wenn es gleichmäßig und mit Knurrlauten versehen ist, die sich verstärken können (meist in Verbindung mit steifer Rute).

Ausgelöst wird das Bellen vorwiegend durch Erregung. Dabei hängen Lautstärke, Klangfarbe und Geschwindigkeit der Lautfolge von der auslösenden Situation, von der Rassenzugehörigkeit und von der individuellen Veranlagung des Hundes ab. Sicher erlernen können wir die Lautsprache des Hundes in der Regel nur

- beim eigenen Hund
- in Verbindung mit der Körpersprache des Hundes
- unter Berücksichtigung des bellauslösenden Umweltreizes.

Die Voraussetzung für ein gezieltes und verständliches Bellen ist jedoch, daß wir

- das Bellen des Hundes *stets* beachten
- auf das Bellen des Hundes *immer* reagieren
- dem Hund *genau* die akustischen Grenzen und Einsatzmöglichkeiten zeigen.

Erfüllen wir diese Vorbedingungen nicht oder bestrafen wir sogar das Bellen, dann berauben wir uns selbst eines *wichtigen* Informationsträgers. Das Resultat ist dann meistens ein stiller Hund, ein unzuverlässiger Beller oder ein störender Dauerbeller.

Die wichtigsten *anderen* Lautäußerungen des Hundes haben allgemein folgende Bedeutung:

1. Schreien	=	höchste positive oder negative Erregung
2. Jaulen	=	längerer Erregungszustand, bekannte oder unbekannte Sinneswahrnehmungen
3. Knurren	=	Aufforderung, Warnung, Drohung, Traumreaktion
4. Wuffen	=	Warnung, ärgerliche Erregung
5. Winseln	=	Unruhe, Unzufriedenheit, leichte Erregung, Aufforderung
6. Fiepen	=	Locken, Beruhigen, leichte Erregung
7. Schnuppern	=	Informieren, Anzeigen
8. Niesen	=	Nasenreinigung, Unbehagen, Warnung

d) Die Sprache der Augen

Ein *wesentliches* Kommunikationsmittel im Wolfrudel ist die Verständigung durch Blicke. Diese „Augensprache", die vor allem zwischen dem Rudelführer und seinen Rudelgenossen stattfindet, wird besonders bei *unauffälligen* Tätigkeiten eingesetzt, z. B. bei der Jagd, bei der Vertiefung von Beziehungen etc. Dieser Blickkontakt ist auch im Mensch-Hund-Rudel von *entscheidender* Bedeutung, insbesondere, weil

- die Augen die „Fenster der hundlichen Seele" sind und der Hundeführer darin den psychischen Zustand seines Hundes am *besten* erkennen kann.

- das gegenseitige Anschauen die Mensch-Hund-Beziehung *besser* vertieft als alle anderen Ausdrucksweisen.
- das signalfreie Führen in unserer heutigen Welt *vorteilhafter* ist als die immer wieder der Beanstandung ausgesetzte Signalführung.

Dabei ist gerade der letzte Punkt für den Schutzhundführer von *eminenter* Wichtigkeit. Denn der Blickkontakt ist das *sicherste* Mittel, den Schutzhund
- *immer* unsere „geistige" Überlegenheit fühlen zu lassen
- *ständig* in unseren Willensbereich zu behalten
- *in allen* Situationen *unauffällig* zu kontrollieren

Diese Tatsache ist z. B. bei Prüfungen von *großem* Nutzen, weil der Schutzhund in jeder *kritischen* Phase *ohne* den üblichen Punktabzug für außerprüfliche Signale korrigiert und unterstützt werden kann. Die wirklich guten Schutzhundführer wissen das und setzen dieses *natürliche* Kommunikationsmittel *erfolgreich* ein. Dabei entsteht für die Ignoranten und Laien auf diesem Gebiet der Eindruck, als ob der Schutzhund sich aus eigenem Antrieb verbessert.

Da der Augenkontakt im Umgang mit dem Hund keine Selbstverständlichkeit ist, sollte er *von Anfang an* gezielt geübt werden. Dabei sollten wir unbedingt folgende Punkte beachten:

1. Verlange von dem Hund schon ab der ersten Kontaktaufnahme, daß er zu dir aufblickt.

2. Unterscheide genau zwischen dem Respekt gebietenden, drohenden und sanften Blickkontakt. Dies bedeutet im einzelnen:
   a) Blicke den Hund gerade, fest, sicher und zwingend längere Zeit in die Augen, wenn du ihm deine *ganze* Stärke und Überlegenheit als Rudelführer demonstrieren mußt.
   b) Starre den Hund gerade, durchdringend, hart und drohend in die Augen, wenn du ihn aus irgendwelchem Grund warnen oder bestrafen mußt.
   c) Schaue den Hund gerade, ruhig, sanft und lächelnd in die Augen und beende den Blickkontakt mit einem freundlichen Wort oder mit einem zärtlichen Kraulen, wenn du ihm deine Zuneigung zeigst.

3. Deute den Blick des Hundes richtig in bezug auf seinen momentanen Gemütszustand, sein Wesen und hinsichtlich deinem eigenen Charakter. Die wichtigsten Merkmale sind:

a) Blickt der Hund uns offen, ruhig, gelassen, freundlich und evtl. erwartungsvoll in die Augen, dann ist er sicher, vertrauensvoll, ausgeglichen und interessiert.
b) Starrt der Hund uns herausfordernd, drohend oder wütend in die Augen, dann ist das ein sicheres Zeichen, daß er sich mit uns anlegen will.
c) Weicht der Hund unserem Blick aus, dann ist er beeindruckt, unsicher, scheu, feige oder von Natur aus ein Unterhund.
d) Wagt der Hund uns niemals in die Augen zu sehen und schaut er bei jedem Augenkontakt sofort, evtl. sogar mit unsteten Augenbewegungen weg, dann ist er ängstlich und neurotisch. Dies kann erblich sein. Meistens aber ist dieses Verhalten das Resultat einer falschen Behandlung. Der Hund fürchtet den Menschen.

3. Die Selbstbildung

Das Ziel *jeder* Hundehaltung ist die *ideale* Partnerschaft zwischen Mensch und Tier. Dieses *richtige* Verhältnis entwickelt sich aber *nicht* automatisch, sondern muß *gezielt* aufgebaut werden. Dabei sind die *Eigenverantwortung* und die *Selbständigkeit* wieder die Kernpunkte *aller* Bemühungen, d. h. so wie wir uns *selbst* erzogen haben, so sollten wir uns auch *selbst* bilden. Denn jede *optimale* Mensch-Hund-Beziehung ist eine *individuelle* Angelegenheit und *niemand* kann uns dabei besser beraten als wir selbst.

Diese *eigenständige* Rudelbildung verläuft aber nur dann erfolgreich, wenn der Hundeführer ein Minimum an allgemeinem und speziellem Fachwissen besitzt.

Die drei *wichtigsten* Bereiche des *allgemeinen* Fachwissens sind die Haltung, die Pflege und die Fütterung des Hundes, weil seine körperliche und seelische Verfassung (Konstitution) und seine Leistungsfähigkeit (Kondition) stark davon abhängen. Die drei *wichtigsten* Bereiche des *speziellen* Fachwissens sind der Körper, die Triebe und der Verstand des Hundes, weil sie sein Erbbild (Genotyp) und sein Erscheinungsbild (Phänotyp) bestimmen.

A. Die Haltung des Hundes

Grundsätzlich kann der Hund in der Wohnung, im Zwinger, an einer Anbindevorrichtung, in Freianlagen etc. gehalten werden. Jedoch gelten für *jede* Haltungsart ganz bestimmte Tierschutz-Richtlinien, die zu beachten sind.

Diese gesetzlichen Vorschriften sind aber für eine *optimale* Hundehaltung *nicht* ausreichend. Deshalb sollten noch folgende Punkte berücksichtigt werden:

1. Die Sauberkeit in *allen* Bereichen ist die Grundbedingung für eine in jeder Hinsicht erfolgreiche Hundehaltung. Deshalb halte deinen Hund nicht nur *ständig* sauber, sondern auch *alle* Gegenstände mit denen der Hund in Berührung kommt wie Futter- und Tränkebehälter, Lager, Auslaufbereich, Spielzeug, Arbeits- und Führmaterial etc. Außerdem sollte der *primäre* Aufenthaltsort des Hundes *viel* Tageslicht erhalten sowie *ausreichend* be- und entlüftet werden können.

2. Halte den Hund weder ständig in der Wohnung noch ausschließlich im Zwinger oder an anderen Orten. Kombiniere Raum- und Freilandhaltung, indem du z. B. einen Zwingerhund am Tag mind. 3 Stunden im Heim am Familienleben teilnehmen läßt und einen Wohnungshund die Gelegenheit gibst, wenigstens 3 Stunden im Zwinger oder Garten zu verbringen.

3. Der Zwinger für den teilweisen Aufenthalt des Hundes sollte
   - eine Grundfläche von mind. 6,0 m^2 *ohne* Schutzraum haben.
   - aus gesundheitsunschädlichem Material hergestellt und leicht zu säubern sein.
   - mind. zur Hälfte überdeckt sein und dem Hund die Sicht nach außen auf wenigstens einer Seite ermöglichen.

4. Wähle einen Aufenthaltsort, wo falsch erzogene, falsch geleitete oder schlicht bösartige Kinder und Erwachsene den Hund *nicht* ärgern oder quälen können. Dies gilt ganz besonders für *junge* Hunde, weil schlechte Erfahrungen, vor allem traumatische oder sich wiederholende Negativerlebnisse den Hund zum Kinderfeind oder sogar zum Menschenfeind allgemein machen. Dasselbe gilt analog für Angehörige einer bestimmten Tierrasse.

5. Laß den Hund *niemals* unbeaufsichtigt im Gelände oder auf der Straße laufen, weil er
   - unkontrollierte Erfahrungen sammelt und meist über kurz oder

lang zu einem „Allerweltsker", Streuner oder Wilderer wird.
- unwillkürlich fremde Menschen belästigt oder schadet.
- fortgelockt, erschossen, überfahren, vergiftet werden oder sich eine ansteckende Krankheit zuziehen kann.

Deshalb lege z. B. den Hund *stets* an die Leine oder sperre ihn an einen *sicheren* Ort ein, wenn du irgendwann und irgendwo keine Zeit oder keine Lust mehr hast, auf den frei laufenden Hund achtzugeben.

6. Gib dem Hund *oft* die Gelegenheit, mit *gut* sozialisierten Hunden zu spielen und zu toben. Aber halte ihn möglichst frei von *ernsthaften* Raufereien, vor allem in der Jugendphase. Denn dadurch kann er sich leicht zu einem *hemmungslosen* Raufbold entwickeln, vor allem, wenn du den Hund auch noch zum Kampf animierst.

7. Gerät der Hund jedoch mit einem anderen in einen Streit, greife nur im Notfall ein. Denn bei Beißereien sind die Hunde für die Umwelt sozusagen „taub", und nicht selten wird der Hundeführer vom *eigenen* Hund gebissen. Die Schlichtung gelingt meistens, wenn *beide* Hunde *gleichzeitig* an den Hinterbeinen hochgehoben werden. Die Schuld hat der Hundeführer, der seiner Sorgfaltspflicht nicht genügte.

8. Unterlasse vertraute Liebesbeweise, das Abküssen, das Abdrücken und das Mit-ins-Bett-Nehmen des Hundes. Der Hund ist kein Mensch und die Hygiene sollte *nicht* vernachlässigt werden.

9. Lasse den Hund mindestens ab der 8. Lebenswoche *regelmäßig* gegen Staupe, Hepatitis, Leptospirose, Tollwut und Parvovirus impfen und die Impfungen in einen Impfpaß eintragen.

10. Schließe für den Hund eine extra Hundehaftpflichtversicherung ab, weil du als rechtmäßiger Eigentümer für *alle* Schäden deines Hundes haftest. Ebenso bist du als Hundebesitzer und Hundeführer u. a. dazu verpflichtet, die Hundesteuer zu bezahlen, beim Spaziergang mit dem Hund die Straßenverkehrsordnung zu beachten, einen Tollwutverdacht *sofort* zu melden und nach den Bestimmungen des Tierschutzgesetzes zu handeln.

11. Nimmst du einen Welpen in die Wohnung, dann prüfe diese sehr genau auf Welpentauglichkeit, d. h. gestalte die Wohnung so, daß der Welpe nicht allzuviel kaputtmachen kann und du ihn *immer* unter Kontrolle hast. Bei vorübergehender Abwesenheit und bei Nacht binde den Welpen so lange an einer geeigneten Stelle *kurz* an, bis der „wohnungsfest" *ist.*

12. Bewege und füttere den Welpen bis zum 5. Lebensmonat nur soviel, wie er *unbedingt* benötigt. Denn das hemmt die Entwicklung der ererbten Veranlagung zur Hüftgelenksdysplasie (HD). Der Grad der Veranlagung der Oberschenkelknochen wird erst im Alter von 5–6 Monaten konstant.

13. Lasse den Hund *ausreichend* ruhen. Denn der Hund ist von Natur aus ein Tagdöser, d. h. er schläft innerhalb von Sekunden tief ein, ist aber auch im Bruchteil einer Sekunde wieder hellwach. Diese Schlafpraxis verlangt aber viel Zeit, und zwar bis zu 20 Stunden am Tag.

14. Der Hund sollte viel auf *hartem* Untergrund laufen, damit sich seine Krallen abnutzen und er harte, widerstandsfähige und robuste Pfoten bekommt.

Da *kein* Lebewesen besondere körperliche und geistige Anstrengungen vollbringen kann, wenn es untrainiert oder krank ist, sollten wir auf eine *gute* körperliche Verfassung und Beschaffenheit des Hundes *größten* Wert legen. Vor allem die Schutzhundführer sollten ihren Hund abhärten und durchtrainieren, weil Konstitution und Kondition den Grad der Leistungsfähigkeit und die Höhe des Leistungsniveaus von Mensch und Hund mit beeinflussen.

Dabei gelten für die Förderung der allgemeinen Widerstandskraft gegen äußere Einflüsse (Konstitution) und der speziellen körperlichen Verfassung (Kondition) im Schutzhundbereich z. B. folgende wichtige Regeln, die sinngemäß auch für andere Hunderassen zutreffen:

15. Halte und ziehe den Schutzhund möglichst *natürlich* auf und gehe *viel* und bei *jedem* Wetter mit ihm spazieren. Dabei fördere die körperliche und seelische Verfassung des Schutzhundes, indem du ihn *täglich* etwa 60 Minuten lang *ständig* oder *intervallartig* bewegst oder laufen läßt. Dabei bevorzuge harten Untergrund.

16. Verbleibe während des 60-Minuten-Trainings *immer* in seelischem Kontakt zu dem Hund, indem du ihn z. B. beim Training zu Fuß *öfters* einzelne Aufgaben stellst. Dadurch werden seine geistigen Fähigkeiten gefördert, seine Triebe gestärkt und seine Sinne geschärft.

17. Laß den Schutzhund mit etwa 6 Monaten auf Hüftgelenksdysplasie (HD) vorröntgen. Bestehen keine Bedenken, beginne mit einem *systematischen* Lauftraining. Dieses sollte etwa jeden 2. Tag am Fahrrad erfolgen. Dabei laß den Hund *rechts* neben dem Fahrrad laufen und verhindere *von Anfang an,* daß der Schutzhund

sich undiszipliniert benimmt, indem er z. B. während des Laufens aus irgendwelchen Gründen anhält oder nach eigenem Gutdünken vom Weg abweicht.

18. Passe das Lauftraining der körperlichen Verfassung des Schutzhundes an. Dabei achte vor allem darauf, daß der Schutzhund
    - *ständig* im Trab bleibt und nicht springt oder geht
    - geschwindigkeitsmäßig *nicht* überfordert wird
    - die Trainingsstrecke *gut* bewältigen kann
    - möglichst an *lockerer* Leine neben dem Fahrrad läuft
    - auf natürlichen und befestigten Wegen trabt.
19. Steigere *systematisch* die Trainingsstrecke analog dem Alter und der Kondition des Schutzhundes von etwa 1 bis 20 Kilometer. Lege aber nach 7 bis 8 Kilometer eine erste und nach 14 bis 15 Kilometer eine zweite Ruhepause von 15 bis 20 Minuten ein. Dabei lobe den Hund des öfteren, wenn er *richtig* läuft. Am Ende jeder Etappe aber spende dem Schutzhund ein besonderes Lob.
20. Vermeide es, den Schutzhund über Glasscherben, Splitt oder große, spitze Steine laufen zu lassen. Höre *sofort* mit dem Training auf, wenn der Hund sich an den Pfoten verletzt oder sich die Ballen wund gelaufen hat.
21. Achte darauf, daß der Schutzhund *vor* dem Training ausgeruht ist. Außerdem füttere oder tränke ihn *nie* vor der Laufübung oder zwischendurch, sondern *nur* danach. Dabei reiche dem Hund das Wasser erst *nach* mind. 15 Minuten des Verschnaufens im Freien und nach etwa 2 Stunden erst das Futter.
22. Macht der Schutzhund beim Lauftraining Fehler, schiebe *niemals* die Schuld auf den Hund. Ebenso verlange vom Schutzhund keine kontinuierliche *Leistungssteigerung* oder die *ständige* Einhaltung eines bestimmten Leistungsniveaus. Denn Konstitution und Kondition sind Schwankungen unterworfen, die sich auf die Arbeit auswirken.

B: Die Pflege des Hundes

Das *tägliche* „Bad" des Hundes ist die Fellpflege, vor allem bei langhaarigen Rassen. Denn Bürsten, Striegeln und Kämmen hält nicht nur das Haarkleid des Hundes sauber und entfernt ausgegangene Haare, sondern steigert auch die Durchblutung der Haut und fördert das Haarwachstum. Deshalb:

1. *Pflege täglich das Fell des Hundes!* Dabei reinige *regelmäßig,* soweit erforderlich, seine
   - Augen mit einem sauberen Lappen (keine Watte), den du mit Augenwasser anfeuchtest;
   - Ohrmuscheln und die Gehörgänge mit Wattestäbchen, die mit einem milden und möglichst fettfreien Reinigungsmittel getränkt sind;
   - Pfoten und Krallen, vor allem im Winter. Dabei achte darauf, daß die Krallen kurz bleiben;
   - Zähne, besonders, wenn der Hund keine Knochen zur Selbstreinigung erhält oder frißt.

2. Untersuche den Hund bei der Pflege *immer* wieder auf kleine Wunden und Parasitenbefall, vor allem nach Zecken. Ist das Ergebnis positiv, reiße die Zecke nicht einfach ab, weil der in der Haut verbleibende Zeckenkopf Entzündungen hervorruft. Entferne die Zekke gefahrlos wie folgt: Warte bis die Zecke etwas vollgesogen ist. Dann beträufle sie mit Öl, Spiritus oder Benzin, warte 10 bis 20 Minuten und ziehe sie dann vorsichtig heraus.
   Schneller geht es, wenn du die Fingerkuppe auf die Zecke setzt und sie durch leichtes, schnelles Kreisdrehen sozusagen „besoffen" machst. Nach einer halben bis einer Minute fällt sie ab und du kannst sie zertreten oder in den Ausguß werfen. Kleine Wunden desinfiziere sofort mit Jodtinktur.

3. Schütze den Hund gegen Flöhe, Läuse, Zecken usw. durch ein imprägniertes Halsband, das in allen Tierhandlungen erhältlich ist. Außerdem mache *mind.estens einmal im Jahr eine allgemeine Entwurmungskur.*

4. Bade den Hund nur, wenn es die Umstände erfordern, z. B. zu Desinfektionszwecken bei Parasitenbefall, aus Behandlungsgründen bei Haut- oder Fellkrankheiten oder zur gründlichen Reinigung bei starker oder übelriechender Verschmutzung. Jedoch kannst du durch Baden *nie* den Eigengeruch des Hundes vermindern, sondern nur durch Trockenpflege mildern.

5. Frottiere den Hund nach einem Seifen- oder Shampoo-Bad gut ab und schütze ihn vor Kälte und Zugluft bis er *richtig* trocken ist.

Wird der Hund im Freien naß wie beim Schwimmen oder Regenguß, dann halte ihn *ständig* in Bewegung, damit er sich nicht erkältet und das Fell trocknet.

6. Wälzt sich der Hund im nassen Gras oder im Schnee, dann sei unbesorgt, weil diese Verhaltensweise der Selbstreinigung dient und gesund ist. Jedoch verhindere, daß der Hund sich in für menschliche Begriffe übelriechenden Gegenständen rollt. Denn das macht zusätzliche Pflege- und Hygienemaßnahmen erforderlich.

7. Laß den Hund *niemals* aus Pfützen trinken, weil darin Krankheitserreger sein können. Untersuche *regelmäßig* den Kot des Hundes auf Schmarotzerbefall und laß auch in gewissen Zeitabständen eine mikroskopische Kotuntersuchung vornehmen.

8. Suche *sofort* einen Tierarzt auf, wenn du unerklärliche Gesundheits- oder Verhaltensänderungen am Hund feststellst. Dies gilt besonders, wenn der Hund abmagert, häufig erbricht, appetitlos, heißhungrig oder stark durstig ist, Fieber, größere Wunden, krampfartige Anfälle, Ekzeme, Hautausschlag, stumpfes Fell, starken Ausfluß aus Nase oder Augen sowie Blut im Kot oder Urin hat.

9. Gegen kleinere, feststellbare Gesundheitsstörungen und Parasitenbefall sowie zur Pflege des Hundes richte dir eine komplette und deutlich beschriftete Hundeapotheke ein. Inhalt: Fieberthermometer, Schere, Pinzette, Watte, Leukoplast, reiner Alkohol, Ohröl, Augenwasser, Jodtinktur, Vaselin, Tabletten gegen Durchfall, Ungezieferpuder, Hundeseife oder Shampoo, Desinfektionsmittel usw.

C: Die Fütterung des Hundes

Wie die Erfahrung zeigt, sind viele Hunde zu gut ernährt. Dieser Zustand ist aber für Mensch und Tier sehr nachteilig. Denn dicke Hunde haben auf Grund ihrer meist schwachen Konstitution und Kondition sehr oft Gesundheitsprobleme. Ernährungskrankheiten aber sind für den Hundeführer eine finanzielle Doppelbelastung, weil er zuerst mehr Geld für Futter ausgibt und dann noch die Folgekosten der falschen Ernährung tragen muß.

Diese finanzielle „Selbstgeißelung" aber muß nicht sein, wenn der Hundeführer die allgemeine Regel für die *richtige* Fütterung des Hundes beachtet: *Füttere den Hund stets so, daß du einen gut fressenden, schlanken und gesunden Hund erhältst!*

Im einzelnen bedeutet dieses Motto folgendes:

1. Der Hund ist von Natur aus grundsätzlich ein *guter* Fresser, auch wenn es unterschiedliche Freßverhalten gibt. Deshalb achte *von Anfang an* darauf, daß der Hund zu einem richtigen und *nicht* zu einem schlechten oder wählerischen Fresser heranwächst.
   Den problemlos fressenden Hund erhältst du, indem du
   - die Nahrungsmenge auf die Größe und Leistung des Hundes abstimmst;
   - dem Hund keine einseitige oder widernatürliche Nahrung anbietest;
   - nur zu bestimmten Zeiten fütterst, z. B. morgens nach dem Auslauf oder zu Mittag.
   - den Freßnapf konsequent nach etwa 10 Minuten wieder wegnimmst;
   - alle Freßmöglichkeiten zwischen den Mahlzeiten unterbindest.
   - den Hund nicht ständig unter bestimmten Umweltsignalen fressen läßt, sondern ihn einer Vielfalt von Signalen während des Fressens aussetzt.

2. Gebe dem Hund *nur* soviel Futter, daß die Rippen beim Streicheln des seitlichen Brustkorbes mit der flachen Hand noch gut zu fühlen sind bzw. die unwahren Rippen beim Atmen des Hundes aus einer Entfernung von 3 bis 5 m durch das Fell noch leicht sichtbar sind. Diesen Schlankheitsgrad erreichst du am besten, wenn du die Anzahl der Mahlzeiten und die Kalorienzahl pro Tag dem Alter, dem Körpergewicht, der Arbeitsleistung und der Nahrungsverwertung des Hundes anpaßt. Dies bedeutet zum Beispiel:

Alter des Hundes	Anzahl der Mahlzeiten/Tag	
Welpe vom 2. bis 5. Lebensmonat	4	(3)
Junghund vom 5. bis 8. Lebensmonat	3	(3–2)
Junghund vom 8. bis 12. Lebensmonat	2	(2–1)
Erw. Hund ab dem 12. Lebensmonat	1	(1)

Körper-gewicht (kg)	Ruhe	ca. Kalorienbedarf in Kal./Tag bei mäßiger-mittl. Arbeit	schwerer Arbeit
10	750	1 000–1 260	1500
20	1 240	1 660–2 060	2 460
30	1 670	2 250–2 760	3 360
40	2 200	2 760–3 560	4 200
50	2 750	3 560–4 160	5 000

3. Der Hund kaut seine Nahrung nicht, sondern verschlingt sie nach Wolfart in großen Happen. Deshalb glaube nicht, daß ein schnell fressender Hund besonders hungrig ist und mehr Futter benötigt. Vor allem bleibe bei *jungen* Hunden hart und dosiere die Futtermenge *stets* so, daß er zwar rund, aber *niemals* dickbäuchig wird. *Richtige* Ernährung, besonders im Jugendalter, ist nicht eine Frage der Quantität, sondern der Qualität.

4. Der Hund ist von Natur aus ein Fleischfresser (Karnivor), der seinen Vitamin- und Mineralbedarf sowie einen evtl. Säureüberschuß im Körper durch pflanzliche Stoffe und Alkalibildner ausgleicht. Deshalb füttere den Hund *stets* so, daß keine Mangelerscheinungen auftreten. Dabei achte darauf, daß
   - der Hund *immer* frisches Wasser in ausreichender Menge erhält, vor allem bei trockener Nahrung
   - du dem Hund die Flüssigkeit *nur* vor oder ab 2 Stunden nach der Mahlzeit reichst
   - der Hund die letzte Mahlzeit *nicht* nach 18.00 Uhr bekommt.
   - der Hund nach dem Fressen ausruhen kann, weil Bewegung seine Verdauung hemmt
   - zwischen Fütterung und Arbeit mind. 2 Stunden liegen
   - der erwachsene Hund 1 Tag in der Woche fastet, weil der Fasttag das Wohlbefinden des Hundes fördert.

5. Verwende für die *tägliche* Futtermenge deines Hundes allgemein mind. 1/3 Fleisch und für den Rest aufbereitetes Getreide oder gutes Fertigfutter in Flockenform. Setze die erforderliche Menge an Vitamin- und Mineralstoffen hinzu und vermische das ganze mit Wasser, Milch oder Fruchtsaft zu einem erdfeuchten, lauwarmen Futterbrei.

6. Passe die Zusammensetzung des Futters dem Alter und der Leistung des Hundes an. So gilt das Verhältnis von 1/3 Eiweiß zu 2/3 Kohlehydrate grundsätzlich für erwachsene Hunde. Dagegen benötigt z. B. die trächtige Hündin ab etwa dem 20. Tag nach dem Deckakt, die säugende Hündin und der wachsende Hund ein Verhältnis von 2/3 Eiweiß zu 1/3 Kohlehydrate.

7. Erhöhe den Wert des Futters, vor allem bei wachsenden Hunden sowie tragenden und säugenden Hündinnen, indem du
   - die kohlehydratreichen Nährmittel leicht anbratest oder kochst
   - dem Hund etwas Hefe und zwei Eier in der Woche gibst
   - dem Hund gelegentlich Gaben von Fetten reichst, die viel ungesättigte Fettsäure enthalten
   - ein gutes Kalk-Phosphor-Präparat beimengst
   - es im Winter mit einigen Tropfen Lebertran ergänzt
   - die Kochsalzzufuhr möglichst konstant hältst. Bei erwachsenen Hunden etwa 90 Milligramm/kg Körpergewicht, wachsenden Hunden etwa 180 Milligramm/kg Körpergewicht, säugenden Hündinnen etwa 270 Milligramm/kg Körpergewicht.

8. Reiche dem Hund neben Weichfutter *regelmäßig* nicht splitternde Knochen oder harten Hundekuchen. Denn Knochen reinigen die Zähne und stärken die Kaumuskeln. Gebe dem Hund aber *keine* Geflügel-, Hasen-, Kaninchen- oder Kotelettknochen, weil diese innere Verletzungen hervorrufen können.

9. Fütterst du überwiegend Fleisch, dann achte auf das Säure-Basen-Gleichgewicht im Körper des Hundes. Fängt der Hund an Kot, Aas oder Gräser zu fressen, dann verabreiche ihm *sofort* Alkalibildner wie doppeltkohlensaures Natrium, stinkendes älteres Fleisch, Milch, geriebene Karotten oder Äpfel usw.

10. Sei vorsichtig bei menschlichen Speiseresten und Gewürzen, weil der Hund kein Abfallverwerter ist. Vermeide *unbedingt* Würfelzukker, Pralinen, Schokolade, Sahnetörtchen, Kekse, Salzmandeln, Salzstangen und ähnliche Genußmittel, weil Leckereien die Zähne verderben und dem Hund insgesamt schaden.

11. Füttere den Hund während der Haarwechselperiode so kurz und trocken wie nur möglich. Gewähre ihm in dieser Zeit *reichlich* Bewegung an frischer Luft und schränke jedes suppige Beifutter auf das äußerste ein. Denn Trockenkost unterstützt und kürzt den Haarwechsel ab.

12. Der Hund hat einen sehr kurzen Verdauungstrakt. Deshalb verbleibt die Nahrung nur 1 bis 2 Tage im Körper. Dabei wird tieri-

sches Eiweiß bis zu 90 % und Fett bis zu 95 % verdaut. Fütterst du richtig, ist der Kot mittelbraun bis hell, normal geformt, plastisch und entspricht mengenmäßig der Größe des Hundes. Für Abweichungen gelten allgemein folgende Regeln:
- Je größer der Haufen, desto mehr Ballaststoffe im Futter.
- Je kleiner und stinkender der Haufen, desto größer die Fleischnahrung.
- Je heller und härter der Stuhl, desto größer die Knochenmenge.
- Je weicher und dünner der Stuhl ohne irgendwelche Nebenerscheinungen, desto unverträglicher die Nahrung und um so strenger die Diät.

13. Denke bei der Zusammensetzung des Futters auch an folgende Erkenntnisse:
    - Je kleiner oder beanspruchter der Hund und je kälter die Umwelt, desto größer sein Energiebedarf.
    - Je phlegmatischer der Hund, desto geringer sein Nahrungsbedarf zur Lebenserhaltung.
    - Je geringer der Fleischanteil, desto größer der Salzanteil.
    - Je weniger Vitamine, desto erheblicher die Vitaminmangelkrankheiten. Aber: Je dauerhafter die Überdosierung, desto sicherer die Vitaminschäden.
    - Je trockener die Nahrung, desto größer die Flüssigkeitsmenge.
    - Je kälter und ungewohnter das Futter, desto wahrscheinlicher ein Durchfall.

14. Achte bei und nach der Fütterung zusätzlich darauf, daß der Hund
    - möglichst am gleichen Ort und aus dem gleichen Napf frißt;
    - in Ruhe sein Futter aufnehmen kann;
    - die Nahrung mind. 2 Stunden lang ungestört verdauen kann;
    - niemals einen saftigen Happen am Tisch erhält.

D: Der Körper des Hundes

An erster Stelle der anatomischen und biologischen Grundkenntnisse über den Hund stehen die Bezeichnungen der einzelnen Teile des Hundeäußeren.

1. Die *wichtigsten* Fachausdrücke der Gebäudelehre sind am Beispiel des Deutschen Schäferhundes skizzenhaft dargestellt.

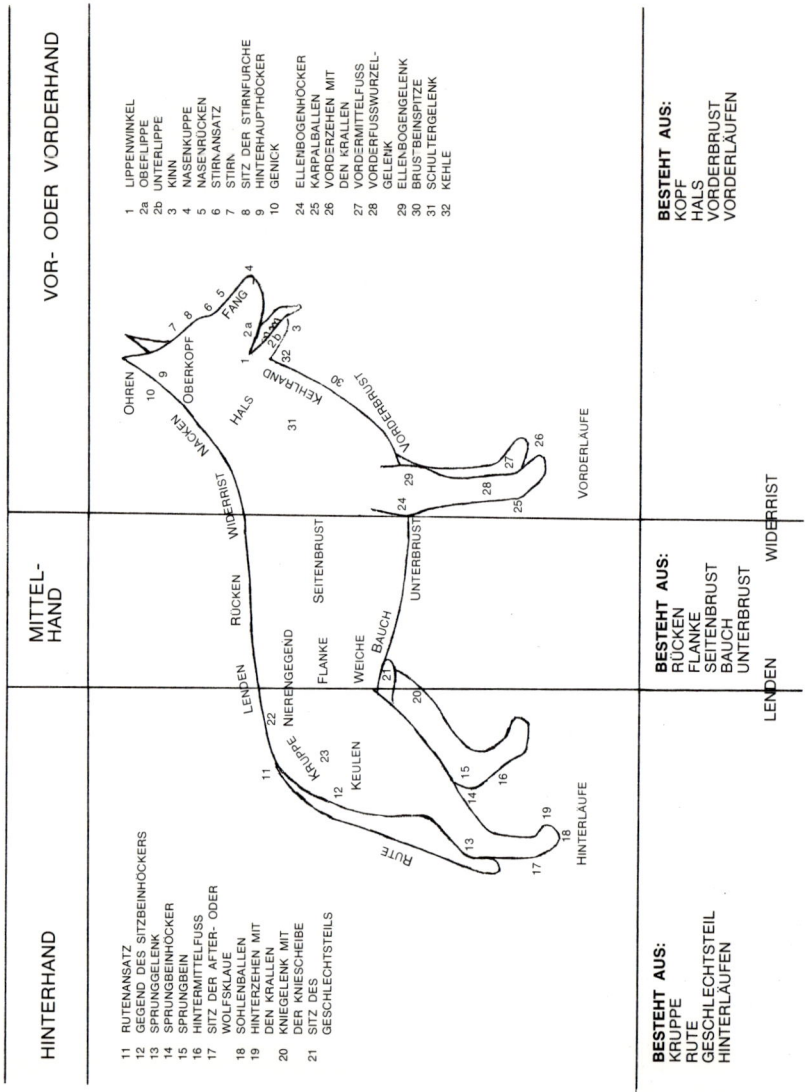

HINTERHAND	MITTEL-HAND	VOR- ODER VORDERHAND

HINTERHAND

11 RUTENANSATZ
12 GEGEND DES SITZBEINHÖCKERS
13 SPRUNGGELENK
14 SPRUNGBEINHÖCKER
15 SPRUNGBEIN
16 HINTERMITTELFUSS
17 SITZ DER AFTER- ODER WOLFSKLAUE
18 SOHLENBALLEN
19 HINTERZEHEN MIT DEN KRALLEN
20 KNIEGELENK MIT DER KNIESCHEIBE
21 SITZ DES GESCHLECHTSTEILS

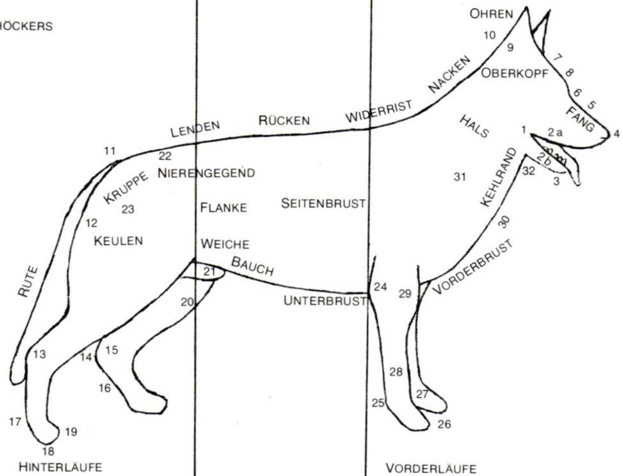

VOR- ODER VORDERHAND

1 LIPPENWINKEL
2a OBERLIPPE
2b UNTERLIPPE
3 KINN
4 NASENKUPPE
5 NASENRÜCKEN
6 STIRNANSATZ
7 STIRN
8 SITZ DER STIRNFURCHE
9 HINTERHAUPTHÖCKER
10 GENICK

24 ELLENBOGENHÖCKER
25 KARPALBALLEN
26 VORDERZEHEN MIT DEN KRALLEN
27 VORDERMITTELFUSS
28 VORDERFUSSWURZEL-GELENK
29 ELLENBOGENGELENK
30 BRUSTBEINSPITZE
31 SCHULTERGELENK
32 KEHLE

BESTEHT AUS:	BESTEHT AUS:	BESTEHT AUS:
KRUPPE RUTE GESCHLECHTSTEIL HINTERLÄUFEN	RÜCKEN FLANKE SEITENBRUST BAUCH UNTERBRUST	KOPF HALS VORDERBRUST VORDERLÄUFEN

LENDEN WIDERRIST

2. Der *wichtigste* Teil des Hundekörpers ist der Kopf. Die Sitze der drei Sinne des Hundes – Nase, Gehör und Augen wurden bereits beschrieben. Die „Waffe" des Hundes, die Zähne sollten weiß, gleichmäßig gewachsen, gut gestellt und vollständig sein.
   Die häufigste Gebißform ist das Scherengebiß, d. h. die oberen Schneidezähne greifen scherenartig über die unteren Schneidezähne.
   Das erste oder „Milchgebiß" des Welpen hat 28 Zähne und das Gebiß des erwachsenen Hundes hat 42 Zähne. Vor dem Zahnwechsel, der etwa ab dem 4. Lebensmonat beginnt, fehlen dem Hund die Prämolaren 1 und die Molaren.
   Die Zähne selbst teilen sich auf in:

Zähne	Oberkiefer	Unterkiefer
Schneidezähne	6	6
Fang- oder Hakenzähne	2	2
Lückenzähne oder Prämolaren	8	8
Mahlzähne oder Molaren	4	6
Summe	20	22

Die „Reißzähne", des Hundes sind die Prämolaren 4 oben und die Molaren 1 unten (s. Skizze). Beim Deutschen Schäferhund kann zwischen diesen beiden Reißzähnen ein Druck von etwa 1 650 kg pro cm^2 entstehen.

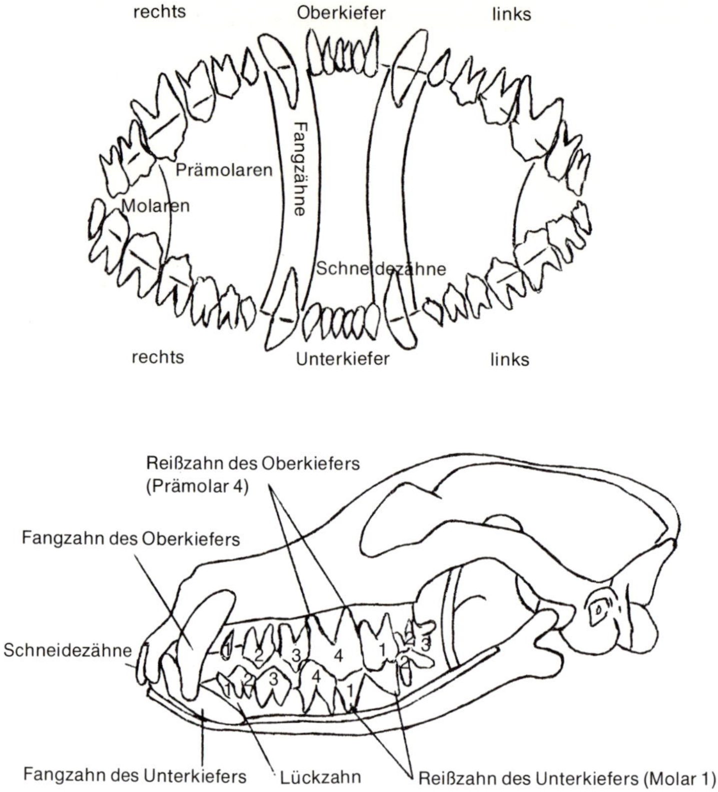

Zahnbilder des Hundes

3. Das Erscheinungsbild (Phänotyp) des Hundes kann sich im Laufe der individuellen Entwicklung oft recht stark ändern, je nach Wirksamkeit des Genmaterials. Dies bedeutet, daß aus einem schönen Welpen *nicht* unbedingt auch ein schöner Althund werden muß. Denn auch hier gilt die Regel, daß aus bildschönen Kindern oft weniger hübsche Erwachsene werden.

4. Der Rüde sollte zwei Hoden haben. Können die beiden Hoden im Alter von 4 Monaten noch nicht außerhalb der Bauchhöhle abgetastet werden, dann wird der Hund meist ein einseitiger oder gar beidseitiger Kryptorchid. Ein Rüde mit Hodenfehlern sollte *nicht* in die Zucht eingesetzt werden, obwohl er später oft ein übersteigertes Sexualverhalten an den Tag legt.

5. Die Hündin wird in der Regel alle 6 Monate für ca. 4 Wochen läufig.
Die Läufigkeitsblutung beginnt etwa am 5. Tag der 15–18 Tage dauernden Reifezeit der Eier. Solange die Hündin dunkelrot blutet, ist ein Deckakt erfolglos. Der richtige Zeitpunkt ist meist dann gegeben, wenn der Ausfluß hellrötlich wird und die äußeren Geschlechtsteile der Hündin bereits wieder etwas abschwellen.

6. Die Trächtigkeit der Hündin dauert im Durchschnitt 63 Tage. Die erste sichtbare Weitung des Körpers erfolgt nicht am Bauch, sondern unmittelbar hinter den Rippen. Die Geburt kündigt sich zum Beispiel an durch die Erschlaffung der Beckenbänder am Rücken, das Sinken der Körpertemperatur, die Verweigerung der Nahrung, durch einen starken Entleerungsdrang, das plötzliche Verlieren von Schleim usw.

7. Die Erbanlagen mischen sich nicht wie Flüssigkeiten, sondern wie schwarze und weiße Kugeln, die stets schwarz und weiß bleiben, wie sie auch gemischt werden. Die Vererbung folgt dem Gesetz der Spaltung und nicht einer Anteilsregel. In diesem vom Zufall abhängigen Mischungsverhältnis gibt es Erbanlagen, die sich in jedem Fall durchsetzen (dominante) und solche, die sich nur dann durchsetzen können, wenn sie mit einer gleichartigen Anlage im Erbgut der Nachkommen zusammentreffen (rezessive). Die meisten negativen Erbanlagen sind rezessiv.

8. Jedes Individuum besitzt für jede seiner Eigenschaften eine konstante Zahl doppelter Erbeinheiten (Gene). Die Träger dieser Gene sind die Chromosomen im Zellkern der Eizelle und der Samenzelle. Beim Hund sind es 78 Chromosomen. Da es eine Verdoppelung des Chromosomensatzes nicht gibt, müssen sich die Erbeinheiten der Eizelle und der Samenzelle vor der Befruchtung in zwei Einzelzellen teilen. Bei diesem Reifungsprozeß (Reduktionsteilung) verbindet sich nur ein Gen der geteilten Eizelle mit nur einem Gen der geteilten Samenzelle, um den ursprünglichen vollen Chromosomensatz wieder herzustellen. Die verbleibenden Restkörper werden von der Hündin resorbiert. Dies bedeutet: Von jedem Chromosomenpaar der Hündin und des Rüden geht die Hälfte des von den Ahnen übernommenen Erbgutes verloren (Genverlust). Dabei bleibt es weitgehend dem Zufall überlassen, welche Erbeinheiten übernommen werden und welche verlorengehen. Dies ist auch der Grund, warum aus zwei Siegertieren selten oder nie wiederum lauter Sieger hervorgehen werden.

9. Die Zahl der geworfenen Welpen ist weniger abhängig von der „Leistungsfähigkeit“ des Rüden als vielmehr von der Anzahl der vorhandenen reifen, befruchtungsfähigen Eier der Hündin.
10. Die Temperatur des Hundes liegt zwischen 37,5 bis 39 Grad. Das Fieber beginnt erst bei 39,2 Grad.

E: Die Triebe des Hundes

Das Verhalten *aller* höheren Lebewesen, zu denen auch der Hund zählt, ist das Resultat der angeborenen Verhaltensweisen (Erbkoordinationen, Instinkte) und der individuell erworbenen Erfahrungen (Erwerbskoordinationen, Lernleistungen). Dies gilt vor allem für Lebewesen mit einer sozialen Organisationsform. Dabei wird das Verhalten um so mehr von Lernleistungen gesteuert, je höher die Entwicklungsstufe der Lebewesen ist.

Diese im Erbgut verankerten Verhaltensprogramme können bei der Geburt schon vorhanden sein oder innerhalb bestimmter Zeiträume heranreifen (Reifungsprozesse).

Die ererbten Verhaltensmuster werden durch bestimmte Reize ausgelöst und laufen dann *zwanghaft* in einer bestimmten Weise ab. *Anders ausgedrückt:* Die Instinkte sind innere Zwänge, die das Lebewesen nötigen, gewisse Verrichtungen in einer bestimmten Art ins Werk zu setzen.

Die Triebe sind *besondere* Instinkte und werden auch durch innere und äußere Reize ausgelöst. Jedoch unterscheiden sie sich von den normalen Instinkten vor allem durch folgende zwei Fakten:

1. Die Triebe lösen bei entsprechender Stimulierung *keine* automatisch ablaufende Prozesse aus, sondern drängen das Lebewesen *nur* zu einem bestimmten Verhalten. Dabei aktivieren sie über die innen dienenden Werkzeuginstinkte oder Werkzeugaktivitäten jene Bewegungsweisen, die den Triebablauf sichern. Zum Beispiel bewirkt die Stimulierung des Ernährungstriebes, daß die Werkzeugaktivitäten den Hund zum Laufen, Suchen, Reißen, Fressen usw. veranlassen (s. Tabelle 7 + 8).
2. Das Ablaufmuster der Triebe ist so angelegt, daß Umwelterfahrungen eingebaut werden können. Dabei ist genau festgelegt
   - in *welchem* Funktionskreis und *wie weitgehend* das Triebgefüge durch Lernleistungen ergänzt, überlagert oder andersartig zusammengesetzt werden kann

- *wo* und *wann* im Triebgerüst Lernleistungen eingebaut werden können
- welche Grenzen bei diesem Lernvorgang unübersteigbar sind (s. Tabelle 7 + 8).

Jedoch können nur solche Lernanteile in das ererbte Ablaufmuster eingefügt werden, die innerhalb des vorgegebenen Triebrahmens liegen. Zum Beispiel können die angeborenen Bewegungsweisen des Hundes im Bereich des Jagdtriebes wie Laufen, Suchen mit Augen, Gehör und Nase, Hetzen, Beute machen, Beute wegbringen oder verstekken, Fressen etc. durch geschickte Formung so abgewandelt werden, daß der Hund anstelle von Wild *ausschließlich* einer Menschenspur folgt und diese nur *gezielt* und *ruhig* mit *tiefer* Nase ausarbeitet.

Diese Anpassung der einzelnen Triebverhalten an die bestehende allgemeine Umwelt und an die jeweils individuell besondere Umwelt (Lernprozesse) beginnt mit der Geburt und endet beim Hund mit dem Tod. Dies bedeutet, daß der Hund *lebenslänglich* seine ererbte Triebstruktur den Umweltbedingungen anpaßt, also lernt.

Für die *erfolgreiche* Verwirklichung dieser allgemeinen Erkenntnisse im Umgang mit dem Hund bedarf es noch einiger spezieller Ausführungen:

1. Die Triebe sind hierarchisch geordnet und miteinander verknüpft. Dabei bilden der Selbsterhaltungstrieb und der Arterhaltungstrieb die zwei allgemeinen Lebenstriebe. Die vier Haupttriebe des Hundes sind der Ernährungstrieb, der Aggressionstrieb, der Fluchttrieb und der Sexualtrieb. Die wichtigsten Untertriebe sind der Spürtrieb, der Beutetrieb, der Bringtrieb, der Bewegungs-, Betätigungs- und Spieltrieb, der Meutetrieb, der Wehrtrieb und der Schutztrieb.

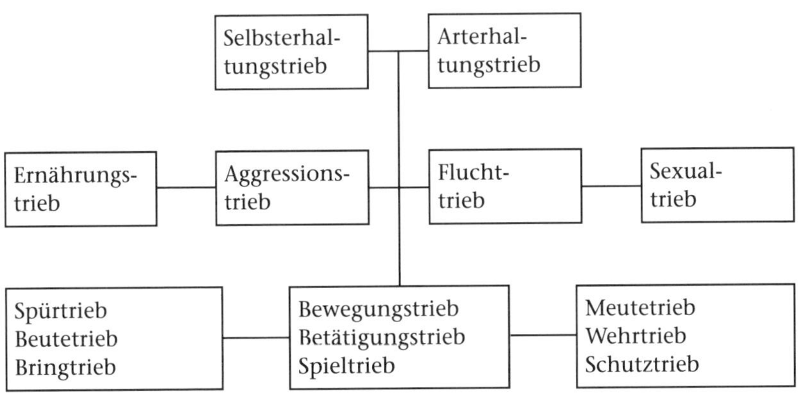

2. Die Triebe und die ihnen dienenden Werkzeugaktivitäten besitzen ein bestimmtes Leistungspotential, das automatisch anwächst und vom Hund immer wieder abgebaut werden muß. Dabei wirkt sich der Energieabbau nur positiv aus, wenn er *gezielt* abläuft und zur Endhandlung führt.
   Dagegen erzeugt ein ungezielter Energiefluß *negative* Gefühle und ein längerer Energiestau *sinnlose* Zwangshandlungen (Leerlaufhandlungen). Der Hund bleibt frustriert (s. Tabelle 8 + 9).

3. Der Drang zur Ausführung einer bestimmten Triebhandlung bewirkt, daß sich die Triebenergie und die Aktivitätsenergie zu einem Aktionspotential summieren. Dieses Aktionspotential wird dann zum Ablauf des Triebverhaltens eingesetzt. Dabei können, entsprechend den einzelnen Energieständen, die *unterschiedlichsten* Aktionsgrade entstehen (s. Tabelle 9 + 10).

4. Der *erfolgreiche* Ablauf eines Triebverhaltens bedingt primär, daß die Summe von Triebstärke plus Reizstärke einen ausreichend großen Aktionsgrad bewirken. Denn ist das Aktionspotential zu gering, wird die Handlung nicht oder unvollendet ausgeführt (Intentionsbewegung). So ist z. B. bei schwacher Triebenergie eine starke Reizgestaltung nötig, während bei starker Triebenergie ein schwacher Reiz ausreicht (s. Tabelle 10 + 11).

5. Die Qualität des Aktionsablaufes ist um so *besser*, je
   - *vollkommener* Triebstau und Reizstärke aufeinander abgestimmt sind
   - *mehr* der Hund sich bei der *gezielten* Annäherung an das Triebziel (Appetenzverhalten oder Suchverhalten) anstrengen muß
   - *kürzer* und *intensiver* die Triebhandlung ausgeführt wird
   - *stärker* die Endhandlung das Triebverhalten bestätigt (s. Tabelle 10 + 11).

6. Das Leistungsniveau des Hundes ist um so *höher*, je *besser* die Trieb- und Reizstärke auf das *ererbte* Triebsystem des Hundes abgestimmt sind. Dies bedeutet z. B., daß bei einem ererbten *hohen* Triebpotential ein *minimaler* Triebstau für einen *optimalen* Aktionsablauf genügt. Dagegen erfordert derselbe Leistungsgrad bei einem ererbten *niedrigen* Triebpotential einen *maximalen* Triebstau (s. Tabelle 11).

7. Der Wirkungsgrad und die Regenerationszeit der einzelnen Triebe können durch *gezieltes* Training verbessert werden. Das genaue Ausmaß der Verbesserungen bestimmen die in den Trieben enthaltenen unveränderlichen Verhaltensmuster. Dabei gilt die Regel: je mehr Lernleistungen in ein Triebgerüst eingebaut werden können,

desto formbarer ist der Triebablauf. So ist z. B. der Beutetrieb trainierbar und der Wehrtrieb nicht trainierbar.

Die wichtigsten Triebe und Triebkomponenten für die *optimale* Formung und Führung des Hundes im Mensch-Hund-Rudel sind:

- Der Sättigungsdrang des Ernährungstriebes
- der Beute- und Bringtrieb
- die Unterordnungsbereitschaft und die Führigkeit des Meutetriebes
- der Bewegungs-, Betätigungs- und Spieltrieb in Abhängigkeit von der konstititutonellen und konditionellen Verfassung des Hundes.

Für Leistungssportler kommen noch folgende Triebe hinzu: der Spürtrieb, der Wehrtrieb und der Schutztrieb.

F: Der Verstand des Hundes

Die höheren psychischen Fähigkeiten des Hundes umfassen *alle* ererbten Möglichkeiten, das Triebverhalten den vorherrschenden Umweltbedingungen *präzise* anzupassen. Diese ererbte Verstandeskapazität befähigt den Hund aber zu *keinem* Denkprozeß, sondern *nur* zur Aufnahme, Verknüpfung und Wiedergabe von *umweltabhängigen* Programmen (Lernfähigkeit, Assoziations- und Kombinationsbegabung). Dabei sind die Erfahrungen in dem Bereich des Ernährungstriebes, des Aggressionstriebes, des Fluchttriebes und des Sexualtriebes dominant (Parlament der großen vier), (s. Tabelle 7).

Die einzelnen Leistungskomponenten des hundlichen Verstandes sind:

1. Aufnahme neuer Informationen über die Sinnesorgane.
2. Einspeicherung und Aufbewahrung des Lehrstoffes im Gedächtnis.
3. Abrufbarkeit des Erlernten im „Bedarfsfall".
4. Vergessensrate des Erworbenen durch längere Nichtbenutzung.
5. Verknüpfung von Lust- und Unlustgefühlen mit bestimmten Reizen, Situationen, Bereichen, Personen etc.
6. Erfassung von einfachen Ursache-Wirkungs-Prinzipien wie den Zusammenhang zwischen Verhaltensweise und Belohnung oder Bestrafung.
7. Belastbarkeit und Konzentrationsfähigkeit in Lernsituationen.

Der Grad der *ererbten* geistigen Kapazität des Hundes ist wie die Körperform und die Triebstruktur primär das Resultat der Zuchtwahl und des Genverlust bei der Vererbung. Dies hat zur Folge, daß der Verstand bei jedem Hund *andersartig* ausgebildet ist (individuelles Lernprofil).

So kann z. B. der Hund *von Natur aus*
- allgemein geistig rege oder träge sein.
- den Lehrstoff leicht oder schwer aufnehmen.
- während einer Lehrphase viel oder wenig lernen.
- sich in bestimmten Bereichen äußerst gelehrig zeigen, während er in anderen Bereichen geradezu stupide erscheint.
- ein gutes oder schlechtes Erinnerungsvermögen besitzen.

Dieses ererbte Lernprofil ist aber *keine* Konstante, sondern kann von der Umwelt sowohl positiv wie negativ beeinflußt werden. So wird z. B. die Wirksamkeit der Verstandeskapazität gefördert, wenn der Hund ständig in gutem Kontakt zum Menschen steht. Dagegen bleibt die Lernfähigkeit sowie die Assoziations- und Kombinationsbegabung zurück, wenn der Hund kontaktlos und ohne geistige Anregung aufwächst. Hierbei tritt ein ähnlicher Effekt auf wie bei Heimkindern, die ohne Mutter bzw. Ersatzmutter aufwachsen: Sie bleiben kontaktscheu und neigen stark zum Negativen im Leben. Der schöne Satz: „Kinder, die ohne Liebe aufwachsen, werden zu Erwachsenen voller Haß“, gilt sinngemäß auch für den Hund.

Die Aktivierung und Steuerung der höheren psychischen Fähigkeiten erfolgt durch die innere Antriebslage des Hundes (Lernbereitschaft). Dabei ist die Neugier oder Neugierverhalten oder Erkundungsverhalten der Grundtrieb *aller* geistigen Tätigkeit des Hundes. Dies bedeutet, daß ein Hund mit wenig Neugier von Natur aus auch weniger und schwerer lernt als ein Hund mit viel Interesse an seiner Umwelt.

Diese Tatsache, daß der Hund die angeborenen Verhaltensweisen durch Lernleistungen ergänzen *muß*, haben die wenigsten Hundeführer *richtig* erkannt. Denn sonst würden nicht so viele Hunde in ihren entscheidenden Lernphasen geistig vernachlässigt. Dabei scheint das Märchen unausrottbar, daß die Leistungen der Elterntiere auch die Nachkommen *ohne* großes Zutun erbringen. Welch ein Irrtum zum Nachteil von Mensch und Hund! Denn der Hund lernt aufrund seiner angeborenen Lernbereitschaft *immer* etwas, auch wenn wir ihn absichtlich nichts lehren. Dabei lernt er oft *unzweckmäßige* Verhaltensweisen, aber *selten* das erwünschte Verhalten. Ist aber eine falsche Lernleistung erst einmal im Instinktgefüge verankert und zur Gewohnheit geworden, dann kann dem Hund das Fehlverhalten oft nur sehr schwer wieder abgewöhnt werden. Dabei sind traumatische Erfahrungen überhaupt nicht mehr zu korrigieren, höchstens durch Lernleistungen zu überdecken. Jedoch dominiert das Trauma sofort wieder, wenn die Umweltbedingungen der damaligen Trauma-Situation entsprechen. Denken wir nur an uns selbst.

Die Elterntiere und Rudelführer in der freien Natur wissen instinktiv, daß sie den künftigen Rudelgenossen *von Anfang an* für das Gemeinschaftsleben und den Aufgabenbereich formen müssen.

Die logische Folge aus diesen Gegebenheiten ist:

1. *Jede Hundegeneration muß ihr Erbgut durch Lernen ergänzen!*
2. *Jeder Hund muß von Anfang an gezielt geformt werden!*

Die *wichtigsten* praktischen Konsequenzen dieser Gegebenheiten sind:

1. Stelle zuerst die trieblichen und geistigen Kapazitäten des Hundes fest. Dann lehre dem Hund *alle* Verhaltensweisen die er leicht, schnell und gerne ausführt. Jenes Verhalten aber, das der Hund nur schwer begreift, lehre am Schluß der Aufbauarbeit.

2. Nutze das vorhandene Trieb- und Verstandespotential des Hundes *immer* so, daß der Hund weder überfordert noch unterfordert wird. Denn *beide* Beanspruchungsarten erbringen *keinen* Lernfortschritt. Sie *vergrößern* nur die Gefahr des Versagens, *mindern* das hundliche Interesse am Erfolg und *senken* seine *persönlichen* Anstrengungen. Dagegen fördern intervallartige Anforderungen bis zur Leistungsgrenze im Erfolgsfall sowohl die Leistungsfähigkeit wie die Gesamtpersönlichkeit des Hundes.

3. Passe die Reizlagen, den Schwierigkeitsgrad des Lehrstoffs und der Lernschritte, die Anzahl der Wiederholungen und die Übungszeit *stets* der momentanen Verfassung des Hundes an. Denn die Trieb- und Lernbereitschaft, die Assoziations- und Kombinationsbegabung, die Konzentration, die Belastbarkeit und die Arbeitsfreude werden *primär* von dem jeweiligen geistig-seelisch-körperlichen Zustand des Hundes beeinflußt. Als Faustregel gilt:
   Übe mit dem Hund *täglich,* aber höre *stets* auf, so lange der Hund noch Lust hat. Beanspruche den Hund allgemein *nicht* länger als *höchstens* 10 Minuten. Dann lege eine Spiel- und Ruhepause von wenigstens 10 Minuten ein. Dieser *allgemeine* Lehrrhythmus von max. 10 Minuten Training, mind. 10 Minuten Pause, max. 10 Minuten Training, mind. 10 Minuten Pause halte beim Lehren *konsequent* ein. Dieser Punkt ist besonders für Schutzhundführer wichtig, die einem Hundeverein angehören. Denn diese *ideale* Lehrweise kann nur *außerhalb* des Übungsbetriebes *richtig* durchgeführt werden. Innerhalb der Übungsstunden stehen dem Hundeführer für die *optimale* Formung des Schutzhundes weder der *notwendige* Zeitfaktor noch die *erforderliche* Lehratmosphäre zur Verfügung. Dies

gilt besonders für mitgliederstarke Vereine. Dabei ist auch die übliche Lösung des Problems, die Mitglieder in Gruppen arbeiten zu lassen, für *optimale* Lernergebnisse des Hundes unzureichend.
Aus diesem Grund gilt für *alle* wirklich *erfolgreichen* Schutzhundführer: *Forme den Schutzhund zu Hause und trainiere ihn auf dem Übungsplatz!*

4. Wiederhole mit dem Hund den Lehrstoff *systematisch* durch *gezielte* Aufgabenstellung. Denn von den *erlernten* Reiz- und Verhaltenselementen geraten viele Informationen im Laufe der Zeit in Vergessenheit, wenn sie nicht *regelmäßig* und *korrekt* aktiviert werden.
Für die *richtige* Aufzeichnung und Wiederholung des Lehrstoffes gilt *allgemein* folgendes:
   - Die *sichere* Verknüpfung wird in der Regel mit 10–20 Wiederholungen und die *sichere* Ausführung einer Verhaltensweise mit 60–70 Wiederholungen erreicht.
   - Die Sinne des Hundes sollten bei *gleicher* Anordnung des Lehrstoffes *immer* in *gleicher* Weise und über einen *längeren* Zeitraum angesprochen werden.
   - Das vom Hund *sicher* beherrschte Verhalten darf *nicht ständig* mit wiederholt werden, weil das „Überlernen" dem rationellen Lernen entgegensteht.
   - Das *erlernte* Verhalten sollte beim Hund *öfters* in *veränderter* Umgebung, in *verschiedener* Gemütsverfassung sowie zu *unterschiedlichen* Tageszeiten, Jahreszeiten und Wetterverhältnissen ausgelöst werden, damit eine einseitige Gewöhnung vermieden wird.
   - Die bereits vergessenen Verknüpfungen sollten in *derselben* Art und Weise wiederholt werden, wie sie beim Aufbau gelehrt wurden. Denn das erspart *viel* Zeit und Mühe.

5. Ziehe bei der Formung und Führung des Hundes *niemals* Vergleiche zu anderen Hunden. Denn auf Grund des *individuellen* Lern- und Triebprofils zeigt *jeder* Hund ein *anderes* Lern- und Leistungsbild. Deshalb ist es auch unsinnig, an jeden Hund dieselben Anforderungen zu stellen nach dem Motto: „Was der eine Hund bestens kann, muß der andere Hund auch bestens können."
Der Erbrahmen des Hundes ist *nicht* zu erweitern, höchstens zu zerstören! Somit ist die tierpsychologisch richtige *und* erfolgreiche Formung und Führung des Hundes *kein* schematisches Verfahren, sondern ein *individueller* Prozeß innerhalb eines Ausbildungsrahmens.

Zum besseren Verständnis werden die Trieb- und Lernabläufe des Hundes nochmals tabellarisch und graphisch dargestellt (s. Tabellen 7–11).

Tabelle 7: Die Bedeutung der Triebe, der Werkzeugaktivitäten und der Lernfähigkeit

Die Triebe	Die Werkzeugaktivitäten	Die Lernfähigkeit
Die Triebe sind besondere Instinkte, die *hierarchisch* geordnet und miteinander verknüpft sind. Die Triebe lösen *kein* ererbtes Verhaltensmuster aus, sondern *nur* den Drang zu einem bestimmten Verhalten. Die 4 Haupttriebe sind: Nahrungstrieb, Aggressionstrieb, Fluchttrieb und Sexualtrieb. Diesem „Parlament der großen 4“ sind *alle* anderen Triebe wie Beutetrieb, Meutetrieb usw. untergeordnet.	Die Werkzeugaktivitäten od. Werkzeuginstinkte sind *ererbte* Verhaltensmuster, die dem Triebverhalten dienen. Die Werkzeugaktivitäten lösen *keine* automatisch ablaufenden Prozesse aus, sondern *nur* die notwendigen Bewegungsweisen des speziellen Verhaltens. Die Werkzeugaktivitäten der 4 Haupttriebe bewirken u. a. folgendes Verhalten.	Die Lernfähigkeit umfaßt *alle* ererbten Möglichkeiten, das Triebverhalten der vorherrschenden Umwelt anzupassen. Die Lernfähigkeit befähigt zu *keinem* Denkprozeß, sondern nur zur Aufnahme und Wiedergabe von *umweltabhängigen* Programmen. Dabei sind die Erfahrungen in den Bereichen der vier Haupttriebe dominant.

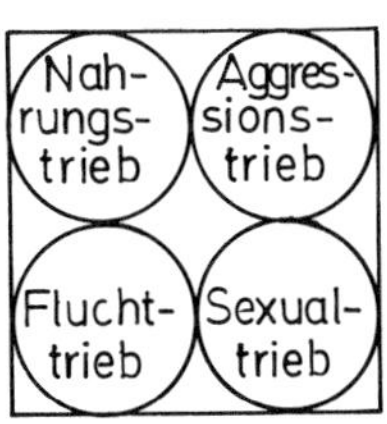

Primärtriebe

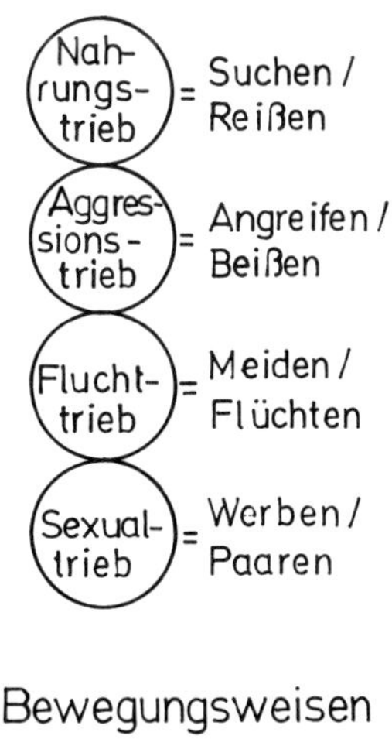

Bewegungsweisen

Aktionspotentiale

Tabelle 8: Die wichtigsten Merkmale der Triebe, Werkzeugaktivitäten und der Lernfähigkeit

Die Triebe	Die Werkzeugaktivitäten	Die Lernfähigkeit
Die Triebe besitzen *individuelle* Potentiale (Triebprofil), die anwachsen (Spontaneität) und wieder abgebaut werden *müssen* (Verbrauchszwang). Die Triebstärke bewirkt bei längerem Stau eine Zwangsaktivität bei ungenügendem Verbrauch *negative* Gefühle.	Die Werkzeugaktivitäten besitzen *individuelle* Aktivitätsgrade (Temperament), die anwachsen (Spontaneität) und wieder abgebaut werden *müssen* (Verbrauchszwang). Der Aktivitätsgrad bewirkt bei längerem Stau bestimmten Leerlaufhandlungen und bei ungenügendem Verbrauch *negative* Gefühle.	Die Lernfähigkeit besitzt eine *individuelle* Kapazität (Lernprofil), kann von der Umwelt in der Wirksamkeit beeinflußt werden (Nutzeffekt) und wird durch die *innere* Antriebslage aktiviert und gesteuert (Lernbereitschaft). Dabei bildet der Neugiertrieb den Grundtrieb des Lernens überhaupt.

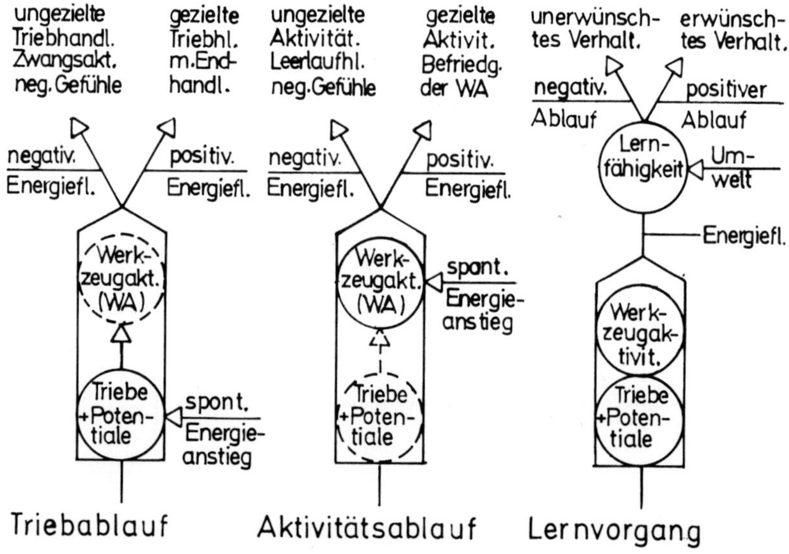

Tabelle 9: Der allgemeine Ablauf eines Triebverhaltens

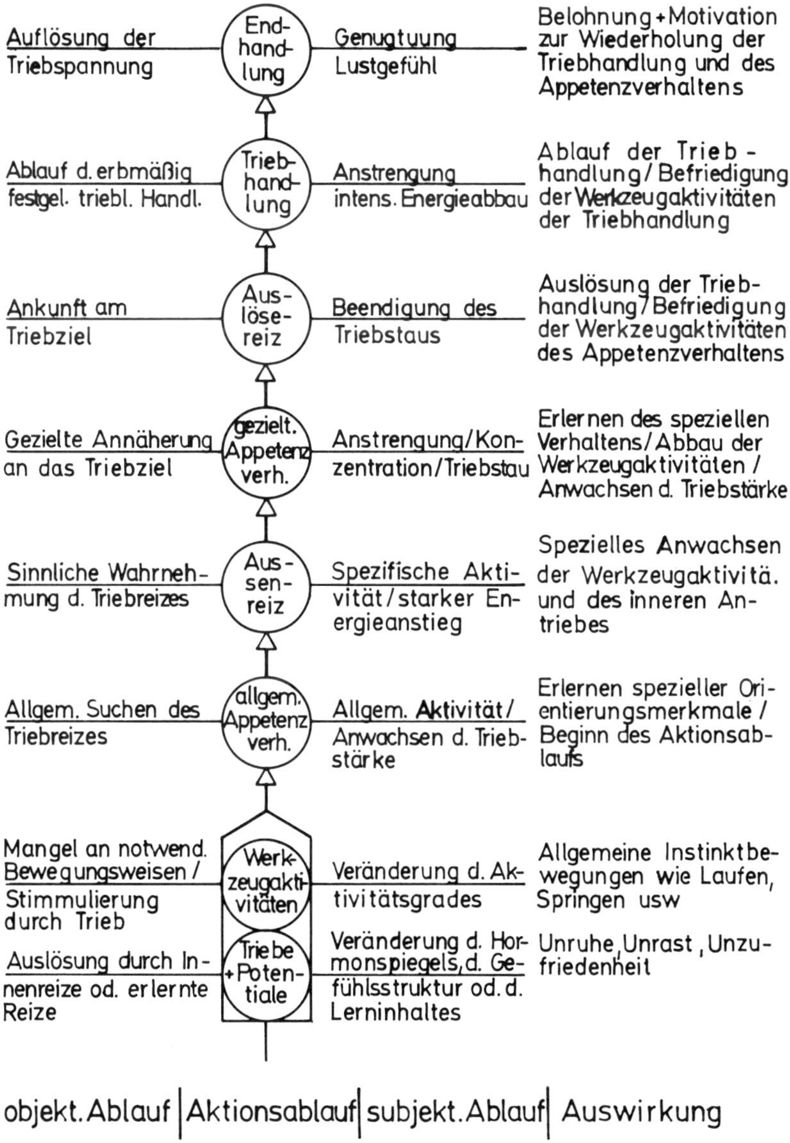

Auflösung der Triebspannung
End-handlung
Genugtuung Lustgefühl
Belohnung + Motivation zur Wiederholung der Triebhandlung und des Appetenzverhaltens
Ablauf d. erbmäßig festgel. triebl. Handl.
Trieb-handlung
Anstrengung intens. Energieabbau
Ablauf der Trieb-handlung / Befriedigung der Werkzeugaktivitäten der Triebhandlung
Ankunft am Triebziel
Aus-löse-reiz
Beendigung des Triebstaus
Auslösung der Trieb-handlung / Befriedigung der Werkzeugaktivitäten des Appetenzverhaltens
Gezielte Annäherung an das Triebziel
geziel. Appetenz verh.
Anstrengung / Kon-zentration / Triebstau
Erlernen des speziellen Verhaltens / Abbau der Werkzeugaktivitäten / Anwachsen d. Triebstärke
Sinnliche Wahrneh-mung d. Triebreizes
Aus-sen-reiz
Spezifische Akti-vität / starker En-ergieanstieg
Spezielles Anwachsen der Werkzeugaktivitä. und des inneren An-triebes
Allgem. Suchen des Triebreizes
allgem. Appetenz verh.
Allgem. Aktivität / Anwachsen d. Trieb-stärke
Erlernen spezieller Ori-entierungsmerkmale / Beginn des Aktionsab-laufs
Mangel an notwend. Bewegungsweisen / Stimmulierung durch Trieb
Werk-zeugakti-vitäten
Veränderung d. Ak-tivitätsgrades
Allgemeine Instinktbe-wegungen wie Laufen, Springen usw
Auslösung durch In-nenreize od. erlernte Reize
Triebe + Poten-tiale
Veränderung d. Hor-monspiegels, d. Ge-fühlsstruktur od. d. Lerninhaltes
Unruhe, Unrast, Unzu-friedenheit
objekt. Ablauf
Aktionsablauf
subjekt. Ablauf
Auswirkung

Tabelle 10: Die drei Bedingungen für den erfolgreichen Ablauf eines Triebverhaltens

Die Spontaneität	Die doppelte Quantifizierung	Die Lust-Unlust-Ökonomie
Die 1. Voraussetzung ist, daß ein „innerer Antrieb“ zur Ausführung einer Triebhandlung besteht. Dieser Drang kann von innen oder von außen erzeugt werden. Dabei summieren sich Triebpotentiale und Werkzeugaktivitäten zu Aktionspotentialen, die dann für den Ablauf des Triebverhaltens eingesetzt werden.	Die 2. Voraussetzung ist, daß die Summe von Triebstärke + Reizstärke ausreichend groß ist. Dieser Zustand kann z. B. eintreten bei ① niederer Triebstärke + hoher Reizstärke. ② niederer Reizstärke + hoher Triebstärke ③ hoher Triebstärke + hoher Reizstärke. Ausnahmsweise bei ④ abgebauter Triebstärke + extremer Reizstärke ⑤ fehlender Reizstärke + extremer Triebstärke	Die 3. Voraussetzung ist, daß die mit Lust empfundene Endhandlung grundsätzlich eine mit Unlust verbundene doppelte Anstrengung vorausgeht: gezieltes Appetenzverhalten + Triebstau. Dabei ist die Belohnung durch Lust um so größer, je größer davor die Anstrengung ist.

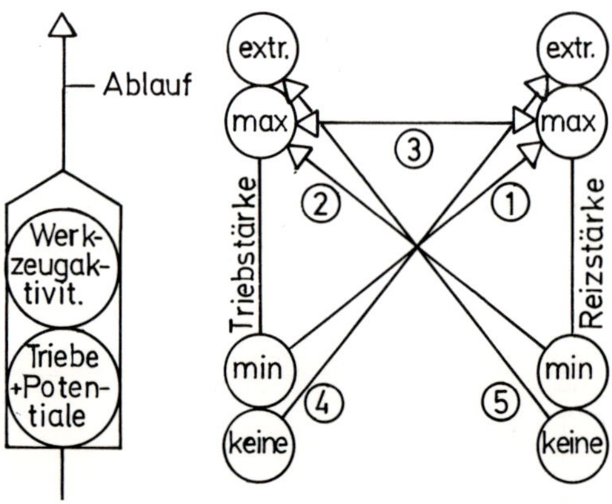

Aktionspotentiale Aktionsschema

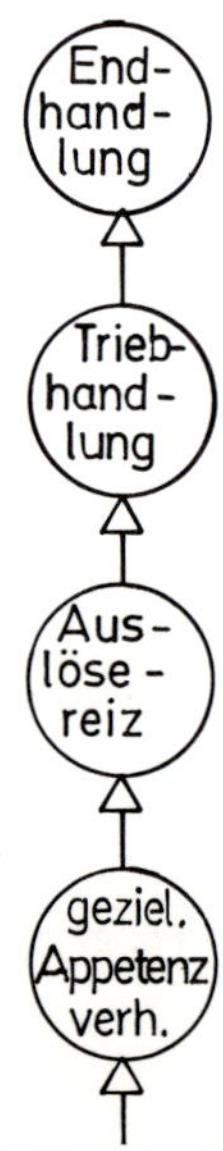

Aktionsablauf

Tabelle 11: Das Prinzip der doppelten Quantifizierung in der Praxis

Die doppelte Quantifizierung ist die *wichtigste* Bedingung für den *erfolgreichen* Triebablauf Dabei ist die Leistung um so besser, je *höher* die *spezielle* Trieb- und Reizstärke ist.
Der Erfolg ist garantiert, wenn
1. das Lebewesen im *gezielten* Appetenzverhalten *gründlich* gefordert wird = Qualitätsfaktor
2. der Leittrieb im *gezielten* Appetenzverhalten *optimal* gestaut wird = Zeitfaktor
3. die Triebhandlung *kurz* und *intensiv* ausgeführt wird = Energiefaktor
4. die Endhandlung auf den *Höhepunkt* der Triebhandlung beginnt = Motivationsfaktor.

Die einzelnen Triebe besitzen *individuelle* Höhepunkte, die von den *ererbten* Triebpotentialen abhängen.
Deshalb ist die doppelte Quantifizierung *stets* auf das *einzelne* Individuum und sein *ererbtes* Triebsystem abzustimmen.
Das bedeutet z. B., daß die Trennungslinie zwischen dem positiven und negativen Leistungsbereich folgende Werte besitzen kann:
1. Minimaler Triebstau bei ererbtem *hohen* Triebpotential
2. Mittlerer Triebstau bei ererbtem *mittlerem* Triebpotential
3. Maximaler Triebstau bei ererbtem *niedriegem Triebpotential*

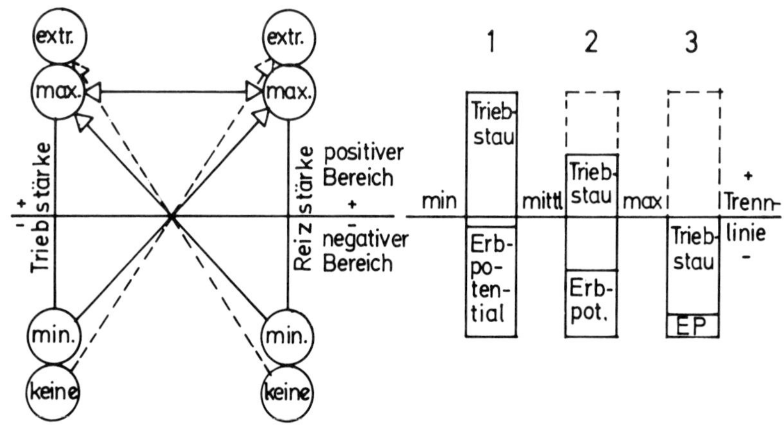

Aktionsschema   Leistungsniveau

Kapitel 7

Die Formung des Hundes

Die *optimale* Verwirklichung *aller* vorgenannten Erkenntnisse für eine *erfolgreiche* Formung und Führung des Hundes bedingt aber noch die Beachtung einiger Ausführungsregeln. Dabei gehen wir von folgenden Tatsachen aus:

1. Das Verhalten des Hundes hängt *allgemein* ab von seinen ererbten Anlagen und den Umwelteinflüssen, die *von Anfang an* auf diese Erbanlagen einwirken.
   Formelartig ausgedrückt:

   Verhalten = Vererbung + Umwelt

2. Die Leistung des Hundes bestimmt *allgemein* die Art der Erfahrung bei der Aufbauarbeit sowie die Lust, mit der er die erlernte Tätigkeit verrichtet.
   Formelartig ausgedrückt:

   Leistung = Lernerfolg + Arbeitsfreude

3. Das Verhaltens- und Leistungsniveau des Hundes resultiert *speziell* aus der *individuellen* Lehrstoffvermittlung und der Motivation, die er gegenüber einem bestimmten Reiz entwickelt hat.
   Formelartig ausgedrückt:

   Handlungsniveau = Lehrmethode + Motivation

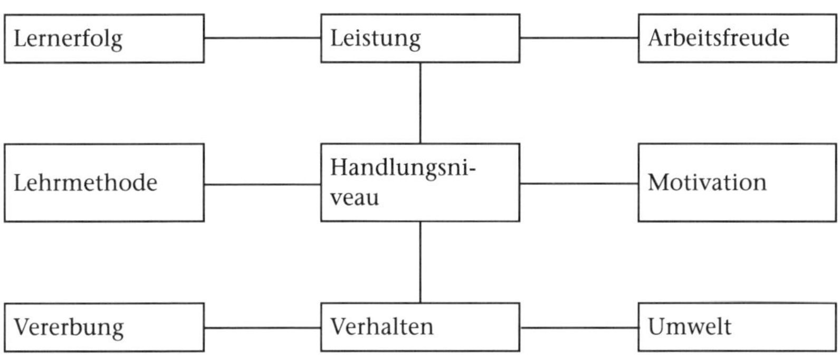

A: Die Entwicklung und Lehre

Damit also die vorhandene Lernbereitschaft des Hundes nicht verkümmert oder in falsche Bahnen gelenkt wird, müssen wir uns *ausgiebig* und *intensiv* mit dem Tier beschäftigen. Dabei sollten wir *unbedingt* folgende Regeln beachten:

1. Die angeborene Verhaltensstruktur des Hundes ist innerhalb eines Ausbildungsrahmens so zu beeinflussen, daß ein *ideales* Mensch-Hund-Verhältnis mit *optimalen* Auswirkungen entsteht. Dabei ist von dem Hund nicht mehr zu erwarten, als er auf Grund seiner Veranlagungen leisten kann. Jeder Versuch, die Erbanlagen des Hundes prinzipiell zu verändern, kann nur scheitern und den Hund oft für immer verderben.
2. Achte *von Anfang an* darauf, daß der Lehrstoff den Anlagen und den späteren Aufgaben des Hundes *bestens* angepaßt ist. Dabei beherrsche den Lehrstoff bis ins kleinste Detail und vermittle ihn so, daß der Hund *systematisch* auf seine spätere Verwendungsart und die damit verbundenen Leistungen vorbereitet wird.
3. Berücksichtige bei der Formung und Führung des Hundes *von Anfang an* seine individuellen Reifungs- und Lernprozesse. Dabei nutze die *wichtigsten* Lernphasen des Hundes für die Gestaltung seiner Wesensart. Diese in *allen* späteren Lebensbereichen des Hundes hineinwirkenden Lernleistungen entstehen in der
   - Prägungsphase = 4. bis 7. Woche
   - Sozialisierungsphase = 8. bis 12. Woche
   - Rangordnungsphase = 13. bis 16. Woche
   - Rudelordnungsphase = 5. und 6. Monat
4. Vermittle dem Hund die *wichtigsten* Eindrücke in den ersten *sieben* Wochen nach seiner Geburt. Denn die in dieser Zeit entstehenden *ersten umweltabhängigen* Verdrahtungen der Gehirnzellen bilden das *entscheidende* Grundmuster für das spätere Lernen und Verhalten des Hundes. Da dieser Vorgang *unauslöschlich* und *unwiederholbar* ist, solltest du *stets* auf eine *optimale* Prägung achten. Die drei wichtigsten Lerndispositionen sind:

a) Der physiologische Streß

Die spätere Leistungsfähigkeit des Hundes wird *erheblich* gesteigert, wenn er in den ersten 3 Wochen nach seiner Geburt (Vegetative Phase und Übergangsphase) einem physiologischen Streß ausgesetzt wird.

Diese spätere körperlich-seelische Überlegenheit wird dadurch erreicht, daß du den Welpen einer langsam ansteigenden leichten Stimulierung durch Reizungen der Haut (Streicheln, Temperaturschwankungen), der Gleichgewichtsorgane (Aufnehmen, Schaukeln), der Augen (Lichtreflexe) und der Ohren (verschiedene alltägliche und nichtalltägliche Geräusche) aussetzt.

b) Der Kontakt zum Artgenossen

Die spätere Aufgeschlossenheit und Kontaktfreudigkeit des Hundes gegenüber den Menschen wird in Art und Umfang in der 4. bis 7. Woche (Prägungsphase) festgelegt. Denn der Hund, der *kein* angeborenes Bild von seinen Artgenossen besitzt, muß dieses bis zur 7. Woche in sich aufnehmen. Als Nasentier erfolgt das Kennenlernen *vor allem* durch den Geruch.

Da im Mensch-Hund-Rudel primär der Mensch sein Meutegenosse ist, muß der Hund in dieser Phase auch das Geruchsbild des Menschen *fest* in sich aufnehmen können.

Deshalb sorge für *viele* und *lange* positive Berührungskontakte und präge den Hund von einem Menschen oder Menschengruppe auf andere Menschen beiderlei Geschlechts und unterschiedlichen Alters.

Jedoch präge den Hund *niemals* so weit, daß er zum „Allerweltskerl" wird und löse bei ihm *nie* eine starke seelische Erschütterung aus.

c) Der Kontakt zur Außenwelt

Die Qualität der späteren Lern- und Reaktionsfähigkeit des Hundes auf Umweltreize hängt ab von Art und Umfang der Nervenverknüpfungen in den ersten 7 Wochen (Prägungsphase). Je *weniger* ein Welpe in dieser Phase von der Umwelt erkunden, probieren und hören kann, desto *schlechter* ist er auf das Zusammenleben und Zusammenarbeiten mit den Menschen vorbereitet.

Dagegen findet sich ein Hund um so *optimaler* in der Menschenwelt zurecht, je *mehr* optische, akustische, geruchliche und geschmackliche Reize er als Welpe kennenlernt. Deshalb achte in der 4. bis 7. Woche gezielt darauf, daß der Welpe

1. sich an möglichst viele optische und akustische Reize gewöhnt.

2. viele Dinge erkunden, handhaben, ausprobieren und Kontakt zur Außenwelt aufnehmen kann.

3. seine Triebanlagen umweltfreundlich und in ausreichendem Maße abreagiert.
Allgemein gilt für die Zeit der Prägung folgender Satz:

„Der Hund ist das, was du aus ihm machst."

4. Beschäftige dich in der 8. bis 12. Woche (Sozialisierungsphase) *besonders intensiv* mit dem Hund. Denn in dieser Zeit *muß* der bisher egoistisch veranlagte Welpe lernen, das Leben *für* die Gemeinschaft mit den damit verbundenen disziplinarischen Maßnahmen hinzunehmen. Dabei müssen gruppen bindendes Spiel und spielerische Belehrung so ineinander fließen, daß der Welpe
   a) seine Ichbezogenheit ablegt und *ausschließlich* die Zusammenarbeit mit dem Menschen als *höchstes* Glück empfindet.
   b)bei dieser Einordnung und Unterordnung *niemals* die Freude am gemeinsamen Tun abbaut oder verliert.

   Grundsätzlich gilt:

Das Ausmaß der Zusammenarbeit und der Grad der Lern- und Arbeitsfreudigkeit eines Hundes sind abhängig von der Beschäftigungsart im dritten Lebensmonat.

5. Behalte einen klaren Kopf, wenn der Hund in der 13. bis 16. Woche (Rangordnungsphase) deine Reaktionsschnelligkeit, deine psychische Widerstandskraft und deine anderen Führeigenschaften gründlich zu testen beginnt. Denn in dieser Zeit liegt der Schwerpunkt seiner Lerndisposition in der Suche nach einer *Autorität* im Sinne eines *Vorbildes,* die ihm *weniger* wegen seiner *körperlichen,* sondern *vor allem* wegen seiner *psychischen* Überlegenheit Schutz und Sicherheit bietet.
Begegne den ständigen Herausforderungen des Junghundes *primär* mit geistig-seelischen Mitteln und knüpfe das Band des Vertrauens in deine Überlegenheit durch *disziplinierte* Belehrung.
Wisse: Das künftige Verhalten des Hundes wird in diesem Alter von *deinem* Vorbild vorprogrammiert.

6. Binde den Hund im 5. und 6. Monat (Rudelordnungsphase) so an dich, daß er dich als Führer *uneingeschränkt* anerkennt und *freudig* akzeptiert. Denn in dieser Lebensphase sind drei Verhaltensmuster des Hundes von *entscheidender* Bedeutung:

a) Das Beobachtungslernen und die Neigung, den eigenen Rang zu erhöhen, sind *sehr stark* ausgeprägt.
b) Das Bestreben, umherzustreifen und die Welt außerhalb seiner vertrauten Heimstatt kennenzulernen, hat den *Höhepunkt* erreicht.
c) Die Einstellung des Hundes zu seinem Führer und die damit verbundene Art der Bindung und Gefolgschaftstreue wird *endgültig* festgelegt.

Diese für ein *optimales* Mensch-Hund-Verhältnis *notwendige* sehr enge Bindung und Gefolgschaftstreue des Hundes festigst du am besten durch *disziplinierte* Erziehung. Für diese Zeit gilt allgemein folgender Satz:

„Der Hund entsteht, den du verdienst."

7. Zweifle und verzweifle *nicht,* wenn der Hund in dem 7. bis 10. Monat (Pubertätsphase) flegelhaft oder sehr sensibel reagiert und für die Zeitspanne von etwa 6 bis 8 Wochen alles bisher Gelernte vergessen zu haben scheint. Denn die Geschlechtsreifung verursacht im Hund innere Unausgeglichenheit und Spannungen, die *vor allem* im geistig-seelischen Bereich zu noch *nie* gezeigten Reaktionen des Hundes führen. In dieser Periode führen selbst starke Strafmaßnahmen nicht zum gewünschten Erfolg.
   Diese Zeit überbrückst du am besten, wenn du *stets* beherrscht und konsequent bleibst, die Zügel etwas locker läßt und bei *jeder* Gelegenheit daran denkst, daß dieser Zustand mit *Sicherheit* vorübergeht.

8. Unterstütze den Hund in seiner Entwicklung *stets* positiv, konsequent und systematisch. Dabei *dosiere* deine Maßnahmen so, daß der Hund zwar wunschgemäß reagiert, aber in seiner Gesamtentwicklung *nicht* beeinträchtigt wird.
   Wisse: Ein durchschnittlich „begabter" Hund entwickelt sich durch konsequente und systematische positive Förderung überdurchschnittlich. Dagegen bleibt der bestveranlagte Hund weit unter dem Durchschnitt oder wird sogar ruiniert, wenn er ständig negativen Einflüssen ausgesetzt ist.

9. Laß beim Hund *niemals* einen Mangel an Zärtlichkeit entstehen, vor allem nicht beim Welpen und Junghund. Denn der Hund benötigt für seine körperliche und geistige Entwicklung, für sein Wohlbefinden und als Bestätigung seiner Rudelzugehörigkeit ebenso ein *gewisses* Maß an Zärtlichkeit wie der Mensch.

10. Liebkose den Hund *ausreichend* mit der Hand, aber übertreibe dabei nicht. Denn sonst kann er sich zu einem Tier entwickeln, das *ständig* nach Zärtlichkeit verlangt und dadurch wieder lästig wird.

11. Richte deine Streicheleinheiten *von Anfang an* konsequent nach dem individuellen Verlangen des Hundes. Denn das Bedürfnis nach zärtlicher Zuneigung ist bei den einzelnen Hunden unterschiedlich stark ausgeprägt.

12. Achte beim Liebkosen darauf, daß deine Mitmenschen den Hund *nicht* stärker verwöhnen als du. Denn hierdurch erhältst du sehr leicht einen von dir unabhängigen „Allerweltskerl".

13. Alle Lebewesen, die ihr Bedürfnis nach Zärtlichkeit vorwiegend durch allgemeinen Körperkontakt befriedigen, haben auch ganz bestimmte Körperkontaktstellen. Beim Hund liegen diese Kraul- und Beruhigungsstellen allgemein
    a) oberhalb der Schwanzwurzel.
    b) am Hals unter dem Fang.
    c) in der Ohrmuschelregion.
    d) am Bauch vor dem Penis des Rüden.
    e) im Bauchnabelbereich der Hündin.

14. Denke und handle als „Entwicklungshelfer" des Hundes *stets* nach folgenden grundlegenden Erkenntnissen:
    a) Der Hund kann am leichtesten, stärksten und nachhaltigsten *nur* in den sensiblen Phasen seiner Kindheit und Jugend beeinflußt werden. Denn in dieser Periode der höchsten Aufnahmefähigkeit bildet das Gelernte die Grundlage des späteren Verhaltens und bleibt gleichzeitig richtungsweisend für den Charakter des Hundes.
    b) Der Hund wächst *nur* in einer günstigen und anregenden Umwelt zu einem unternehmungslustigen, aktiven, interessierten, kontakt- und lernfreudigen Lebewesen heran. Denn eine ungünstige und stumpfsinnige Umgebung hemmt die körperliche, geistige, seelische und soziale Entwicklung des Hundes.

15. Fördere den Hund aber nicht nur wesensgerecht, sondern auch in seiner körperlichen Entwicklung. Denn Wesen und Gebäude sollten harmonieren. Dabei berücksichtige, daß der Hund aufgrund seiner schnelleren Reifung nur ein Jahr Zeit hat, sich auf das Erwachsensein vorzubereiten. Dem Menschen dagegen stehen bekanntlich 18 Jahre zur Verfügung.

Abb. 1

Abb. 2

Die Abbildungen 1–10 zeigen beispielhaft die Nutzung der prägenden Lerndispositionen gegenüber Menschen und Außenwelt.
Bei der Prägung des Welpen auf Menschen beiderlei Geschlechts und unterschiedlichen Alters sind auch die Kinder einzubeziehen, was sehr oft vergessen wird (Abb. 1 und 2).

Abb. 3

Abb. 4

Der Kontakt zur Außenwelt beinhaltet im Bereich Natur unter anderem die „Wald-, Wasser- und Wiesenprägung". (Abb. 3 bis 6)

Abb. 5

Abb. 6

Bei der „Technik-Prägung“ steht das Auto an erster Stelle. (Abb. 7 und 8).

Abb. 9

Die „Futter-Prägung" sollte nicht nur auf Fertigfutter erfolgen, sondern auch auf die natürliche Nahrung des Hundes wie Fleisch, Knochen usw. Dabei sollte der Welpe einer Vielfalt von Umweltreizen während des Fressens ausgesetzt werden (Abb. 9).

Abb. 10

Zum Erkunden, Handhaben, Ausprobieren und zur Abreaktion der Triebanlagen sollten dem Welpen viele Dinge angeboten werden (Abb. 10).

B: Die Lehr-Lern-Basis

Die *wichtigste* Voraussetzung jeder wirklich *erfolgreichen* Lehr- und Lerntätigkeit ist, daß Lehrer und Schüler Vertrauen zueinander haben und *gern* zusammenarbeiten. Anderenfalls kann sich *weder* eine sichere und zuverlässige Teamarbeit entwickeln *noch* ein optimaler Lernerfolg eintreten.

Dieses Prinzip gilt auch für die zwischenartige Beziehung von Mensch und Hund. Das bedeutet, daß wir bei der Formung des Hundes nur dann *beste* Ergebnisse erzielen, wenn ein *unerschütterliches* Vertrauensverhältnis und ein *hohes* Stimmungsniveau bestehen. Dabei nutzen wir die natürliche „Gefall-Bereitschaft" des Hundes, *stets* das tun zu wollen, worauf wir positiv reagieren.

Das Vertrauen des Hundes gewinnen wir durch eine *intensive* Beschäftigung und Betreuung, während wir die *positive* Stimmung durch eine positiv-lustvolle Erregung des Hundes erreichen, z. B. durch Spielen oder Übungen, die der Hund mit Leidenschaft ausführt.

Die *wichtigsten* Grundlagen jeder *optimalen* Lehr- und Lerntätigkeit sind *Klarheit* und *Konsequenz*. Denn nur, wenn wir ein *klares* Führverhalten zeigen und unsere Entschlüsse mit *absoluter* Konsequenz einhalten, hat der Hund eine *eindeutige* Orientierungsmöglichkeit. Mit anderen Worten: Je klarer *und* konsequenter wir die Grenzen zwischen Erwünschtem und Unerwünschtem ziehen *und* einhalten, desto schneller *und* sicherer kennt der Hund den Unterschied zwischen erlaubten und unerlaubten Handlungen und desto *geringer* sind seine Fehlhandlungen.

Der Wirkungsgrad dieser vorgenannten Kernpunkte jeder *idealen* Hundeformung hängt in erster Linie ab von der Stärke unserer inneren Sicherheit und der Größe unserer Beharrlichkeit.

Dies bedeutet z. B. folgendes:

1. Unterscheide akustisch und optisch *deutlich* zwischen Befehl, Lob und Tadel, indem du dem Hund in einer
   - *mittleren, ernsthaft-strengen* Tonlage den Auftrag für eine bestimmte Leistung gibst, evtl. in Verbindung mit einer *gezielten* Geste, die *jede* Widersetzlichkeit des Hundes unterbindet;
   - *hohen, lieb-freudigen* Tonlage lobst, evtl. ergänzt durch zärtliche Liebkosungen mit der Hand;
   - *tiefen, schneidend-böser* Tonlage tadelst, evtl. verbunden mit einer *dosierten* Körpereinwirkung, woraus der Hund den menschlichen Unwillen *klar* erkennt.

Dabei sind die einzelnen Ausdrucksweisen *nur* gefühls- und willensmäßig *nachdrücklich* zu bestätigen, *nicht* aber durch Geschrei.

2. Unterscheide im Umgang mit dem Hund *klar* zwischen: Spiel und Arbeit; normalem Verhalten und Arbeitsverhalten; Hörzeichen/Gesten für den privaten Bereich und Hörzeichen/Gesten für den Leistungsbereich; Fehlverhalten und mangelhafte Leistung etc.

3. Bleibe *standhaft* in deinen Entschlüssen und laß dir eine Maßnahme *niemals* vom Willen des Hundes unterbrechen. Beispiel: Was du dem Hund erlaubst, bleibt erlaubt und was du verbietest, bleibt verboten!
   Wenn du mit dem Hund eine Aktion startest, wird sie durchgeführt! Beendest du eine Beschäftigung mit dem Hund, wird daran festgehalten!
   Erziehst du den Hund nach einer bestimmten Methode, wird sie während der Ausbildung nicht gewechselt!
   Auf eine einfache Formel gebracht, lauten diese Erkenntnisse:

   Vermeide alles, was deine Führerrolle in Frage stellt!

Das Lehren und Lernen selbst kann auf verschiedene Art und Weise erfolgen. Die wahrscheinlich älteste Ausbildungsart ist die „Parforce-Dressur" oder „Starkzwangmethode". Diesem Verfahren liegt die *widersinnige* Idee zugrunde, daß der Hund im menschlichen Sinne denkt und deshalb nach menschlichen Maßstäben dressiert werden muß.

Dieses *gewaltsame* Formen des Hundes zu einem mehr oder weniger funktionierenden Untertan begann in der Regel nach dem Eintritt des Hundes in das Erwachsenenalter. Dabei wurde meist das psychische Gleichgewicht des Hundes und seine vielfältigen Charakterzüge *rücksichtslos* zerstört. Die Folge war, daß der Hund durch die Anwendung von Gewalt und Drill nur ein „Vermeidungsverhalten" lernte, d. h. der Hund führte das Wunschverhalten aus, weil *nur* darin sein Vorteil lag.

Der damaligen „Starkzwangmethode" steht heute die von vielen Hundeführern praktizierte „Willensfreiheitmethode" gegenüber. Dieser Lehrweise liegt ebenfalls die *widersinnige* Idee zugrunde, daß der Hund im menschlichen Sinne denkt und sich deshalb nach menschlichen Maßstäben *frei* entwickeln soll. Dieses *freiwillige* Einordnen des Hundes in die menschliche Gemeinschaft setzt beim Tier die Vernunft voraus. Das aber ist ein noch schlimmerer Irrtum als die „Parforce-Dressur". Denn der Hund ist als Instinktwesen *niemals* zu logischen Denkprozessen fähig und wird deshalb aus eigener Einsicht *nie* ein bestimmtes Wunschverhalten annehmen.

Die Folge ist, daß der Hund nur nervös, launenhaft, unsicher, neurotisch etc. wird, wenn der Mensch ihn *unkontrolliert* aufwachsen läßt und *alle* seine Launen respektiert. Denn das Recht auf freie Entfaltung der Persönlichkeit gibt es in der Hundewelt nicht. In der natürlichen Hundefamilie herrscht Zucht und Ordnung, in die sich der künftige Rudelgenosse einzufügen hat.

Zwischen dem Pol der hundeverständlichen, aber stark überzogenen Gewaltdressur und dem Pol des hundeunverständlichen Freiheitslernen gibt es die unterschiedlichsten Varianten, z. B. die „direkte Zwangsabrichtung", die „indirekte Zwangsabrichtung", die „Verständigungsmethode" oder die „positive Abrichtetechnik".

Das *beste* Verfahren für den *optimalen* Aufbau des Mensch-Hund-Teams aber ist jene Methode, welche auf den Erkenntnissen der Lern- und Tierpsychologie aufbaut. Diese Arbeitsweise wollen wir die *Erkenntnis-Methode* nennen. Ihre Grundlagen sind:

1. *Das autoritäre Vorbild,* d. h. der Mensch präsentiert sich dem Hund in *allen* Lebenslagen als ein erfahrener und psychisch überlegener Anführer, den der Hund *uneingeschränkt* lieben, respektieren und dem er gehorchen kann.

2. *Die klare Linie mit vorgegebener Grundrichtung,* d. h. der Hund wird *gezielt* und *konsequent* entsprechend seinen Entwicklungsstufen für seine spätere Aufgabe geformt und auf die damit verbundenen Leistungen vorbereitet.

3. *Der art- und wesensgerechte Aufbau,* d. h. dem Hund wird der *notwendige* Lehrstoff seinem Alter und seinen Anlagen gemäß individuell *dosiert* angeboten und *systematisch* angewöhnt.

Diese drei Grundbedingungen jeder *idealen* Formung und Führung von Hunden kann der Hundeführer nur dann *optimal* verwirklichen, wenn er die erforderlichen Bedingungen vorher durch Gedankenprojektion *perfekt* eingeübt hat. Denn *jede* praktische Spitzenleistung ist *nur* möglich, wenn der Tätigkeitsablauf theoretisch bis ins kleinste Detail *bestens* beherrscht wird. Anders ausgedrückt: Jede *besondere* Leistungsfähigkeit bedingt, daß das Ziel *und* der Weg zum Ziel in *allen* Punkten *vollkommen* klar sind. Noch einfacher gesagt: Übung macht *nur* dann den Meister, wenn sie theoretisch *und* praktisch erfolgt. Diese Tatsache gilt für fast alle Disziplinen im Leben.

Die Konsequenz für den *erfolgsorientierten* Hundeführer besteht darin, daß er

- sich durch *erstklassigen* Unterricht oder aus *guten* Büchern das *notwendige* Fachwissen aneignen sollte;

- sich durch *bildhafte,* nicht abstrakte Vorstellungen in einer *ruhigen* Umgebung ein *perfektes* Leitbild einprägen sollte;
- seine *gedanklichen* Handlungen in der Praxis *frei* von Ablenkungen einüben sollte.

C: Das Lehr-Lern-Prinzip

Die Grundlage *jeder* Aneignung neuer Verhaltensweisen auf Umweltreize ist das *unabänderliche* Lerndreieck. Dieses Grundprinzip des Lernens besteht aus drei Stufen:

1. Der Lernende *muß* zum neuen Verhalten *angeregt* werden.
2. Der Lernende *muß* auf das neue Verhalten *reizmäßig* festgelegt (konditioniert) werden.
3. Das neue Verhalten *muß* in den Gehirnzellen des Lernenden *gespeichert* werden.

   Formelartig ausgedrückt:
   Lernen = Anregung + Konditionierung + Speicherung

Die Primärbedingung beim Erlernen einer *neuen* Verhaltensweise ist, daß dem Hund die Handlung „bewußt" wird. Begreifen kann der *ausschließlich* in der Gegenwart lebende Hund die erwünschte Leistungshandlung nur, wenn er den Lehrstoff *gleichzeitig* ausführt. Zu dieser Ausführung *muß* der Hund vom Hundeführer in der Regel angeregt werden. Diese Anregung kann durch zwei Maßnahmen erfolgen:

1. Die Triebreizung:

Dieses Verfahren erfordert für den Erfolg ein *bestimmtes* Maß an *innerem* Drang, den der Hundeführer beim Hund *zuvor* auslösen muß.

Beispiel: Die Sitzübung

Leine den *wirklich hungrigen* Hund an und halte ihn an kurzer, aber *lockerer* Leine vor dir fest. Dann zeige dem Hund mit *erhobener* Hand ein Stück Fleisch und reize seinen Sättigungsdrang. Der Hund wird nun alles versuchen, um das Fleisch zu bekommen. Dabei wird er sich in der Regel viel bewegen und mit der Zeit ständig frustrierter werden, weil er das Fleisch nicht bekommt. Hat die Frustration einen gewissen Stärkegrad erreicht, geht die Bewegung meist in ruhige Verhaltensweisen über.

Sobald der Hund sich dabei zu setzen beginnt, gebe *gleichzeitig* das Hörzeichen „Sitz". Blickt daraufhin der Hund dich im Sitzen *aufmerksam* an, laß *sofort* das Fleisch als Bestätigung fallen.

Diesen Vorgang = Hund setzt sich – Hörzeichen „Sitz" – Hund sitzt und blickt Hundeführer aufmerksam an – Fleischbelohnung – wiederhole *intervallartig* so lange, bis der Hund weiß, daß *nur* das gespannte Vorsitzen und Aufblicken zum Hundeführer die Fleischgabe auslöst. Gleichzeitig verbindet der Hund automatisch das Hörzeichen „Sitz" mit dem Hinsetzen. Mit dieser Technik hat der Hund zwei wichtige Verhaltensweisen gelernt: das Hinsetzen auf Hörzeichen „Sitz" und das aufmerksame Vorsitzen.

2. Die Körpereinwirkung:

Dieses Verfahren erfordert für den Erfolg ein *bestimmtes* Maß an menschlichem Durchsetzungsvermögen gegenüber dem Hund.
Beispiel: Die Sitzübung

Stelle den angeleinten Hund an deine linke Seite. Dann fasse den Hund mit der rechten Hand vorn am Halsband oder an kurzer Leine und ziehe seinen Kopf *gezielt* nach oben. *Gleichzeitig* drücke mit der linken Hand die Kruppe des Hundes *gezielt* nach unten in die Sitzstellung. Sobald der Hund sich zu setzen beginnt, gebe das Hörzeichen „Sitz". Sitzt der Hund, höre *sofort* mit der Zwangseinwirkung auf. Dabei achte darauf, daß der Hund die Sitzposition *nicht* in irgendeiner Weise *von sich aus* verändert. Bestätige den Hund nach einigen Sekunden mit einem positiven Nacheffekt und entlasse ihn aus dieser Stellung *ohne* ihn abzuleinen.

Bringe den Hund in eine freudige Stimmung und wiederhole den Übungsablauf = Hund durch Druck und Zug in Sitzstellung zwingen – Hörzeichen „Sitz" – Hund sitzt – Abbruch des Zwangs – Hund bestätigen – an *verschiedenen* Stellen so lange, bis der Hund seinen Vorteil erkennt und auf das Hörzeichen „Sitz" *freiwillig* die Sitzposition einnimmt.

Falls der Hund Widerstand leistet, erhöhe analog seiner Widersetzlichkeit die Zwangsmaßnahmen. Dabei denke *immer* daran, daß mit steigendem Zwang sich auch deine Verpflichtung zu siegen erhöht.

Diese Technik der Körpereinwirkung belastet jedoch unnötig das Mensch-Hund-Verhältnis. Gleichzeitig erfordert diese Maßnahme einen hohen Energieaufwand sowohl vom Hundeführer bei der Durchsetzung seines Willens als auch vom Hund bei seinem Widerstand.

Außerdem lernt der Hund bei diesem Verfahren *nur,* daß er durch Hinsetzen auf das Hörzeichen „Sitz" dem Zwang entgehen kann. Dies bedeutet, daß der Hund *nicht* auf die Sitzübung konditioniert wird.

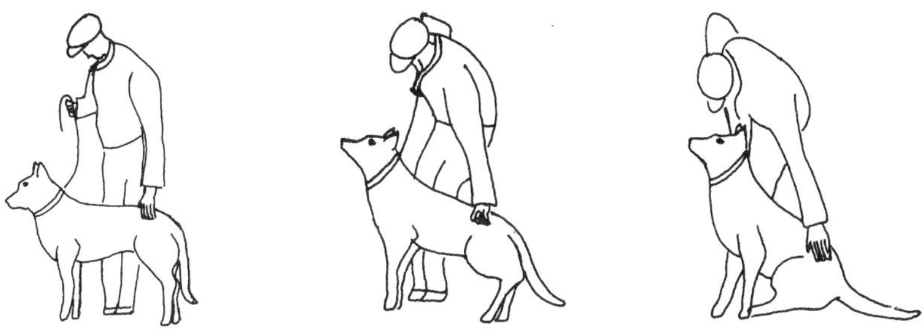

Die Sekundärbedingung beim Erlernen einer neuen Verhaltensweise ist, daß der Hund die akustischen Zeichen mit dem *neuen* Verhalten nach entsprechender Anregung *richtig* verbindet. Diese Verknüpfung erfolgt um so schneller, je *sparsamer, deutlicher* und *gleichbleibender* der Hund die einzelnen Sinneseindrücke vermittelt bekommt. Dabei können z. B. die Worte mit erläuternden Gebärden und Sichtzeichen so lange unterstrichen werden, bis der Hund zwischen dem Tonfall und dem Verhalten eine *feste* Verbindung hergestellt hat. Dann sind die Hilfsmittel Gebärden und Sichtzeichen langsam wieder abzubauen. Zugleich mit der Einspeicherung des Lehrstoffes in die Gehirnzellen sollte der Hund den Unterschied zwischen Arbeit und Spiel lernen.

Diese Verschiedenheit besteht in folgendem:

Der Hund *muß* bei der erfolgsorientierten Arbeit *stets* ein folgsamer und fleißiger „Gehilfe" sein.

Dagegen *darf* er im gemeinsamen Spiel ein *fast* gleichwertiger „Partner" sein.

Der Hund lernt diesen Rollentausch *ohne* Schwierigkeit, weil er artgerecht ist. Denn im reinen Hunderudel findet dasselbe Wechselspiel zwischen Rudelführer und Rudelmitglieder statt, z. B. Jagdgehilfe und Spielpartner. Die Voraussetzung ist nur, daß der Hundeführer dem Hund den Rollenwechsel so *unmißverständlich* klar machen muß wie der Rudelführer seinen Rudelmitgliedern. Und hier beginnt das Problem! Denn die meisten Hundeführer sind mehr „Gehilfe" oder „Partner" als Führer des Hundes, d. h. sie passen sich dem Willen des Hundes an. Dieses Fehlverhalten und Ursache fast *aller* hundlichen Probleme kann das Resultat einer falsch verstandenen Tierliebe oder einer Führerschwäche sein. Beide Mängel aber können durch die *richtige* Einstellung zum Hund beseitigt werden.

Die sichere *und* zuverlässige Mitarbeit des Hundes in *allen* Situationen erreicht der Hundeführer am besten durch eine

- *vollkommene* Beherrschung des Lehrstoffes
- *realistische* Lehrvorstellung bis in alle Einzelheiten
- *geschickte* Kombination der ererbten Anlagen
- *klare* Verständigung beim schrittweisen Aufbau
- *artgerechte* Führweise in allen Lebenslagen
- *gezielte* und *intensive* Teamarbeit.

Diese Arbeitsweise sollte durch ein tägliches, mind. 5 Minuten langes Gedankenspiel *optimal* vorbereitet werden.

D: Die Motivation

Die Handlungsbereitschaft des Hundes ist abhängig von einer Vielzahl äußerer *und* innerer Faktoren, die ihre Wirkung in *verschiedenartiger* Wechselbeziehung zueinander ausüben. Diese Einflußgrößen kann der Hundeführer *erheblich* verringern, wenn er bei der Formung und Führung des Hundes *allzeit* das hundliche Handlungsprinzip berücksichtigt.

Dieses Prinzip lautet:

Der Hund zeigt *oder* unterläßt eine bestimmte Handlung, wenn er dafür einen entsprechenden *inneren* Antrieb (Motivation) besitzt. Diese Verhaltensbereitschaft oder Triebstimmung oder spezifische Appetenz des Hundes ist auf Grund seiner einfachen *zweipoligen* Gefühlsstruktur entweder *positiv-lustvoll* oder *negativ-betroffen.* Mehr ist beim Hund *nicht* zu erwarten.

Daraus folgt, daß das

- *positive* Grundmotiv des Hundes die „Lust" ist, welche sich überwiegend durch Aktivität und Freude äußert.
- *negative* Grundmotive des Hundes die „Betroffenheit" ist, welche sich überwiegend in der Aggression und in der Furcht ausdrückt.

Die wirksamste *positive* Motivation ist beim instinktgebundenen Hund die Triebbefriedigung, vor allem im Nahrungs-, Beute- und Meutebereich. Deshalb sollte bei der *optimalen* Formung des Hundes *primär* der Hunger, der Triebstau und das unbefriedigte Sozial- und Pflegeverhalten des Hundes genutzt werden.

Bei den *positiven* Reizen wird unterschieden zwischen:

1. *Ursprüngliche Anregungsmittel.* Das sind:

– Belohnung im Nahrungsbereich	= Futter, Wasser, Leckerbissen.
– Belohnung im Beutebereich	= Erlösung aus dem Triebstau und erfolgreiche Vollendung eines angeborenen auslösenden Mechanismus.
– Belohnung im Meutebereich	= Spiel, Freilauf, Kampf
– Lob im Meutebereich	= leichter Klaps, sanftes Klopfen der Schulter oder der Brustseite, Kraulen und Rubbeln der Ohren am Ansatz, Kraulen unter dem Kinn oder an der Brust.

2. *Stellvertretende Anregungsmittel.* Das sind:

Allgemeine Beachtung, zärtliche Redewendungen in einem fröhlichen und munteren Ton sowie lobende Worte.

Diese *stellvertretenden* Reize zeigen jedoch nur dann den gewünschten Effekt, wenn der Hund die Art und die Bedeutung dieser Reize schon *vor* deren Einsatz *genau* kennt. Dies bedeutet, daß der Hundeführer zuerst die stellvertretenden Reize *gleichzeitig* mit den ursprünglichen Reizen so lange gebrauchen sollte, bis der Hund auf *beide* Reizarten wunschgemäß reagiert. Dabei ist das Gefühl des Hundes *immer* in gleicher Weise anzusprechen.

Jedoch haben die *positiven* Nacheffekte nicht nur den Vorteil der hundlichen „Luststärkung“ , sondern können durch ihren *universellen* Stärkungseffekt auch nachteilig wirken. Denn dieses Verfahren verstärkt *grundsätzlich* jede neue Verhaltensweise des Hundes, sei sie nun erwünscht oder unerwünscht.

Dieser Nachteil wird besonders dann zum Problem, wenn der Hund unbewußt, unbeabsichtigt, gewohnheitsmäßig und gleichartig bestätigt wird. So ist es z. B. *falsch,* jedes Bedrängen, Stupsen, Hochspringen oder Winseln des Hundes – egal in welcher Situation, Umgebung und Zeit – mit Zuwendung, lobenden Gesten und Worten etc. zu bestätigen.

Die *praktischen* Konsequenzen dieser Gegebenheiten im *positiven* Bereich sind:

Stelle *vor* jeder neu zu lehrenden Verhaltensweise fest, welche Trieb- und Bestätigungsart das neue Verhalten am wirksamsten fördert und die vitale Triebkraft des Hundes am *besten* befriedigt. Denn die Wirksamkeit *jeder* Reizgestaltung hängt *grundsätzlich* ab von der

- *momentanen* Verhaltensbereitschaft des Hundes.
- Anzahl und Stärke der in der Reizgestaltung enthaltenen Einzelreize.
- *richtigen* Triebauslösung und Triebbefriedigung.

So ist die Reizgestaltung unzureichend oder falsch, wenn die Reaktionen des Hundes im Ansatz steckenbleiben oder ausbleiben, indem z. B. der Hund dem geworfenen Gegenstand nur nachläuft, diesen aber nicht aufnimmt und herumträgt oder dem geworfenen Gegenstand nur nachblickt (Intensionsbewegung).

Daher sollten *von Anfang an* folgende Erfahrungen den Umständen entsprechend berücksichtigt werden:

1. Nach der Wahl der *richtigen* Triebart für die gewünschte Verhaltensweise bringe den Hund in eine derart *starke* Triebstimmung, daß möglichst *wenig* Außenreize zum Abrollen der Handlung oder Handlungskette genügen.
2. Nutze *vorwiegend* den im Ernährungstrieb enthaltenen Sättigungsdrang des Hundes, weil er die *universelle* Antriebskraft zur Herbeiführung einer *erwünschten* Handlung ist, vor allem bei jungen Hunden. Dabei stelle dem Hund das Futter *nicht* einfach hin, sondern setze es als Belohnung ein, indem du den Hund *vorher immer* etwas leisten läßt, z. B. bei „Fuß“ gehen, schnell herankommen oder setzen, auffordernd bellen, intensiv suchen etc. Jedoch tritt der erwünschte Effekt nur ein, wenn der Hund
   - *von Anfang an* zu einem *richtigen* Fresser und *nicht* zu einer „Naschkatze“ erzogen wurde.
   - auch *wirklich* Hunger und nicht nur etwas Appetit hat.

3. Nutze so *oft wie möglich* den Beutetrieb des Hundes, weil er nicht nur einen *großen* andressierenden Effekt hat, sondern *gleichzeitig* auch die Persönlichkeitsentwicklung des Hundes *ungemein* unterstützt. Dabei zeige dem Hund *von Anfang an,* wie er seinen Beutetrieb umweltfreundlich, ausreichend und lustbringend abreagieren kann. Jedoch sollte *systematisch* das Beutemachen erschwert werden und der Hund *immer* das Ziel erreichen.
4. Nutze *gezielt* die im Meutetrieb enthaltene Führigkeit des Hundes, weil sie den für eine *optimale* Zusammenarbeit *notwendigen* Gehorsam und Respekt des Hundes gegenüber dem Hundeführer am *meisten* fördert. Dabei gewinne zuerst das Vertrauen des Hundes und stärke dann *systematisch* seine *aktive* Unterordnungs- und Kommunikationsbereitschaft.
5. Bestätige den Hund *stets* bewußt, gezielt, angepaßt, abwechslungsreich und wirksam. Jedoch überhäufe den Hund *nicht* wegen jeder Kleinigkeit mit Lob und spende das körperliche Lob *immer* der Situation angemessen.
   Stelle mehr das *lautliche* und *mimische* Lob in den Vordergrund, weil der Hund durch diese zwei Lobarten
   - aufmerksamer, aufnahmebereiter, gelöster, gelassener und selbstbewußter wird.
   - leichter zu beruhigen ist und nicht ständig um Aufmerksamkeit bettelt.

Dabei beginne ab der Rudelordnungsphase *allgemein* mit dem Lob und mit der Belohnung zu geizen, weil die *positiven* Nacheffekte sonst an Reiz verlieren.

Die wirksamste *negative* Motivation ist beim instinktabhängigen Hund der Abbruch des Negativreizes, vor allem im lebensbedrohlichen Bereich. Deshalb sollten bei den *nötigen* abschreckenden Maßnahmen abrupt, gezielt und kurzzeitig *starke* Nacheffekte gesetzt werden.

Bei den *negativen* Reizen wird unterschieden zwischen:

1. *Ursprüngliche Abschreckungsmittel.* Das sind:

Schwacher bis starker Zug, Druck, Ruck, Stoß oder Hochheben mit Hilfsmittel; dosierte Schmerzeinwirkungen wie im Nackenfell fest packen und schütteln oder fest packen, hochheben und schütteln oder fest packen, hochheben, schütteln und wegschleudern oder fest packen, auf den Rücken werfen und festhalten, Ober- und Unterkiefer zusammendrücken etc.

2. *Stellvertretende Abschreckungsmittel.* Das sind:

Unwillige, mahnende bis drohende Worte wie „Nein“, „Laß das“, Einschüchterungslaute wie „Pfui“, angedeutete bis ausgeführte Drohbewegungen, blitzartiges Erschrecken oder Schocken sowie Anstarren.

Alle stellvertretenden Maßnahmen, egal ob Abschreckungsmittel oder Anregungsmittel, muß der Hund zuvor *sicher* mit den ursprünglichen Reizen verknüpft haben. Ansonsten zeigen sie *nicht* die gewünschte Wirkung.

Jedoch sind die *negativen* Nacheffekte *stets* sehr sorgfältig und ganz individuell zu setzen, weil *jede falsche* Anwendung nicht nur sehr stark lernhemmend wirkt, sondern das unerwünschte Verhalten verschlimmern oder sogar ein neues Fehlverhalten schaffen kann.

Die *praktischen* Konsequenzen dieser Gegebenheiten im *negativen* Bereich sind:

Kläre *vor* dem Einsatz der *negativen* Nacheffekte genau,

- welchen Zweck sie erfüllen sollen: Korrektur, Tilgung oder Stabilität.
- welches Mittel bei dem jeweiligen Hundetyp eine *maximale* Wirksamkeit mit *minimalen* Nebenwirkungen hat.

Außerdem sollten *von Anfang an* folgende Erfahrungen den Umständen entsprechendberücksichtigt werden:

1. Wirke *stets* selten, bewußt, gezielt, blitzartig, konsequent, beherrscht, mit klarem Kopf, ökologisch richtig und abwechslungsreich auf den Hund ein. Dabei stehe gefühls- und willensmäßig *bedingungslos* hinter deinen Maßnahmen.
2. Reagiere *nur* in Verbindung mit dem *unerwünschten* Verhalten, entschieden und richtig dosiert. Dabei *vermeide* lautes Geschrei und halbherzige Zurechtweisungen.
3. Geh *immer* zum Hund, wenn du körperlich einwirken mußt. Dabei achte darauf, daß der sich entwickelnde oder bestehende enge Mensch-Hund-Kontakt *nicht* verloren geht und der Hund *nicht* mißtrauisch, vorsichtig, zurückhaltend oder ängstlich wird.
4. Bestätige nach einer *richtigen* Korrektur *stets* die nachfolgende positive Verhaltensweise. Dabei laß den positiven Nacheffekt *immer* über den negativen dominieren.
5. Verhalte dich nach der *richtigen* Bestrafung mind. 30 Minuten lang *absolut* passiv. Vermeide Blickkontakt, Körperberührung und lautliche Zuwendung. Danach sei wieder freundlich zum Hund, rede oder spiele mit ihm, geh mit ihm spazieren oder bestätige *genau* das dem Fehlverhalten entgegengesetzte *erwünschte* Verhalten. Dabei unterlasse *plötzliche* Zuwendung und *dramatische* Szenen.
6. Die Korrektur ist *stets* der Situation und dem Wesen des Hundes anzupassen. Sie ist *richtig,* wenn der Hund *nach* der *artgerechten* Einwirkung
   - die falsche Ausführung des korrekt erlernten Wunschverhaltens *sofort* unterbricht.

- das Wunschverhalten in der *richtigen* Version gezielt *und* ungehemmt wiederholt oder zu Ende führt.

7. Die Tilgung ist *stets* der Situation und dem Wesen des Hundes anzupassen. Sie ist *richtig,* wenn der Hund *nach* der *artgerechten* Einwirkung
   - *deutliche* Zeichen von Nachgiebigkeit oder Unterwürfigkeit zeigt.
   - *längere* Zeit zum Wiederfinden seines inneren Gleichgewichtes braucht.
8. Die Korrektur und Tilgung hat *nicht* den *richtigen* Wirkungsgrad, wenn der negative Nacheffekt
   - *zu stark* wirkt.
     Fazit: Der Hund meidet danach nicht nur das Fehlverhalten, sondern auch die *weitere* Umgebung der Stelle seines Traumas. Ebenso scheut er den Geruch, die Geräusche und alle übrigen Umstände, die den *traumatischen* Nacheffekt begleiten.
   - *zu schwach* wirkt.
     Fazit: Der Hund bleibt danach völlig unbeeindruckt. Er zeigt das Fehlverhalten in derselben, in verstärkter oder in erweiterter Form weiter bzw. macht *kurz* nach der Einwirkung wieder auf sich aufmerksam.
9. Wirke bei Stabilisierung eines erlernten Wunschverhaltens, das der Hund *nicht* zuverlässig in allen Situationen ausführt, im Problemfall auf den Hund so lange mit *dosiertem* Zwang ein, bis er das *richtige* Verhalten gezielt zu zeigen beginnt. Dann höre *sofort* mit dem Zwang auf und bestätige wieder das *richtige* Verhalten.
   Leistet der Hund gegen deine Zwangsmaßnahme in *irgendeiner* Form Widerstand, dann verstärke analog seinen Reaktionen *systematisch* oder *abrupt* den Einwirkungsgrad bis der Hund seinen Vorteil erkennt und sich entsprechend verhält.
   Dabei besteht der Hauptpunkt darin, daß der Hund *niemals* gewinnen darf, auch *nicht* teilweise. Denn sonst bist du als Führer für den Hund *nicht* mehr akzeptabel und er wird sich immer mehr gegen dich auflehnen.
   Also nochmals, weil es so wichtig ist:
   Wenn du *stärkeren* Zwang beim Hund anwendest, *mußt* du als Führer in *allen* Phasen gewinnen, ansonsten laß es sein – *dir* zuliebe.
10. Erhalte oder stelle bei *allen* triebabhängigen Verhaltensweisen die Wirksamkeit der *erlernten* Reize wieder her durch *gezielten* Einsatz der *angeborenen* Beweggründe. Denn die „Sekundärreize“ werden mit der Zeit unwirksam, wenn die Verbindung zu den „Primärreizen“ wie Hunger, Triebstau etc. nicht *immer* wieder gefestigt wird.

Dieses Verhältnis zwischen primären und sekundären Antrieben gleicht der Beziehung zwischen einer Rangierlok und den Waggons. Sind die Waggons einmal in Schwung gebracht, rollen sie eine Zeitlang von selbst. Jedoch bleiben die Waggons nach einer gewissen Strecke stehen, wenn ihnen von der Lok keine neue Kraft zugeführt wird.

Für die positiven *und* negativen Nacheffekte gilt gleichermaßen folgendes:

1. *Alle* Nachwirkungen können *einzeln* oder innerhalb der Gruppe *gekoppelt* eingesetzt werden. Jedoch *muß* der Hund bei *allen* Anwendungsarten die Ernsthaftigkeit und den Unterschied *deutlich* spüren. Deshalb setze Belohnung, Lob, Korrektur, Tilgung und Stabilisierung *stets* so, daß der Hund sich durch den Blickkontakt, deiner Mimik, deiner Körperhaltung, deinem Tonfall und durch die Dosierung der Maßnahme klar *und* individuell angesprochen fühlt.
2. *Alle* Nachwirkungen beeinflussen ein bestimmtes Verhalten des Hundes nur dann *wirkungsvoll,* wenn sie innerhalb einer *halben Sekunde,* also möglichst im *selben Augenblick* dem Handlungsablauf des Hundes folgen (Gesetz der Gleichzeitigkeit). Aus diesem Grund setze Belohnung, Lob, Korrektur, Tilgung und Stabilisierung *stets* so ein, daß der Hund *eindeutig* die Verbindung zu seinem Verhalten herstellen kann. Anderenfalls lernt der Hund schlechter, nur auf Umwegen, überhaupt nicht oder verknüpft den Nacheffekt mit einer anderen, meist unerwünschten Verhaltensweise. Der *richtige positive* Einwirkungsmoment ist der Zeitpunkt, wenn der Hund das Wunschverhalten zu zeigen beginnt oder beendet.
   Der *richtige negative* Einwirkungsmoment ist der Zeitpunkt, wenn der Hund auf die Ablenkung reagiert oder das Fehlverhalten zu zeigen beginnt.

Zur besseren Übersicht wird die Wissensentwicklung nochmals graphisch dargestellt:

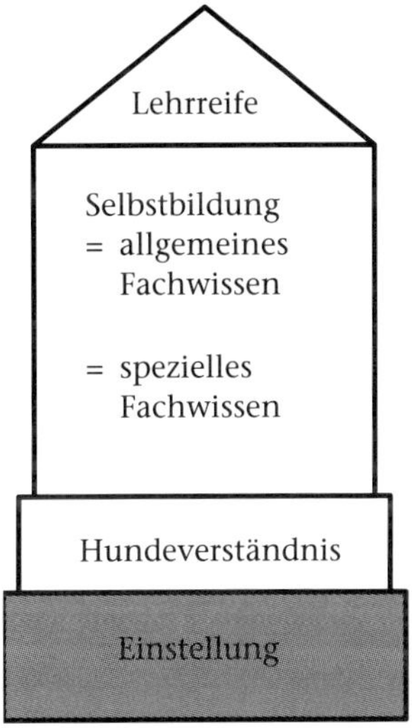

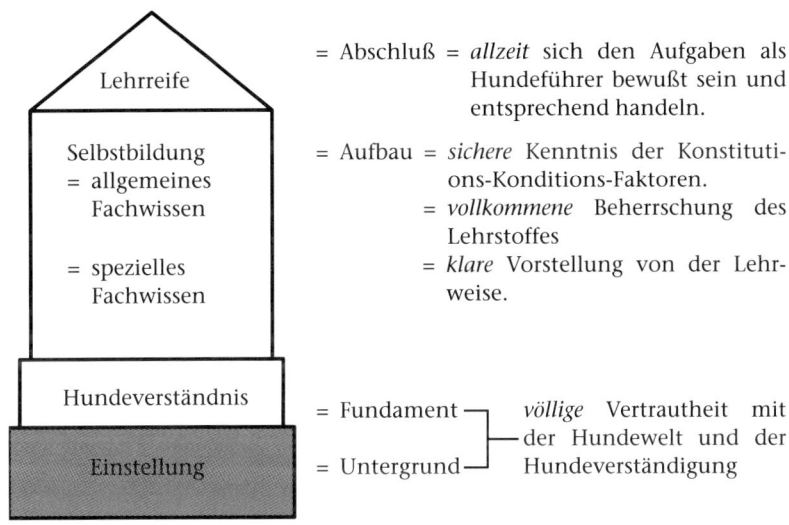

= Abschluß = *allzeit* sich den Aufgaben als Hundeführer bewußt sein und entsprechend handeln.

= Aufbau = *sichere* Kenntnis der Konstitutions-Konditions-Faktoren.
= *vollkommene* Beherrschung des Lehrstoffes
= *klare* Vorstellung von der Lehrweise.

= Fundament
= Untergrund
völlige Vertrautheit mit der Hundewelt und der Hundeverständigung

Kapitel 8

Die Lehr-Lern-Methoden

Das lern- und tierpsychologische Aufbauprinzip der *Erkenntnis-Methode* beruht einerseits auf der Achtung, der Liebe und dem Vertrauen des Hundes zum menschlichen Rudelführer und andererseits auf der art- und wesensgerechten Formung des Hundes. Dabei lernt der Hund den Lehrstoff durch *gesteuerte* Erfahrungen = künstliches Lernen oder planmäßiges Lernen. Jedoch können bestimmte Verhaltensweisen auch gelernt werden durch Beobachtung und Nachahmung = natürliches Lernen oder planloses Lernen.

Beim „künstlichen Lernen" kann dem Hund das Wunschverhalten auf verschiedene Arten beigebracht werden. Im wesentlichen erfolgt dies durch

- positive Erfahrungen = Lernen am Erfolg oder Konditionierungslernen.
- negative Erfahrungen = Lernen durch Vermeiden oder Vorteil-Lernen.
- Differenzdressur = Konditionierungs-Vorteil-Lernen.

Graphisch ergibt dieser Lehrrahmen der *Erkenntnis-Methode* folgendes Aufbaumodell:

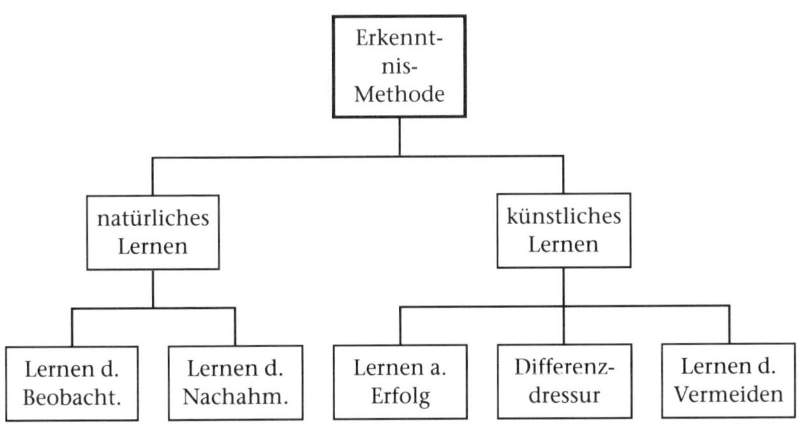

A: Das natürliche Lernen

Das Lernen durch „Beobachtung und Nachahmung“ ist eine Lernweise des Hundes, die durch Artgenossen wie in der reinen Hundemeute gesteuert wird. Dabei übernimmt der Hund die zuvor *nicht* beherrschten, fremden Verhaltensweisen in das eigene Verhaltensrepertoire durch folgende Lernschritte:

1. Der Hund folgt den Verhaltensweisen der Artgenossen mit den Blicken.
2. Die Blicke gehen anschließend dem Verhalten der Artgenossen voraus.
3. Der Hund vollführt nach einer bestimmten Zeit das beobachtete Verhalten auf genau die gleiche Weise, sei es nun gut oder schlecht.

Diesen *indirekten* Weg des Lernens nutzt der Hund vor allem in seiner Kindheit und Jugendzeit, d. h. in diesen Entwicklungsphasen haben Artgenossen einen sehr *starken* Einfluß auf das spätere Verhalten des Hundes. Da *alle* Lernprozesse in diesem Hundealter prägend wirken, sind übernommene Fehlverhalten im Erwachsenenalter des Hundes kaum mehr „reparabel“.

Dieser Tatsache sollten *alle* Hundeführer *größte* Beachtung schenken, weil z. B. viele *unerklärliche* Wesensmängel des Hundes in diesen sensiblen Entwicklungsphasen von anderen Hunden übernommen wurden.

Die Konsequenz für den Aufbau eines *optimalen* Mensch-Hund-Verhältnisses besteht darin, daß

- *jede* Gelegenheit genutzt werden sollte, das „Erfahrungslernen“ des jungen Hundes durch „Beobachtungslernen“ zu unterstützen.
- *nur* vorzüglich aufgebaute, gut sozialisierte und wesensstarke Althunde als Vorbild für den jungen Hund ausgewählt werden.
- *kein* wesenssicherer Junghund mit einem Artgenossen zusammen gelassen wird, der wesensschwach, fehlgeprägt, falsch erzogen oder sonstige Laster und Untugenden hat.

B: Das künstliche Lernen

Wie bereits aufgeführt, sind die drei *wichtigsten* Lehrweisen des „planmäßigen Lernens“ das „Konditionierungslernen“, das „Vorteil-Lernen“ und das „Konditionierungs-Vorteil-Lernen“. Im einzelnen bedeuten diese drei Ausbildungsmethoden folgendes:

a) Das Lernen am Erfolg

Das „Konditionierungslernen" basiert auf der lernspsychologischen Tatsache, daß sich das Verhalten eines Lebewesens *weitgehend* nach den *positiven* Nachwirkungen seiner Handlung richtet. Dabei wird auch der Reiz gestärkt, der *gleichzeitig* mit der gezeigten Reaktion auftritt.

Dieser Vorgang bedeutet bei der Formung des Hundes, daß der Hund durch Belohnung und Lob in ein und derselben Lernsituation *gleichzeitig* auf *neue* auslösende Reize und *neue* ausführende Verhaltensweisen *systematisch* konditioniert werden kann. Hierfür zwei Beispiele aus dem Leistungsbereich:

1. Beispiel: Fährtenarbeit = klassische Konditionierung

Der *hungrige* Hund wird dem *angeborenen* Reiz (unbedingter Reiz) des Fleischgeruchs einer Fleischschleppe ausgesetzt. Die *unveränderliche Folge dieses Reizgeruchs ist, daß der Hund sofort* den Kopf senkt und zu suchen beginnt (unbedingte Reaktion).

Wenn der Hundeführer nun *gleichzeitig* mit dieser *natürlichen* Reaktion des Hundes *jedesmal* das Hörzeichen „Such" gibt, wird im Laufe der Zeit das für den Hund einst *neutrale* Hörzeichen „Such" zu einem *wirksamen* Reiz (bedingter Reiz) analog dem angeborenen Reiz. *Gleichzeitig* wird das Suchen als Folge dieses Reizes zu einer *erlernten* Reaktion (bedingte Reaktion) und kann in dieser Phase den Wünschen des Hundeführers angepaßt werden.

2. Beispiel: Ablegen in Verbindung mit Herankommen = instrumentelle Konditionierung

Diese Übung besteht aus sechs Leistungselementen: Folgen aus der Grundstellung, Hinlegen, Herankommen, Vorsitzen, bei Fuß gehen und Hinsetzen in der Grundstellung.

Der Hundeführer lehrt dem Hund zunächst *alle* Leistungselemente *separat* gemäß dem Prinzip der „schrittweisen Annäherung". Dabei *verstärkt* er jede *richtig*e Reaktion des Hundes durch Belohnung oder Lob gemäß dem Prinzip der „differenzierten Bekräftigung".

Beherrscht der Hund eine Verhaltensweise sicher *und* korrekt und führt sie schnell *und* freudig aus, dann wird das nächste Leistungselement trainiert.

Führt der Hund *alle* sechs Verhaltensweisen *einwandfrei* aus und zeigt hierbei eine *optimale* Motivation, dann werden *alle* Leistungselemente zu einer Einheit zusammengefügt und der *gesamte* Übungsablauf durch *tägliches* intensives, aber kurzzeitiges Üben mit *positiven* Nacheffekten gefestigt. Die Konsequenz für die *optimale* Formung des Hundes besteht darin, daß

- *jedes* Auftreten erwünschten Verhaltens mit Futter, Beuteobjekte, lobenden Worten und liebevollen Gesten belohnt bzw. bekräftigt wird.
- *alle* unerwünschten Verhaltensweisen des Hundes zunächst durch Nichtbeachtung oder Abbruch der Übung geahndet werden.
- *jede* neue Verhaltensweise zuerst auf diese Art gelehrt wird, egal in welcher Entwicklungsphase der Hund sich gerade befindet.
- *jeder* Hund so früh wie möglich (ab der 4. Lebenswoche) nach dieser Methode gefördert und geformt wird.
- *nur* dann diese Lehrweise beendet wird, wenn der Hund Reiz und Reaktion sicher verknüpft oder das Auftreten vitalerer Triebtendenzen die positiven Anregungen unwirksam werden lassen.

Das Ziel des „Lernens am Erfolg" ist:

1. Dem Hund die *sichere* Verknüpfung des *gewählten* Reizes (Körper-, Hör- oder Sichtzeichen) mit der *gewünschten* Reaktion (Verhaltensweise) *ohne* jede *brutale* Härte, *ungebührlichen* Zwang, *gewaltsames* Brechen von Widerständen und *unpassender* Bestrafung zu lehren. Denn *jede* Verhaltensweise, die dem Hund unter Druck und in Krisensituationen gelehrt wird, blockiert sein Lernvermögen. Dabei lernt der Hund um so begrenzter *und* einseitiger, je stärker die Umweltbelastungen sind. Die Folge ist, daß der Hund zum Roboter wird und *gleichzeitig* verlernt, auf eine *neue* Situation *spontan* zu reagieren und zu improvisieren, d. h. der Hund reagiert *hilflos,* wenn der „eingepeitschte" Lernweg einmal „versperrt" ist.

2. Im Hund die Freude am Lernen und die Lust zum Arbeiten zu wekken und zu stärken gemäß dem Motto: „Wenn du jemand zu erziehen *beginnst,* soll er Spaß daran haben" (Plato). Dabei ist besonders *wichtig,* daß das Training *immer* mit einem *hohen* Stimmungsniveau des Hundes beginnt *und* endet.
   Die zwei Komponenten des „Lernens am Erfolg" sind die
   - bedingte Akzeptanz = *gute* Erfahrung nach einem Sinnesreiz, z. B. Spielobjekt – Spiellust – Spiel = Reizsituation plus Belohnung.
   - bedingte Aktion = *gute* Erfahrung nach einer Verhaltensweise, z. B. schnell herankommen – Lob = Verhaltenselement plus Belohnung.

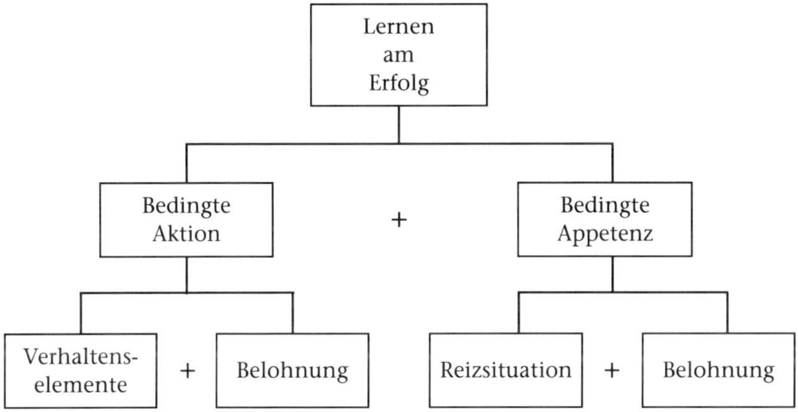

Fazit: Je stärker die positiven Nacheffekte wie Belohnung, Triebbefriedigung etc. für den Hund sind und je ausgeglichener das Arbeitsklima ist, desto rascher und sicherer erfolgt die erlebnisbedingte Verknüpfung des Lehrstoffes und desto weniger Wiederholungen sind nötig, um den angeborenen Auslösemechanismus des Hundes zu verändern. Der Hund lernt ein freudig-zielstrebiges, *nicht* zielbewußtes Handeln.

b) Das Lernen durch Vermeiden

Das „Vorteil-Lernen" nutzt die *natürliche* Reaktion des Hundes auf eine *negative* Erfahrung und lernt den Hund *unmißverständlich,* wo sein Vorteil liegt, d. h. welche Verhaltensweisen für ihn vorteilhaft sind und welche sich nachteilig für ihn auswirken. Jedoch ist dieses Verfahren der *negativen* Nachwirkungen *keine* gezielte Lehrweise, weil der Hund *weder* die feinen Unterscheidungen lernt noch auf das Wunschverhalten konditioniert wird – auch wenn viele Hundeführer das glauben. Deshalb ist diese Lehrtechnik für das *optimale* Erlernen einer *neuen* Verhaltensweise *völlig* ungeeignet. Das „Lernen durch Vermeiden" hat *nur* dann eine *sinnvolle* Zielsetzung, wenn es genutzt wird zur

- *Korrektur.* Dabei soll der Hund durch die negativen Einwirkungen veranlaßt werden, die *unrichtigen* Ausführungen eines bereits *gelernten* Wunschverhaltens zu unterlassen oder eine *beherrschte* Handlungsweise *schneller* auszuführen. Die wirksamen Nacheffekte sind z. B. dosierte Leinenrucks, unwillige Worte, Drohbewegungen oder drohender Blick etc.

- *Tilgung.* Dabei soll der Hund durch die negativen Einwirkungen veranlaßt werden, bestimmte Fehlverhalten *absolut* zu unterlassen. Die wirksamen Nacheffekte sind z. B. blitzartiges starkes Erschrekken oder Schocken, härtereund artgerechte Schmerzeinwirkungen oder Einschüchterungsäußerungen etc.
- *Stabilisierung.* Dabei soll der Hund in Form von *dosiertem* Zwang dazu veranlaßt werden, das korrekte *und* sichere beherrschte Wunschverhalten in *allen* Auslösesituationen *zuverlässig* auszuführen. Die Wirksamkeit bei dieser Maßnahme erzielt aber *nicht* der Zwang, sondern der Abbruch des Zwanges bei Beginn des Wunschverhaltens.

Die Konsequenz für die *optimale* Formung des Hundes besteht darin, daß

- *alle* negativen Einwirkungen den einzelnen Zielrichtungen anzupassen und die einzelnen Maßnahmen bewußt, sorgfältig, gezielt und einprägsam einzusetzen sind.
- *jede* negative Maßnahme so lange anhält, bis der Hund die gewünschte Verhaltensweise deutlich zeigt.
- *jede* Art von hundlicher Auflehnung gegen diese Negativreize wie Aggression, Gleichgültigkeit, Arbeitsverweigerung etc. automatisch den Einwirkungsgrad erhöht.
- *jeder* Negativreiz durch nachfolgende Bestätigungen für erwünschtes Verhalten wieder aufgehoben wird.

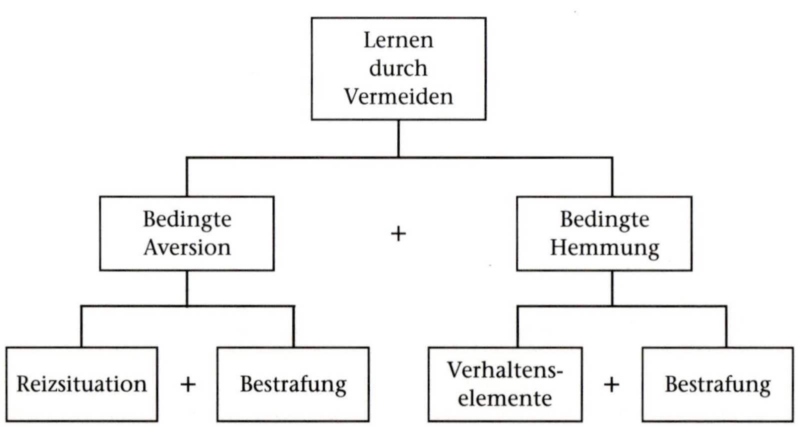

- *alle* härteren Einwirkungen *niemals* vor oder während, sondern *stets* nach dem Erlernen einer *neuen* Verhaltensweise angewandt werden.
- *keine* der negativen Nacheffekte den Hund zu einem psychisch toten Wesen (Roboter) machen.

Die zwei Komponenten des „Lernens und Vermeidens“ sind die

- bedingte Aversion = *schlechte* Erfahrung nach einem Reiz, z. B. Beutetier Wild – Jagdtrieb – Tilgung = Reizsituation plus „Bestrafung“.
- bedingte Hemmung = *schlechte* Erfahrung nach einer Verhaltensweise, z. B. Vorprellen beim „Bei-Fuß-Gehen“ – Leinenruck = Verhaltenselement plus „Bestrafung“.

Fazit: Je stärker die negativen Nacheffekte wie Druck, Gewalt etc. für den Hund sind und je stressiger die Arbeit ist, desto einfacher und einseitiger erfolgt die erlebnisbedingte Verknüpfung des Lernstoffes und desto mehr Furcht und Unterwürfigkeit entwickelt der Hund. Der Hund arbeitet *ausschließlich* über das Meideverhalten und strebt *nur* das Aufhören von Unlust an.

c) Die Differenzdressur

Das „Konditionierungs-Vorteil-Lernen“ ist eine Kombination des „Lernens am Erfolg“ und des „Lernens durch Vermeiden“. Dabei wird durch Verkoppelung eines Reizes mit einem positiven Nacheffekt und eines anderen Reizes mit einem negativen Nacheffekt der Hund veranlaßt, den positiven Reiz zu suchen und den negativen zu ignorieren oder zu meiden. Diese Lernweise des Hundes beruht im wesentlichen auf der Liebe und Achtung des menschlichen Rudelführers und bedingt eine hohe Führerstufe.

Die Konsequenzen für die *optimale* Formung des Hundes bestehen darin, daß

- *jede* optimale Zusammenarbeit im Mensch-Hund-Team und die Festigung der Gefolgschaftstreue des Hundes nur über das Wechselspiel zwischen guten und schlechten Erfahrungen – wie in der Natur – zu erreichen ist. Denn das *reine* Erfolgslernen erhebt den Hund letztlich zum Herrn und das *reine* Vermeidungslernen degradiert den Hund letztlich zum Sklaven.
- *jedes* sicher verknüpfte Verhalten vom Hund nur dann korrekt ausgeführt wird, wenn die darin enthaltenen unerwünschten Elemente duch dosierte Negativreize unterdrückt wurden.

- *jeder* negativer Reiz zwar nachhaltig wirken soll, aber den Lerneifer des Hundes nicht hemmen darf – was ein bestimmtes Maß an Hundeverständnis erfordert.

Die zwei Komponenten der „Differenzdressur" sind die
- bedingte Appetenz = *gute* Erfahrungen nach einem Reiz = Reizsituation plus Belohnung
- bedingte Aversion = *schlechte* Erfahrung nach einem Reiz = Reizsituation plus „Bestrafung".

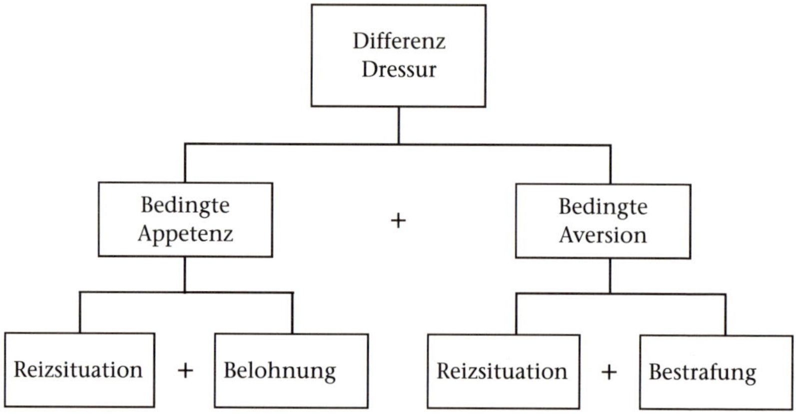

Fazit: Je bewußter, klarer und wirksamer die einzelnen Nacheffekte *ohne* Nebenwirkungen eingesetzt werden und je konsequenter die Arbeitsweise ist, desto wohler fühlt sich der Hund und desto freudiger und sicherer gehorcht er seinem Herrn. Der Hund wird ein *zuverlässiger* Rudelgenosse und Mitarbeiter im Mensch-Hund-Team.

d) Das Lernen durch Frustration

Dieses „Konflikt-Lernen" ist eine Methode für Lernanforderungen, die von der natürlichen instinktmäßigen Handlungssituation so weit entfernt liegen, daß die normalen Motivationen für den Erfolg nicht ausreichen.

In diesem Fall wird der dem Lernziel am *nächsten* liegende Selbsterhaltungstrieb wie Nahrungstrieb, Beutetrieb etc. des Hundes sehr stark erregt und *gleichzeitig* die Ausführung der spannungslösenden Endhandlung wie Fressen, Beute machen etc. durch *äußere* Umstände blockiert, z. B. sichtbares Vorenthalten des Futters oder Beutestücks. Die in dieser Situation durchgeführten Entlastungsreaktionen des Hundes werden *sorgfältig* beobachtet und so lange ignoriert, bis der Hund das Wunschverhalten zeigt, z. B. Bellen. Dann erfolgt *sofort* die Bestätigung durch Futter- oder Beutegabe.

Dieser Vorgang: Trieberregung – Blockade der Endhandlung – Beobachtung – Bestätigung wird so lange *systematisch* wiederholt, bis der Hund *richtig* zu reagieren gelernt hat. Dies ist dann der Fall, wenn der Hund die ursprüngliche Entlastungsreaktion *fest* als „Mittel zum Zweck" in sein Verhaltensinventar übernommen hat und das Wunschverhalten bei Bedarf *sofort* und *ausschließlich* zeigt.

Hierfür ein Beispiel aus dem Leistungsbereich.

Aufforderungsbellen:

1. Dem *hungrigen* Hund wird das Futter so *sichtbar* hingehalten, daß einerseits sein Nahrungstrieb stark erregt und andererseits das Fressen sicher verhindert wird.

2. In dieser Frustsituation beginnt der Hund entsprechend seinem Erregungszustand bestimmte Ersatzhandlungen auszuführen wie hochspringen, herumlaufen, hinsetzen, hinlegen, scharren, sich kratzen, gähnen, winseln oder bellen.

3. Beim ersten Bellaut, egal wie stark, wird dem Hund das Futter *sofort* freigegeben. Diese Bestätigung muß aber wirklich innerhalb einer halben Sekunde erfolgen, damit nicht eine andere Ersatzhandlung des Hundes bekräftigt wird.

4. Wird diese Gesamtsituation bei *jeder* Futtergabe wiederholt, beginnt der Hund allmählich immer schneller zu bellen, d. h. er fängt an, *richtig* zu verknüpfen: Bellen = Futtergabe.

5. Sobald dieser Lernprozeß einsetzt, kann die Handlung um eine Geste oder um ein Hörzeichen wie „Gib Laut" erweitert werden. Dadurch verbindet der Hund nicht nur Bellen = Futtergabe, sondern Geste oder Hörzeichen + Bellen = Futtergabe.

6. Mit der Zeit lernt der Hund aus den vielen möglichen Entlastungsreaktionen das Bellen in Verbindung mit dem optischen oder akustischen Signal als „Mittel zum Zweck" einzusetzen.

7. Später, wenn das gewählte Signal zum stellvertretenden Reiz für die Gesamtsituation geworden ist, genügt *allein* schon die Geste oder das Hörzeichen, um beim Hund das Bellen auszulösen. Dann benötigt der Hund auch kein Futter mehr als Belohnung, sondern einen lobenden Zuspruch wie „so ist's brav" oder ein kurzes Streicheln ist völlig ausreichend.

Fazit: Je stärker eine Triebhandlung des Hundes erregt oder je besser die Endhandlung blockiert wird, desto mehr Ersatzhandlungen zeigt der Hund und desto größer ist die Auswahl für besondere hundliche Leistungen.

Zusammengefaßt lautet die für *alle* Hundetypen gültige Lehrweise der *Erkenntnis-Methode:*

„Der Hund ist auf jede neue Verhaltensweise zuerst gezielt und systematisch zu konditionieren und dann mit standhafter Konsequenz zu einer korrekten und zuverlässigen Ausführung des erlernten Verhaltens zu veranlassen!"

Dabei muß die klare Linie jeder Hundeführer selbst erarbeiten, weil sie abhängt von dem Aufbauziel und den Persönlichkeiten des Mensch-Hund-Teams.

Vor allem sollte der Hundeführer *genau* wissen, wie *lange* und wie *intensiv* er welche Methodenteile in den einzelnen Lern- und Entwicklungsphasen des Hundes einsetzen muß, um einen *optimalen* und *dauerhaften* Erfolg zu erzielen.

Jeder verantwortungsbewußte, vernünftig denkende und erfolgsorientierte Hundeführer weiß das und handelt entsprechend. Jene Hundeführer aber, die noch keinen *sicheren* Blick für den *richtigen* Zeitpunkt oder noch kein *sicheres* Gefühl für den *richtigen* Einwirkungsgrad haben, sollten allgemein folgende zwei Punkte beachten:

1. Der bei der Formung des Hundes *regelmäßig* oder *neu* angewandte Methodenteil ist in dem Augenblick „ausgereizt" oder falsch, wenn der bisher erzielte Lernfortschritt stockt oder die Weiterarbeit mehr negative als positive Folgen zeigt.

2. Die positiven und negativen lautlichen oder körperlichen Einwirkungen sind nur dann *richtig,* wenn der Hund schon beim ersten Mal darauf reagiert und, je nach Situation, *deutliche* Anzeichen von Freude, Intensität, Nachgiebigkeit, Unterwürfigkeit, Korrekturverhalten etc. zeigt. Dagegen ist der Einwirkungsgrad falsch, wenn der Hund nicht, unvollständig, spät, widersetzlich oder extrem stark reagiert.

Die Abbildungen 1 und 2 zeigen beispielhaft das Prinzip des „natürlichen Lernens" auf unbeabsichtigte Weise bei einem Airedale-Terrier-Welpen.

Abb. 1

Beim Spielen auf einer Wiese benutzt der Deutsche Schäferhund einen Stock als Beute- und Spielobjekt, den er freudig herumträgt. Dabei wird er von dem Airedale-Terrier-Welpen genau beobachtet.

Abb. 2

Nach einiger Zeit übernimmt der Airedale-Terrier-Welpe das Verhalten des Deutschen Schäferhundes und verwendet ebenfalls einen Stock als Beute- und Spielobjekt.

Abb. 1

Abb. 2

Die Abbildungen 3 bis 8 zeigen beispielhaft das Prinzip des „Natürlichen Lernens" auf beabsichtigte Weise bei einem Deutschen Schäferhund-Welpen.
Der Welpe soll lernen, einen tiefen Bach auf einem Baumstamm zu überqueren (Abb. 1). Dabei schickt der Hundeführer den sicheren Althund einige Male über den Baumstamm und läßt den Welpen vom Land aus zusehen. Dann gibt der Hundeführer den Welpen frei, geht allein über den Baumstamm und ruft den Althund zu sich. Der Welpe will dem Althund folgen und klettert ebenfalls auf den Baumstamm (Abb. 2).

Der Welpe ist anfangs noch etwas unsicher und bleibt abwartend auf dem Baumstamm stehen (Abb. 3).
Der Althund geht zum Welpen zurück und fordert ihn zum Folgen auf (Abb. 4).

Der Welpe folgt vorsichtig dem auf dem Baumstamm wartenden Althund (Abb. 5 und 6).

Nach mehrmaligen Wiederholungen geht der Welpe mit und ohne Althund sicher über den Baumstamm (Abb. 7 und 8).

Kapitel 9

Fehlverhalten des Hundes

Wie bereits dargestellt, besitzt der Hund im Gegensatz zum Menschen unter anderem

- einen *angeborenen* Autoritätsbegriff
- sehr *feine* Sinnesorgane und Beobachtungsgabe
- eine *einfache* Gefühlsstruktur mit *ausgeprägten* Triebanlagen
- eine *ausschließliche* Gegenwartsbezogenheit
- einen *unbeeinflußbaren* Lernzwang

Diese Gegebenheiten bewirken sehr oft *unerwünschte,* für den Menschen nicht selten *unverständliche* Verhaltensweisen – *auch bei richtig behandelten und geführten Hunden!*

Damit nun solche Fehlreaktionen des Hundes auf ein Minimum beschränkt bleiben oder sofort *und* zuverlässig abgeblockt werden können, sollten einige Regeln beachtet werden:

1. Das Erlernen einer *neuen* Fähigkeit ist *ohne* Fehler, Irrtümer und Niederlagen *nicht* möglich. Jedoch richtet sich die Art der Gegenmaßnahmen bei einem fehlerhaften Verhalten des Hundes *ausschließlich* nach der Ursache des Übels und der Eigenschaftskonstellation des Hundes. Dabei ist klar zu unterscheiden zwischen

a) unerwünschter Verknüpfung
Beispiel: Reizbeantwortung
Der Hund wartet *nicht* das Hörzeichen ab, sondern reagiert schon auf die Körperbewegung des Hundeführers. Diese im Prinzip richtige Reaktion wird dadurch beseitigt, daß der Hundeführer zwischen Körperbewegung und Hörzeichen eine Pause von 1 bis 2 Sekunden einlegt.

b) Reagieren auf Ablenkung
Beispiel: Leinenführigkeit
Der sonst korrekt „bei Fuß“ folgende Hund läßt sich von der Umwelt ablenken und läuft vor, nach oder seitlich. Hier muß *negativ* eingewirkt werden.

c) mangelhafter Leistung
Beispiel: Herankommen
Der Hund kommt auf Ruf langsam heran. Diese mangelhafte Ausfüh-

rung eines erwünschten Verhaltens wird durch *stärkere* Triebreizung und *positivere* Einwirkung behoben.

2. Vermeide bei deinen Maßnahmen *unbedingt,* den Hund
   - über den Kopf zu streicheln, weil er dadurch nur das passive Anlegen der Ohren lernt oder verstärkt.
   - zu schlagen und zu prügeln, vor allem im Welpenalter, weil diese *unsinnigen* harten Einwirkungen lediglich einen „verschlagenen" Hund bewirken.
     Merke: Nur der Ignorant prügelt seinen Hund.
     Ein artgerechtes und wirksames Mittel zur Bestrafung des Hundes ist das Schütteln. Diese Methode eignet sich besonders für *unruhige* und *junge* Hunde bis mindestens 6 Monate. Dabei wird der Hund ein- oder beidhändig oben oder seitlich am Nackenfell gepackt und soweit angehoben, bis wenigstens die Vorderpfoten die Erde verlassen haben. Anschließend wird er mit Blickkontakt, lautlichen Unmutsäußerungen *rasch* und *kräftig* durchgeschüttelt und langsam wieder herabgelassen.

3. Rufe den Hund *niemals* in einer Drohhaltung zu dir heran, indem du z. B. mit den Händen in der Luft herumfuchtelst und schreist oder aufgereckt und wütend schauend nach deinem Hund brüllst. Denn dieses Verhalten verursacht beim Hund nur Verwirrung, Verunsicherung, Angst und negative Reaktionen, aber *kein* schlechtes Gewissen.

4. Bestrafe den Hund *nie,* wenn er zu dir herankommt bzw. herangekommen ist und laß ihn *nicht* während und/oder unmittelbar nach dem Anleinen schlechte Erfahrungen machen, sonst setzt du *unweigerlich* Fehlverknüpfungen. Denn der Hund bezieht *jede* deiner Einwirkungen *immer* auf seine *letzte* Handlung.

5. Laß den Hund *nicht* unmittelbar *nach* dem Ableinen vorauslaufen, rufe ihn *nicht* sofort *nach* dem Vorauslaufen wieder zu dir heran und laß ihn *nach* dem Entfernen *nicht* gleich wieder ruhig abliegen. Warte einige Zeit mit deinen weiteren Maßnahmen, sonst schaffst du Fehlverbindungen.

6. Tröste den Hund *nicht,* wenn er von dir oder der Umwelt einen leichten Schmerz erhält, vor allem bei einer unbeabsichtigten Schmerzeinwirkung. Verhalte dich *unbedingt* so, als sei das *sein*

Fehler, sonst bezieht der Hund den Schmerz auf dich und wird dir gegenüber argwöhnisch und zurückhaltend.

7. Unterstelle dem Hund *niemals* Böswilligkeit oder andere vermenschlichte Eigenschaften, wenn er ungehorsam ist. Denn die Unfolgsamkeit ist *ausschließlich* ein Zeichen von *unvollständiger* oder *falscher* Ausbildung oder Führung.

8. Baue beim Hund eine Art „Notbremse" ein, damit du ihn bei Fehlreaktionen wie unerwünschten Angriffen, Hetzen nach Wild usw. *jederzeit* zuverlässig ausschalten kannst. Dieses *absolute* Unterbinden *aller* weiteren Aktionen des Hundes erreichst du am besten, wenn du beim Aufbau des Hundes *größte* Betonung auf das *sofortige* Ablegen in *jeder* Lebenslage legst.

9. Nenne den Namen des Hundes oder verbinde den Hundenamen mit dem Hörzeichen, wenn der Hund etwas *ausführen* soll. Dagegen verwende das Hörzeichen allein, wenn der Hund irgendwo ruhig *verharren* soll.

10. Achte bei der Unterteilung des Lernstoffes *unbedingt* darauf, daß du mit dem *leichtesten* Teil beginnst und *erst* mit steigendem Lernfortschritt den Schwierigkeitsgrad erhöhst. Ebenso gewöhne den Hund *langsam* an immer stärkere Ablenkungen.

11. Nehme das nächsthöhere Teilziel oder eine neue Gesamtübung erst dann in Angriff, wenn der Hund den geübten Teilschritt oder das geübte Gesamtverhalten *erfolgreich* abgeschlossen hat.

12. Unterbreche oder beende einen Lernvorgang weder mit einer mißlungenen Übung oder Übungsteil noch nach Ermüdung des Hundes.

Das schlimmste Fehlverhalten des Hundes ist eine aggressive Verhaltensweise gegenüber Menschen, wozu auch der menschliche Rudelgenosse zählt. Dieser unerträgliche Zustand ist z. B. bei großen Hunderassen problematisch, weil der Mensch schwerwiegend verwundet und sogar getötet werden kann.

Dieses aggressive Verhalten des Hundes kann verschiedene Ursachen haben:

1. *Der Hund versucht, sich eine höhere Rangposition zu erkämpfen.*

Das trifft besonders auf Zwingerhunde zu, die
a) nicht ausreichend genug auf den Menschen geprägt wurden;
b) durch mangelnden Kontakt mit ihrem Herrn ständig frustriert sind;
c) ihre Rangstufe nicht genau kennen.

Diese neurotischen Hunde greifen meist dann den Menschen an, wenn dieser seinen aufrechten Gang, der für das Tier eine Dauer-Imponierhaltung darstellt, aufgibt. Sei es, daß er sich bückt, hinfällt oder sich hinlegt.

2. *Der Hund leidet unter einem Energiestau*

   Die ungenügende Bewegung verursacht einen Energiestau, der „frustrierend" wirkt und sich durch ein äußeres Ereignis entladen kann. Dabei greift der Hund um so schneller an, je stärker seine energetische Stauung und seine aggressive Neigung ist. Die Ableitung der umweltbedingten Aggression erfolgt am besten durch Beschäftigungstherapie, d. h. der Hund sollte regelmäßig und ausreichend beansprucht werden.

3. *Der Hund ist der Rudelführer und bestraft seinen „Meutegenossen" Mensch.*

   Dies wird immer dort der Fall sein, wo der Hundebesitzer es versäumt hat, dem Hund rechtzeitig und unmißverständlich klarzumachen, daß nicht er, sondern der Mensch der Rudelführer ist. Hat der Hund nämlich seine menschlichen Hausgenossen erst einmal als unterlegene Rudelgenossen eingestuft, wird er diese nach seinen „Vorstellungen" behandeln. Dabei werden Verfehlungen rigoros bestraft – durch Bisse.

4. *Der Mensch dringt in das Revier des Hundes ein, ohne den „Hundekodex" zu beachten.*

   Jeder Hund betrachtet einen bestimmten Teilbezirk seines Lebensraumes als sein Territorium, das sich in zwei Gebiete gliedert: in ein Heim erster Ordnung und in ein Heim zweiter Ordnung. Dieses Revier ist vom Hund genau markiert und wird von ihm verteidigt. Das liegt in seiner Natur. Betritt nun ein Mensch dieses Revier, hat er zunächst den revierbesitzenden Hund freundlich abwartend zu begrüßen. Genau wie es ein fremder Artgenosse in der Natur tun würde. Hält sich der Mensch nicht an diese Regel, gilt er als Feind und wird als solcher behandelt, d. h. er wird gebissen.

Damit in der Praxis Unfälle durch Hundebiß möglichst vermieden werden, sollten wir uns einige Regeln merken:

1. Präge den Hund besonders während der Prägungsphase (4. bis 7. Woche) in ausreichendem Maße von dem Menschen auf die Menschen beiderlei Geschlechts und unterschiedlichen Alters.

2. Mache dem Hund, besonders während der Rudelordnungsphase (5. und 6. Monat) unmißverständlich klar, daß du der Führer im Mensch-Hund-Rudel bist und er sich in die menschliche Gemeinschaft einzufügen hat.

3. Verhalte dich beim Betreten eines vom Hund beanspruchten Territoriums an den Hundekodex: Wer das Revier betritt, hat den revierbesitzenden Hund freundlich abwartend zu begrüßen. Beachte Schilder, die vor Hunden warnen.

4. Greift ein Hund an, laufe nie weg. Denn das löst seinen Beutetrieb aus, und du wirst mit Sicherheit gebissen. Bleib absolut ruhig stehen und laß dich beschnuppern. Rede, evtl. schon von weitem, beruhigend auf den Hund ein.

5. Laß grundsätzlich von fremden Hunden die Finger weg. Fasse nie einen Hund von hinten an und laufe nie an einem Hund vorbei.

6. Zeige einem Hund gegenüber niemals Furcht, Mißtrauen oder Drohverhalten, indem du z. B. dem Hund länger in die Augen schaust. Denn Fixieren und Anstarren gehört zum Droh- und Imponier-Verhalten des Hundes; ein selbstbewußter Hund könnte mit Knurren und Angriff antworten.

7. Wehre dich nicht, wenn ein Hund dich beschnuppern will, weil das die Art ist, wie sich die Hunde untereinander vertraut machen. Vor allem schlage den Hund nicht.

8. Wisse, daß die meisten Hunde an der Leine oder in der Nähe des eigenen Herrn aggressiver und mutiger sind als allein. Nur sehr streng und unterdrückt gehaltene Hunde zeigen sich an der Seite ihres Herrn eher gehemmt und furchtsam.

Die gefährlichste Zeit für die Entstehung hundlicher Fehlverhalten ist

- die 1. bis 8. Lebenswoche. Denn in dieser Entwicklungsphase wird der Hund auf sein späteres Leben sozusagen „vorprogrammiert“, d. h. der Hund ist das, was wir aus ihm machen.

- der 5. bis 11. Lebensmonat. Denn in dieser Entwicklungsphase wird die Stellung des Hundes im Mensch-Hund-Team festgelegt, d. h. der Hund entsteht, den wir verdienen.

In diesen kritischen Zeitspannen sollten wir den individuellen Anlagen des Hundes ganz besondere Aufmerksamkeit schenken, indem wir z. B.

- bei harten Hunden mit größter Entschlossenheit und bei empfindlichen Hunden mit etwas mehr Nachgiebigkeit und Feinheit vorgehen.
- mehr dem Hund lehren, was er tun soll nach dem Motto: „Alles Lebendige strebt nach Lust und meidet Unlust".
- dem Hund soviel Hundewelt lassen, wie es eben geht. Dies kann geschehen durch: viel spazierengehen, ausgiebige Gelegenheit zum Schnüffeln geben, intensives und regelmäßiges Lern-Spielen etc.
- den Hund nur mit Artgenossen zusammenlassen, die bestens sozialisiert sind und keine gravierenden Fehlverhalten zeigen wie Furcht, Ungehorsamkeit, Kläffen, Wildern etc.

Der *gefährlichste* Punkt für die Entstehung hundlicher Fehlverhalten ist die Mißachtung des „Gesetzes der Gleichzeitigkeit". Denn nur wenn der Hundeführer seine Einwirkungen in Einklang bringt mit den Handlungen des Hundes, werden beim „assoziativen Lernen", also bei der Belehrung, Erziehung und Ausbildung des Hundes keine Fehlverbindungen gesetzt. So muß z. B. eine negative Einwirkung bei einer unerwünschten Verhaltensweise *sofort* in einen positiven Nacheffekt umgewandelt werden, wenn der Hund inzwischen das Wunschverhalten gezeigt hat. Ein „Nachzanken" oder „Nachgrollen" gibt es nicht im tierpsychologisch *richtigen* Umgang mit dem Hund.

Kapitel 10

Der Hundesport

Die sportliche Tätigkeit mit dem Hund kann sowohl allein als auch innerhalb einer Gemeinschaft *verschiedenartig* durchgeführt werden.

Für das Training in der Gruppe bieten die Schutzhundverbände im Verband für das Deutsche Hundewesen (VDH) *allen* Hundeführern verschiedene Sportarten an. Dabei können die Hundeführer wählen zwischen allgemeiner Freizeitbeschäftigung und spezieller Leistungstätigkeit.

Jedoch hat die Vereinstätigkeit der einzelnen Unterabteilungen (Ortsgruppen) dieser Verbände verschiedene Zielsetzungen und Arbeitsmethoden, die nicht immer allen Hunderassen oder Vorstellungen des Hundeführers entsprechen. Deshalb sollte *jeder* Hundeführer, der Mitglied in einer Ortsgruppe werden will, deren Vereinsangebot vorher sehr *sorgfältig* prüfen – vor allem im Hinblick auf eine *sinnvolle* Arbeitsweise. Denn nicht immer ist der nächstgelegene oder besteingerichtete Hundeverein auch arbeitsmäßig oder erkenntnismäßig der beste.

Außerdem sollte auch ein angenehmes „Betriebsklima" herrschen und ein hoher sittlicher Reifegrad.

Der Hundeführer mit Ambition auf Erfolg im Umgang mit dem Hund sollte sich *stets* für die Ortsgruppe entscheiden, welche die *beste* Entwicklungsmöglichkeit für Führer und Hund anbietet *und* auch verwirklicht. Dabei sind die Hunde des Vereins die *besten* Qualitätsanzeiger, weil sie *nicht* lügen können. So zeigt z. B. ein Verein, egal welcher Verbandszugehörigkeit, in dem

- *verschiedene* Hunderassen anzutreffen sind und die Hunde untereinander eine *gute* soziale Beziehung durch *gemeinsamen* Freilauf aufgebaut haben, daß unter den Mitgliedern Aufgeschlossenheit, Einsicht, Hilfsbereitschaft, Verständnis, Zusammengehörigkeitsgefühl etc. herrscht, also Menschlichkeit.
- die Hunde eine *gute* Beziehung zum Hundeführer haben sowie freudig, gehorsam und korrekt arbeiten, daß die Mitglieder *wahre* Tierfreunde sind und von dem *richtigen* Umgang mit dem Hund sehr *viel* verstehen.

Allgemein gilt: Der Wert einer Ortsgruppe drückt sich *primär* im Verhalten seiner Hunde aus und *weniger* in der Anzahl seiner Mitglieder, im äußeren Erscheinungsbild oder in der Gastlichkeit. Denn die Hunde spiegeln das *fachliche* Niveau des Vereins wider, welches für eine *erfolgreiche* Hundeführung die Hauptsache ist.

Dasselbe gilt sinngemäß für *jeden* Hundeführer. Auch seine Qualität zeigt sich *weniger* in seinem akustischen und optischen Verhalten, sondern *in erster Linie* im „Benehmen" seines Hundes.

Deshalb nochmals, weil es so wichtig ist: Handle im Kontakt mit Hundeführern und Hundevereinen *stets* nach dem Motto: *„Zeige mir deinen Hund und ich sage dir, wer du bist."*

A: Der Leistungssportler

Hat der Hundeführer einen *guten* Verein gefunden und wird als Mitglied aufgenommen, dann sollte er *von Anfang an* bestrebt sein, mit seinem Hund etwas zu leisten. Dabei sollte das Ziel seiner intensiven Aufbauarbeit die Absolvierung einer Prüfung sein und *nicht* allein die Freude an der hundlichen Leistung – vor allem für Schutzhundführer. Denn ein *erfolgreicher* Schutzhundführer ist *nicht* nur Sportler, der zwar trainiert, aber niemals an einer Leistungsprüfung oder an einem Wettkampf teilnimmt. *Der erfolgreiche Schutzhundführer ist auch ein Leistungssportler!*

Er freut sich darauf, immer wieder sein Können mit anderen Sportfreunden auf Prüfungen und Wettkämpfen zu messen. Dabei ist es sein Bestreben, möglichst hohe Benotungen zu erzielen. Diese werden wir aber nur erhalten, wenn wir die Fehlerzahl auf ein Minimum beschränken. Da die Beurteilung jeder Übung von der Ausführungsart des Hundes *und* des Hundeführers abhängt, sollten wir in erster Linie versuchen, keine Führfehler zu begehen. Denn alle Mühe, Arbeit und Zeit, die wir für den Aufbau unseres Schutzhundes investierten, nützt uns wenig, wenn wir die einzelnen Übungen nicht korrekt ausführen. Die vielen kleinen Fehler summieren sich, und ehe wir uns versehen, sind wir mit unserem gut aufgebauten Hund wegen Äußerlichkeiten durchgefallen.

Damit dies nicht geschieht, sollten wir vor allem folgende Punkte beachten:

1. Jede Prüfung sollte sorgfältig analysiert werden. Die Richtlinien sind auswendig zu lernen und genau zu befolgen.
   Der Erfolg dieses Studiums ist dabei entscheidend von unserem Vorstellungsvermögen abhängig. Denn wir sollten vor jeder praktischen Arbeit zunächst die einzelnen Übungen „im Geiste" bis

zur Vollkommenheit üben. Dies bedeutet zum Beispiel: Bevor wir mit dem Hund die Sitzübung auf dem Übungsplatz praktizieren, sollten wir sie gedanklich schon perfekt können. Dieses „geistige“ Können erreichen wir am besten dadurch, daß wir uns in einem körperlich entspannten Zustand zuerst den Übungsplatz mit allen Einzelheiten ins Gedächtnis rufen. Dann stellen wir uns vor, wir gehen selbstsicher mit unserem unangeleinten Hund auf das Gelände, nehmen Grundstellung ein, geben nach 1–2 Sekunden das Kommando „Fuß“ und gehen mit dem korrekt frei bei Fuß folgenden Hund geradeaus. Nach mindestens 10 Schritt geben wir das Hörzeichen „Si-i-i-tz“ ohne dabei unsere Gangart zu unterbrechen oder uns beim Gehen umzusehen. Wir wissen, daß sich der Hund schnell setzt. Nach weiteren 30 Schritt bleiben wir kurz stehen und drehen uns sofort zum Hund um. Auf Anweisung eines fiktiven Richters gehen wir zum Hund zurück, links an ihm vorbei und nehmen an seiner rechten Seite wieder Grundstellung ein, ohne daß der Hund vorzeitig aufsteht. Nach 1–2 Sekunden Wartezeit loben wir den Hund kurz und begeben uns einige Schritte weiter in die Grundstellung für die nächste Übung.
Nach dem Motto: Bevor wir mit unserer praktischen Tätigkeit beginnen, sollten wir eine klare gedankliche Vorstellung von dieser Arbeit haben. Deshalb spielen wir diesen Übungsablauf täglich mindestens 5 Minuten lang in Gedanken so lange durch, bis wir alle Details sicher beherrschen.

2. Die einzelnen Übungen sollten sicher, ruhig, flott und freudig ausgeführt werden.
Diesen Anforderungen werden wir nur gerecht, wenn wir von unserem Können überzeugt sind, d. h. wenn wir Vertrauen in unseres *und* des Hundes Können besitzen. Denn ein gesundes Selbstvertrauen und ein fundiertes Wissen sind die wichtigsten Voraussetzungen für eine vorzügliche Arbeit.

3. Die Vorstellungen und Anweisungen des Richters sollten uneingeschränkt eingehalten werden.
Jeder Mensch ist eine Persönlichkeit für sich und hat u. a. seine eigenen Vorstellungen, Ansichten, Erfahrungen und Leidenschaften. Sein derzeitiges Selbstbild ist von seiner eigenen Einbildungskraft im Laufe seines zurückliegenden Lebens aufgebaut worden. Darin bilden auch die Richter keine Ausnahme. Auch sie haben ihre „Stärken und Schwächen“ von deren Berücksichtigung oft eine bessere Bewertung abhängt. Bei irgendwelchen Reaktionen

sollten wir stets daran denken, daß kaum ein Mensch automatisch nach den tatsächlichen Gegebenheiten reagiert und handelt, sondern immer nach seinen Empfindungen und Eindrücken von der Umwelt. Diese Empfindungen und Eindrücke können aber unwahr sein. Aus diesem Grunde sollten wir immer versuchen, für den Mitmenschen zu denken. Warum fühlt, denkt und handelt der andere Mensch so?

4. Der Hundeführer sollte einen überdurchschnittlich hohen persönlichen Einsatz zeigen.
   Jeder Mensch ist von Natur aus ein zielstrebig angelegtes Wesen mit „Erfolgsinstinkt", d. h. jeder Mensch besitzt einen „eingebauten Erfolgsmechanismus" der klar aufgegebene Ziele, Befehle und Probleme braucht, die gelöst werden sollten. Dieser Erfolgsmechanismus arbeitet aber nur durch positive Denkweise, während negatives Denken zu einem Mißerfolgsmechanismus führt. Die befriedigende Erfüllung eines langerstrebten Zieles, den Erfolg, werden wir jedoch nur dann erreichen, wenn wir von dem Erfolg fest überzeugt sind, an ihn glauben und ihn mit uneingeschränktem geistigem und körperlichem Einsatz anstreben. Halbherzige Denk- und Handlungsweisen führen niemals zu wirklich erfolgreichen Resultaten.

5. Der Hundeführer sollte bei der Ausbildung stets daran denken, daß eine neue Fähigkeit nur durch Fehler und Verbesserung der Fehler erlernt werden kann.
   Dies wird sehr leicht vergessen. Aber die negativen Erfahrungen gehören auch bei uns Menschen zum Lernprozeß dazu. Ohne Fehler können wir nichts lernen. Mit anderen Worten: Unsere Fehler, Irrtümer und unsere Niederlagen sind notwendige Stufen auf der Lebensleiter des Lernens, d. h. sie sind Mittel zum Zweck. Jedoch sollten wir am Ende des erfolgreichen Lernprozesses nur den Erfolg im Bewußtsein aufbewahren und die Fehler wieder vergessen. Denn ständiges Denken an Fehler führt zu einer Art Schuldkomplex, der wiederum zur Unproduktivität und damit zum Mißerfolg führt.

6. Die Aufmerksamkeit und Motivation des Hundes sollten nicht durch ablenkende Schlüsselreize gehemmt werden.
   Zum Beispiel können sich Schutzhunde bei ungewohnter Anwesenheit vieler Zuschauer, anderer Hunde, einer läufigen Hündin usw. als unfähig erweisen, sofort oder korrekt die gelernten Übun-

gen auf Befehl auszuführen. Um dieses Erfolgsrisiko so gering wie möglich zu halten, sollten wir den Schutzhund an alle möglichen Situationen gewöhnen und unter den verschiedenen Bedingungen mit ihm arbeiten.

7. Wir sollten bei jeder Übung genau wissen, welche besonderen Gesichtspunkte zu beachten sind.
   Zum Beispiel ist die Haltbarkeit der Fährte abhängig von den verschiedenen Bodenarten, der Jahreszeit, dem jeweiligen Wetter, dem örtlichen Pflanzenbewuchs und sonstigen Gegebenheiten. So gilt für Mitteleuropa ungefähr folgendes:
   Die Fährte hält sich
   a) auf trockenem Asphalt, trockenem Stein- und Sandboden ohne Pflanzenbewuchs überhaupt nicht;
   b) am Strand im Meeressand, auch bei Feuchtigkeit, ebenfalls so gut wie nicht;
   c) auf nassem Asphalt oder Steinboden nur kurze Zeit;
   d) auf feuchtem Sandboden bei günstiger Wetterlage, d. h. bei feuchter Luft, mäßigem Wind und ohne oder geringe Sonnenbestrahlung bis zu etwa 12 Stunden;
   e) auf Erdboden, der mit Gras und Pflanzen bewachsen ist, und auf geackertem Feld mit genügend lockerer Erde, bei günstiger Wetterlage bis zu etwa 24 Stunden;
   f) auf Erdböden wie unter Punkt e) beschrieben, bei ungünstiger Wetterlage, d. h. bei trockener Luft, starkem Wind und starker Sonnenbestrahlung, dagegen nur wenige Stunden. Sie kann manchmal nach 3 Stunden schon ausgelöscht sein;
   g) bei Platzregen und langanhaltendem Regen ebenfalls nur kurze Zeit. Jedoch erleichtert geringer Regen das Ausarbeiten der Fährte.
   h) bei Frost oder Schnee länger als im schneefreien Gelände. Fällt Schnee auf die Fährte, so ist sie bis zu einer Schneehöhe von max. 4 cm noch haltbar.

8. Wir sollten nur mit einem gut durchgearbeiteten und gesunden Hund zur Prüfung gehen.
   Zum Beispiel sollten wir keinen Schutzhund zur Prüfung anmelden, der in einigen Übungen noch unzuverlässig arbeitet, so daß wir um die Ausführung der Übung und das Bestehen der Prüfung bangen müssen.
   Um uns einen allgemeinen Überblick über die Leistungen des Hundes zu verschaffen, sollten wir uns einer vereinsinternen Vor-

prüfung unterziehen, die ein qualifizierter und erfahrener Hundeführer etwa 14 Tage vor dem regulären Prüfungstermin abnimmt und die dem offiziellen Prüfungsablauf entspricht.

9. Wir sollten den Hund auf *jede* bevorstehende Übung durch *spezielle* Verhaltensweisen einstellen.
Vor der Ausführung einer Übung sollten wir die Konzentration und den Arbeitseifer des Hundes *gebündelt* auf kommende Leistung richten. Dies kann z. B. erfolgen mit dem leise gesprochenen Hörzeichen „Paß auf" für den Schutzdienst oder mit dem zeremoniellen Anlegen des Fährtengeschirrs für die Fährtenarbeit. Diese Vorbereitungszeichen muß der Hund natürlich sicher mit der anstehenden Übung verknüpft haben.

10. Wir sollten größten Wert auf den *grundsätzlichen Gehorsam* des Hundes legen.
Denn der *Gehorsam* ist das „Kleine Einmaleins" der Hundeausbildung und die Voraussetzung für einen erfolgreichen Prüfungsablauf. Beherrscht der Hund die vielen Gehorsamselemente in den einzelnen Übungen unzulänglich, können niemals optimale Prüfungsergebnisse erzielt werden.

B: Der Arbeitsaufwand

Inzwischen sollte es für jeden interessierten Hundeführer zu einer Selbstverständlichkeit geworden sein, den Hund, insbesonders den Schutzhund *von Anfang an* systematisch und zielgerichtet aufzubauen. Dabei hängt der Erfolg unserer Bemühungen jedoch nicht allein von der richtigen Aufbaumethode und den ererbten Anlagen des Hundes ab, sondern auch von unserem persönlichen Einsatz. Da dieser Arbeitsaufwand aber von vielen Hundeführern unterschätzt wird, wollen wir einmal an einem Beispiel den „Werdegang" eines Schutzhundes bis zur Schutzhundprüfung Stufe I (SchHI) näher untersuchen.

Als Studienobjekt wählen wir einen Deutschen Schäferhundrüden, der bei seinem Erwerb im Alter von 10 Wochen mehr negative als positive Eigenschaften besaß. Unter anderem war er

a) der dritte und kleinste Rüde eines sechsköpfigen Wurfes,
b) ein gewisser Sonderling des sonst sehr gut geprägten Wurfes,
c) uninteressierter, zurückhaltender, vorsichtiger, ängstlicher, sen-

sibler, weniger kontaktfreudig und „intelligent" als seine Geschwister. Jedoch zielstrebiger in seinen Handlungen, schmerzunempfindlicher, nicht wehleidig und schußfest.

d) spür- und beutetriebmäßig nicht besonders leistungsstark.

Obwohl dieser Welpe also anlagenmäßig in keiner Weise die Voraussetzungen für einen guten Schutzhund mitbrachte, sollte er dennoch als „Sporthund" für die SchHI-Prüfung aufgebaut werden. Da dieser Hund wesensmäßig nur über die „weiche Methode" erfolgreich belehrt, erzogen und abgerichtet werden konnte, wurde der Lernweg in Teilstrecken unterteilt, die etwa den einzelnen Entwicklungsphasen des Hundes entsprachen. Innerhalb dieser Teilstrecken wurden nach dem Prinzip der „schrittweisen Annäherung" und dem Prinzip der „differenzierten Bekräftigung" wieder Teilziele gesetzt, die durchschritten werden mußten.

Auf der ersten Teilstrecke, die bis zum 5. Lebensmonat dauerte, wurden wegen der negativen Eigenschaften in erster Linie 5 Teilziele angesteuert:

Ziel 1: Abbau der Interessenlosigkeit, der Zurückhaltung, der Vorsicht und der Kontaktscheue.

Ziel 2: Nichtverstärkung der Ängstlichkeit und der Sensibilität.

Ziel 3: Förderung der „Intelligenz" und der positiven Triebe durch

a) spazierengehen mit ausgiebiger Gelegenheit zum Schnüffeln,
b) fast ganztägiges Beisammensein mit dem Erzieher,
c) positive Kontaktaufnahme zu einigen anderen Menschen unterschiedlichen Alters und Geschlechts,
d) regelmäßiges und ausreichendes „Spielen" mit einem optimal geprägten und sehr gut ausgebildeten wesensstarken älteren Rüden.

Ziel 4: Gewöhnung (Belehrung) an bestimmte Verhaltensweisen durch die Übungen „Autofahren", „Gehen an der Leine," „Herankommen auf Ruf", „Bleib da" und „Alleinsein".

Ziel 5: Ausbau des Bring- und Beutetriebes durch das „Beute-Fang-Spiel" und das Spiel „Beutefang und Festhalten".

Nachdem der inzwischen zum Junghund herangewachsene Welpe diese 5 Ziele durchschritten und seine Selbstsicherheit und sein Selbstvertrauen im Umgang mit den Menschen sich gut entwickelt hatten, setzte mit Beginn der Rudelordnungsphase (5. und 6. Monat) die systematische Erziehungsarbeit ein. Nach dem Motto: „Alle Übungen, die der Hund leicht lernt, zuerst, und jene, die er schwer begreift, zum Schluß lehren" wurde diese Tätigkeit in Teilstrecken mit Teilzielen eingeteilt.

Dabei wurde in der zweiten Lernphase zunächst das in der Prägungsphase, Sozialisierungsphase und der Rangordnungsphase Gelehrte gefestigt und ergänzt sowie das Nichtgelernte nachgeholt. Zum Beispiel wurde besonderer Wert auf folgende zwei Resultate gelegt:

Ziel 1: Am Ende des 6. Lebensmonats sollte der Hund eine SchHI-Fährte an einer ca. 3 m langen Leine sicher absuchen und die Gegenstände sitzend verweisen.

Ziel 2: Von den inzwischen sehr gut ausgeprägten Bring- und Beutetrieben sollte der Beutetrieb so stark gefördert werden, daß der Hund am Ende des 6. Lebensmonats das Verbellen sicher und die Beiß- und Angriffstechnik im Prinzip beherrscht.

Die genaue Aufbauarbeit können wir den folgenden Tabellen entnehmen. Darin wurden die einzelnen Übungsschritte nach Anzahl, Mindest-Zeitaufwand und Monat aufgelistet und zum Schluß zusammengefaßt.

Da der Arbeitsaufwand aber grundsätzlich für jeden Schutzhund individuell verschieden hoch ist – der eine Hund lernt generell leichter und schneller, während der andere bei manchen Übungen geradezu „ein Brett vor dem Kopf" zu haben scheint – ist auch unser persönlicher Einsatz unterschiedlich groß. Die Werte sollen uns deshalb nur als Anhaltspunkte dienen. Jedoch sollte bei *keinem* Hund folgender Mindest-Arbeitsaufwand unterschritten werden:

Übungen für	Fährte		Schutzdienst		Unterordnung		Summe		
pro	A	Z	A	Z	A	Z	Anz.	Z-Min.	Z-Std.
Tag	0,14	4	1,3	1,4	1,4	3,6	2,84	9,0	0,15
Woche	1	25	9	10	10	25	20	60	1
Monat	4	100	36	40	40	100	80	240	4
Jahr	36	1 200	432	480	480	1 200	948	2 880	48

Daraus folgt: Jeder Besitzer eines Schutzhundes, der auch gleichzeitig ein *erfolgreicher* Hundeführer sein möchte, sollte neben den bereits beschriebenen Eigenschaften und dem Grundwissen mindestens 10 Minuten pro Tag mit seinem Hund üben. Dieses Training kann während des Spazierganges, im Garten oder an einem anderen Ort absolviert werden. Wichtig dabei ist nur, daß möglichst

- regelmäßig geübt wird,
- der Wochenplan von mindestens 1 Fährte, 9 Schutzdienst- und 10 Unterordnungsübungen eingehalten wird und
- einmal pro Woche unter Anleitung auf dem Übungsplatz trainiert wird.

Tabelle 5: Arbeitsaufwand für die SchHl-Prüfung vom 5. bis 14. Lebensmonat

Anzahl und Zeit der Übungen im 5. Lebensmonat

Juli/Aug. 19 . . .

Tage	Gerade Fährte		L-Form-Fährte		U-Form-Fährte		⊓-Form-Fährte		⌐-Fährte		Beutebeißen		Verbellen		Flucht		Abwehr		Revieren		Stellen und Verbellen		Überfall		Flucht und Abwehr		Transport-überfall		Mutprobe		Leinen-führigkeit		Freifolge		Sitz		Platz		Bringen auf ebener Erde		Bringen über Hürde		Steh		Voraus-senden		Ablegen		Summe Anzahl	Summe Zeit in Min.	Bemerkungen
	A	Z	A	Z	A	Z	A	Z	A	Z	A	Z	A	Z	A	Z	A	Z	A	Z	A	Z	A	Z	A	Z	A	Z	A	Z	A	Z	A	Z	A	Z	A	Z	A	Z	A	Z	A	Z	A	Z	A	Z	A	Z	
1.																																																			
2.	1	5																																																1	5	**Teilziele**
3.	1	5																																																1	5	1. Einüben der allgemeinen Fährtenarbeit
4.	1	5																																																1	5	
5.	1	5																																																1	5	
6.													2	2																	1	3			2	2													5	7	
7.											2	2	2	2																	1	3			2	2													7	9	
8.	1	5																																																1	5	2. Förderung des Beutetriebes und Erlernen des Verbellens
9.	1	5																																																1	5	
10.	1	25																																																1	25	
11.	1	25																																																1	25	
12.											2	2	2	2																	1	3			2	2													7	9	
13.											2	2	2	2																	1	3			2	2													7	9	3. Beginn der Unterordnungsleistungen
14.	1	25											2	2																																			3	27	
15.	1	25																																																1	25	
16.	1	25																																																1	25	
17.	1	25									4	4																																					5	29	
18.											2	2	2	2																	1	3			1	1													6	8	
19.											2	2	2	2																	1	3			1	1													6	8	
20.			1	25																																														1	25	
21.			1	25																																														1	25	
22.			1	30							2	2	2	2																	1	3			1	1													7	38	
23.			1	30							2	2	2	2																	1	3			1	1													7	38	
24.											2	2	2	2																	1	3			1	1													6	8	
25.											2	2	2	2																	1	3			1	1													6	8	
26.			1	30							2	2																																					3	32	
27.			1	30							2	2																																					3	32	
28.			1	35							2	2																																					3	37	
29.			1	35							2	2																																					3	37	
30.													2	2																	1	3			2	2													5	7	
SA	12	180	8	240							30	30	24	24																	11	33			16	16													101	523	= 8 Std. + 43 Min.

Tabelle 6: Arbeitsaufwand für die SchHl-Prüfung vom 5. bis 14. Lebensmonat

Anzahl und Zeit der Übungen im 6. Lebensmonat

Aug./Sept. 19 . . .

Tage	Gerade Fährte		L-Form-Fährte		U-Form-Fährte		⊓-Form-Fährte		-Fährte	
	A	Z	A	Z	A	Z	A	Z	A	Z
1.										
2.			1	25						
3.			1	25						
4.			1	35						
5.			1	35						
6.										
7.										
8.			1	35						
9.					1	25				
10.					1	30				
11.					1	30				
12.										
13.										
14.					1	25				
15.					1	25				
16.					1	25				
17.					1	25				
18.										
19.										
20.					1	30				
21.					1	30				
22.					1	30				
23.					1	30				
24.										
25.										
26.					1	30				
27.					1	30				
28.					1	30				
29.					1	30				
30.										
SA			5	155	15	425				

Tage	Beutebeißen		Verbellen		Flucht		Abwehr		Revieren		Stellen und Verbellen		Überfall		Flucht und Abwehr		Transport-überfall		Mutprobe	
	A	Z	A	Z	A	Z	A	Z	A	Z	A	Z	A	Z	A	Z	A	Z	A	Z
1.																				
2.																				
3.																				
4.																				
5.																				
6.	2	2																		
7.																				
8.									2	1	2	3								
9.									2	1	2	3								
10.									2	1	2	3								
11.																				
12.					3	3			2	1	2	3								
13.	1	1	1	1	1	1														
14.	1	1	1	1	1	1														
15.																				
16.	2	2																		
17.			2	2																
18.																				
19.			2	2																
20.																				
21.																				
22.																				
23.																				
24.	2	2	2	2																
25.					2	2			2	1	2	3							2	3
26.																				
27.																				
28.																				
29.																				
30.																				
SA	8	8	8	8	7	7			10	5	10	15							2	3

Tage	Leinen-führigkeit		Freifolge		Sitz		Platz		Bringen auf ebener Erde		Bringen über Hürde		Steh		Voraus-senden		Ablegen		Summe Anzahl	Summe Zeit in Min.	Bemer-kungen
	A	Z	A	Z	A	Z	A	Z	A	Z	A	Z	A	Z	A	Z	A	Z	A	Z	
1.	1	3																	1	3	
2.																			1	25	**Teilziele**
3.																			1	25	wie im
4.																			1	35	5. Lebens-
5.																			1	35	monat
6.																			2	2	
7.	1	3			2	2													3	5	
8.																			5	39	
9.																			5	29	
10.																			5	34	
11.	1	3			1	1													3	34	
12.																			7	7	
13.	1	3			1	1													5	7	
14.																			4	28	
15.	1	3			1	1							3	3					6	32	
16.																			3	27	
17.																			3	27	
18.									3	3									3	3	
19.																			2	2	
20.	1	3			1	1			2	2									5	36	
21.	1	3			1	1			2	2									5	36	
22.																			1	30	
23.																			1	30	
24.																			4	4	
25.																			8	9	
26.																			1	30	
27.																			1	30	
28.																			1	30	
29.																			1	30	
30.																					
SA	7	21			7	7			7	7			3	3					89	664	= 11 Std. + 4 Min.

Tabelle 7: Arbeitsaufwand für die SchHI-Prüfung vom 5. bis 14. Lebensmonat

Anzahl und Zeit der Übungen im 7. Lebensmonat

Sept./Okt. 19 . . .

Tage	Gerade Fährte		L-Form-Fährte		U-Form-Fährte		Г-Form-Fährte		Stufen-Fährte		Beutebeißen		Verbellen		Flucht		Abwehr		Revieren		Stellen und Verbellen		Überfall		Flucht und Abwehr		Transport-überfall		Mutprobe		Leinen-führigkeit		Freifolge		Sitz		Platz		Bringen auf ebener Erde		Bringen über Hürde		Steh		Voraus-senden		Ablegen		Summe Anzahl	Summe Zeit in Min.	Bemer-kungen
	A	Z	A	Z	A	Z	A	Z	A	Z	A	Z	A	Z	A	Z	A	Z	A	Z	A	Z	A	Z	A	Z	A	Z	A	Z	A	Z	A	Z	A	Z	A	Z	A	Z	A	Z	A	Z	A	Z	A	Z	A	Z	
1.																																																			
2.																																																			**Teilziele**
3.																																																			
4.																																																			1. Korrekte Ausführung der SchHI-Fährte
5.			1	30							3	3							3	1	3	5							3	5																			13	44	
6.											3	3	3	3																																			6	6	
7.							1	25																																									1	25	2. Verbesserung und Sicherung der Verbell-, Beiß- und Angriffstechnik
8.											2	2																																					2	2	
9.					1	35																																											1	35	
10.																			1	0,5	1	1,5							1	1,5																			3	3,5	
11.					1	35																																											1	35	
12.					1	35																																											1	35	3. Vervollständigung der Unterordnungsleistungen
13.							1	25											2	1	2	3							2	3																			7	32	
14.					1	25																																											1	25	
15.															2	2			2	1	2	3							2	3																			8	9	
16.					1	25																																											1	25	
17.																			2	0,5	1	1,5							1	1,5																			3	3,5	
18.																			2	1	2	3							2	3																			6	7	
19.					1	25																																											1	25	
20.															1	1			2	1	2	3							1	1,5	1	3			1	1			1	1									9	11,5	
21.																															1	3			1	1													2	4	
22.																															1	3			1	1			1	1			2	2					5	7	
23.					1	30																																											1	30	
24.																															1	3			1	1	1	1					1	1					4	6	
25.							1	40																							1	3			1	1													3	44	
26.							1	50																																									1	50	
27.																															1	3	1	3	1	1	1	1					1	1					5	9	
28.																															1	3	1	3	1	1	1	1	1	1			1	1					6	10	
29.													1	1	1	1													1	1,5																			3	3,5	
30.																																																			
SA			1	30	7	210	4	140			8	8	4	4	4	4			13	6	13	20							13	20	7	21	2	6	7	7	3	3	3	3			5	5					94	487	= 8 Std. + 7 Min.

Tabelle 8: Arbeitsaufwand für die SchHI-Prüfung vom 5. bis 14. Lebensmonat

Anzahl und Zeit der Übungen im 8. Lebensmonat

Okt./Nov. 19 . . .

Tage	Gerade Fährte		L-Form-Fährte		⊔-Form-Fährte		⊓-Form-Fährte		⌐⌐⌐-Fährte		Beutebeißen		Verbellen		Flucht	
	A	Z	A	Z	A	Z	A	Z	A	Z	A	Z	A	Z	A	Z
1.																
2.																
3.																
4.					1	30									1	1
5.					1	30										
6.																
7.																
8.																
9.											3	3				
10.							1	40								
11.					1	30										
12.																
13.																
14.																
15.																
16.					1	35									1	1
17.																
18.					1	35										
19.									1	25						
20.																
21.																
22.																
23.																
24.																
25.																
26.																
27.																
28.																
29.																
30.																
SA					5	160	1	40	1	25	3	3			2	2

Tage	Abwehr		Revieren		Stellen und Verbellen		Überfall		Flucht und Abwehr		Transport-überfall		Mutprobe		Leinen-führigkeit	
	A	Z	A	Z	A	Z	A	Z	A	Z	A	Z	A	Z	A	Z
1.																
2.																
3.																
4.			1	0,5	1	1,5							1	1,5		
5.															1	3
6.															2	6
7.															2	6
8.															1	3
9.															1	3
10.																
11.			1	0,5	1	1,5							1	1,5	1	3
12.																
13.																
14.																
15.																
16.			1	0,5	1	1,5							1	1,5	1	3
17.															1	3
18.																
19.																
20.																
21.																
22.			4	2	4	6	1	1					4	6		
23.			4	2	4	6	1	1					4	6		
24.			1	0,5	1	1,5	1	1					1	1,5		
25.																
26.																
27.																
28.																
29.																
30.																
SA			12	6	12	18	3	3					12	18	10	30

Tage	Freifolge		Sitz		Platz		Bringen auf ebener Erde		Bringen über Hürde		Steh		Voraus-senden		Ablegen		Summe Anzahl	Summe Zeit in Min.	Bemer-kungen
	A	Z	A	Z	A	Z	A	Z	A	Z	A	Z	A	Z	A	Z	A	Z	
1.																			
2.																			**Teilziele**
3.																			
4.																	5	34,5	wie im
5.	1	3			1	1					1	1					5	38	7. Lebens-
6.	1	3	1	1			3	3									7	13	monat
7.			2	2	2	2					2	2					8	12	
8.			1	1							3	3					5	7	
9.	1	3			1	1											6	10	
10.																	1	40	
11.	1	3	1	1	1	1											8	41,5	
12.																			
13.																			
14.																			
15.																			
16.	1	3	1	1	1	1	5	5							1	10	15	62,5	
17.	1	3	1	1	1	1	4	4							1	10	9	22	
18.																	1	35	
19.																	1	25	
20.																			
21.																			
22.																	13	15	
23.																	13	15	
24.																	4	4,5	
25.																			
26.																			
27.																			
28.																			
29.																			
30.																			
SA	6	18	7	7	7	7	12	12			6	6			2	20	101	375	= 6 Std. + 15 Min.

Tabelle 9: Arbeitsaufwand für die SchHI-Prüfung vom 5. bis 14. Lebensmonat

Anzahl und Zeit der Übungen im 9. Lebensmonat

Nov./Dez. 19 . . .

Tage	Gerade Fährte		L-Form-Fährte		⊔-Form-Fährte		⊓-Form-Fährte		Treppen-Fährte		Beutebeißen		Verbellen		Flucht		Abwehr		Revieren		Stellen und Verbellen		Überfall		Flucht und Abwehr		Transport-überfall		Mutprobe		Leinen-führigkeit		Freifolge		Sitz		Platz		Bringen auf ebener Erde		Bringen über Hürde		Steh		Voraus-senden		Ablegen		Summe Anzahl	Summe Zeit in Min.	Bemer-kungen
	A	Z	A	Z	A	Z	A	Z	A	Z	A	Z	A	Z	A	Z	A	Z	A	Z	A	Z	A	Z	A	Z	A	Z	A	Z	A	Z	A	Z	A	Z	A	Z	A	Z	A	Z	A	Z	A	Z	A	Z	A	Z	
1.																																																			
2.											2	2	2	2	2	2															1	3			1	1	1	1	1	1									10	12	**Teilziele**
3.																															1	3			1	1	1	1	1	1									4	6	1. Schrittweises Einüben der SchHI-Übungen im Schutzdienst
4.																																																			
5.																																																			
6.					1	25													1	1	1	2	1	1					1	2	1	3	1	3	1	1	1	1	1	1	1	1					1	10	12	51	
7.					1	25									1	1			2	1	2	3	2	2					2	3	1	3	1	3	1	1	1	1	1	1	1	1					1	10	17	55	
8.																																																			2. Korrekte Ausführung der einzelnen Unterordnungsleistungen
9.									1	30	1	1	1	1																	1	3	1	3	1	1	1	1	1	1	1	1							9	42	
10.							1	50																							1	3	1	3	1	1	1	1	1	1	1	1							7	60	
11.																																																			
12.																																																			
13.																																																			
14.					1	25																									1	3	1	3	1	1	1	1	1	1	1	1							7	35	
15.																																																			
16.																															1	3			1	1	1	1	1	1									4	6	
17.																																																			
18.																															1	3			1	1	1	1	1	1									4	6	
19.																																																			
20.																															1	3			1	1	1	1	1	1									4	6	
21.																																																			
22.																																																			
23.																																																			
24.																																																			
25.																																																			
26.																																																			
27.																																																			
28.																																																			
29.																																																			
30.																																																			
SA					3	75	1	50	1	30	3	3	3	3	3	3			3	2	3	5	3	3					3	5	10	30	5	15	10	10	10	10	10	10	5	5					2	20	78	279	= 4 Std. + 39 Min.

Tabelle 10: Arbeitsaufwand für die SchHl-Prüfung vom 5. bis 14. Lebensmonat

Anzahl und Zeit der Übungen im 10. Lebensmonat **Dez./Jan. 19 . . . / . . .**

Tage	Gerade Fährte		L-Form-Fährte		U-Form-Fährte		⊓-Form-Fährte		Treppen-Fährte		Beutebeißen		Verbellen		Flucht		Abwehr		Revieren		Stellen und Verbellen		Überfall	
	A	Z	A	Z	A	Z	A	Z	A	Z	A	Z	A	Z	A	Z	A	Z	A	Z	A	Z	A	Z
1.																								
2.																								
3.																								
4.																								
5.																								
6.																								
7.															2	2			3	1,5	3	4,5	1	1
8.																								
9.															2	2			2	1	2	3	1	1
10.																								
11.																								
12.																								
13.																								
14.																								
15.																								
16.																								
17.																								
18.																								
19.															2	2			2	1	2	3	2	2
20.															2	2			2	1	2	3	2	2
21.																								
22.																								
23.																								
24.																								
25.																								
26.					1	25																		
27.																								
28.					1	25																		
29.											1	1			1	1			1	0,5	1	1,5	1	1
30.											2	2							2	1	2	3	1	1
SA					2	50					3	3			9	9			12	6	12	18	8	8

Tage	Flucht und Abwehr		Transport-überfall		Mutprobe		Leinen-führigkeit		Freifolge		Sitz		Platz		Bringen auf ebener Erde		Bringen über Hürde		Steh		Voraus-senden		Ablegen		Summe Anzahl	Summe Zeit in Min.	Bemer-kungen
	A	Z	A	Z	A	Z	A	Z	A	Z	A	Z	A	Z	A	Z	A	Z	A	Z	A	Z	A	Z	A	Z	
1.																											
2.																											**Teilziele**
3.																											
4.																											
5.							1	3			1	1	1	1											3	5	wie im 9. Lebensmonat
6.							1	3			1	1	1	1			1	1							4	6	
7.					1	1,5																			10	10,5	
8.							1	3			1	1					1	1							3	5	
9.					1	1,5																			8	8,5	
10.							1	3	1	3	2	2			2	2									6	10	
11.															2	2	2	2							4	4	
12.															2	2									2	2	
13.							1	3	1	3	1	1	1	1	1	1	2	2			1	1	1	10	9	22	
14.							2	6	2	6	2	2			2	2									8	16	
15.							2	6	2	6	1	1													5	13	
16.							2	6			2	2													4	8	
17.							1	3	2	6	2	2			2	2									7	13	
18.							1	3	1	3	1	1	1	1											4	8	
19.					2	3																			10	11	
20.					2	3																			10	11	
21.							1	3			2	2	2	2											5	7	
22.							1	3	1	3	1	1	1	1	1	1	1	1							6	10	
23.							1	3	1	3	1	1	1	1											4	8	
24.											1	1	1	1											2	2	
25.							1	3	1	3	1	1	1	1	1	1	1	1							6	10	
26.							1	3	1	3	1	1	1	1	1	1	1	1			1	1	1	10	9	46	
27.									1	3	1	1			1	1									3	5	
28.							1	3	1	3	1	1	1	1	1	1	1	1			1	1	1	10	9	46	
29.					1	1,5																			6	6,5	
30.					1	1,5																			8	8,5	
SA					8	12	19	57	15	45	23	23	12	12	16	16	10	10			3	3	3	30	155	302	= 5 Std. + 2 Min.

Tabelle 11: Arbeitsaufwand für die SchHI-Prüfung vom 5. bis 14. Lebensmonat

Anzahl und Zeit der Übungen im 11. Lebensmonat

Jan./Febr. 19 . . .

Tage	Gerade Fährte		L-Form-Fährte		U-Form-Fährte		⊓-Form-Fährte		╘╕-Fährte		Beutebeißen		Verbellen		Flucht		Auslassen Verbellen		Revieren		Stellen und Verbellen		Überfall	
	A	Z	A	Z	A	Z	A	Z	A	Z	A	Z	A	Z	A	Z	A	Z	A	Z	A	Z	A	Z
1.											2	2			2	2								
2.																								
3.															1	1			1	0,5	1	1,5	1	1
4.																								
5.																								
6.																								
7.																								
8.																								
9.																								
10.											2	2			2	2			1	0,5	1	1,5	1	1
11.																								
12.																								
13.																								
14.																								
15.																								
16.																								
17.																								
18.																								
19.																								
20.																								
21.																								
22.																								
23.																								
24.																								
25.																								
26.					1	25									1	1	3	3	3	1,5	3	4,5		
27.															1	1	3	3	3	1,5	3	4,5		
28.					1	25									1	1	3	3	3	1,5	3	4,5		
29.															1	1	3	3	3	1,5	3	4,5		
30.																								
SA					2	50					4	4			9	9	12	12	14	7	14	21	2	2

Tage	Flucht und Abwehr		Transport-überfall		Mutprobe		Leinen-führigkeit		Freifolge		Sitz		Platz		Bringen auf ebener Erde		Bringen über Hürde		Steh		Voraus-senden		Ablegen		Summe Anzahl	Summe Zeit in Min.	Bemer-kungen
	A	Z	A	Z	A	Z	A	Z	A	Z	A	Z	A	Z	A	Z	A	Z	A	Z	A	Z	A	Z	A	Z	
1.							1	3	1	3					2	2	1	1					1	10	10	23	
2.							1	3	1	3					1	1	1	1					1	10	5	18	**Teilziele**
3.					1	1,5									2	2									7	7,5	1. Intensive Vorbereitung auf die SchHI-Bestimmungen in den Abt. B + C
4.							1	3	1	3	1	1	1	1	1	1	1	1			2	2	1	10	9	22	
5.							1	3	1	3	1	1	1	1	1	1	1	1			2	2	1	10	9	22	
6.											2	2	2	2	2	2	1	1							7	7	
7.											2	2	2	2											4	4	
8.							1	3	1	3					1	1	1	1					1	10	5	18	
9.																											2. Sauberkeit und Führigkeit im Schutzdienst
10.					1	1,5																			8	8,5	
11.																											
12.																											
13.							1	3	1	3	1	1	1	1	2	2	1	1			2	2	1	10	10	23	
14.																											
15.																											
16.																											
17.																											
18.																											
19.																											
20.																											
21.																											
22.																											
23.																											
24.																											
25.																											
26.																									11	35	
27.																									10	10	
28.																									11	35	
29.																									10	10	
30.																											
SA					2	3	6	18	6	18	7	7	7	7	12	12	7	7			6	6	6	60	116	243	= 4 Std. + 3 Min.

Tabelle 12: Arbeitsaufwand für die SchHI-Prüfung vom 5. bis 14. Lebensmonat

Anzahl und Zeit der Übungen im 12. Lebensmonat

Febr./März 19 . . .

Tage	Gerade Fährte		L-Form-Fährte		⊔-Form-Fährte		⊓-Form-Fährte		Treppen-symbol -Fährte		Beutebeißen		Verbellen		Flucht	
	A	Z	A	Z	A	Z	A	Z	A	Z	A	Z	A	Z	A	Z
1.																
2.															1	1
3.															1	1
4.															1	1
5.											2	2				
6.											1	1				
7.															4	4
8.															4	4
9.															2	2
10.																
11.																
12.															2	2
13.																
14.					1	25										
15.																
16.																
17.																
18.																
19.																
20.																
21.																
22.																
23.					1	25										
24.																
25.																
26.															1	1
27.																
28.																
29.																
30.																
SA					2	50					3	3			16	16

Tage	Beißen – Aus Verbellen		Revieren		Stellen und Verbellen		Überfall		Flucht und Abwehr		Transport-überfall		Mutprobe	
	A	Z	A	Z	A	Z	A	Z	A	Z	A	Z	A	Z
1.	3	3	3	1,5	3	4,5								
2.	3	3	1	0,5	1	1,5							2	3
3.	3	3	1	0,5	1	1,5							2	3
4.	6	6	3	1,5	3	4,5							3	4,5
5.														
6.														
7.			4	2	4	6							4	6
8.			4	2	4	6							4	6
9.			2	1	2	3							4	6
10.			2	1	2	3	2	2					3	4,5
11.			2	1	2	3	2	2					3	4,5
12.			2	1	2	3							4	6
13.			1	0,5	1	1,5	1	1					1	1,5
14.			1	0,5	1	1,5	1	1					1	1,5
15.														
16.														
17.														
18.														
19.														
20.														
21.														
22.														
23.	2	2	2	1	2	3								
24.	2	2	2	1	2	3								
25.	2	2	2	1	2	3							2	3
26.			2	1	2	3							1	1,5
27.			1	0,5	1	1,5	1	1					1	1,5
28.			1	0,5	1	1,5	1	1					1	1,5
29.														
30.														
SA	21	21		36	18	36	54	8	8				36	54

Tage	Leinen-führigkeit		Freifolge		Sitz		Platz		Bringen auf ebener Erde		Bringen über Hürde		Steh		Voraus-senden		Ablegen		Summe Anzahl	Summe Zeit in Min.	Bemer-kungen
	A	Z	A	Z	A	Z	A	Z	A	Z	A	Z	A	Z	A	Z	A	Z	A	Z	
1.																			9	9	
2.																			8	9	**Teilziele**
3.																			8	9	wie im
4.																			16	17,5	11. Lebens-
5.																			2	2	monat
6.																			1	1	
7.																			16	18	
8.	1	3	1	3	1	1	1	1	1	1	1	1			1	1	1	10	24	39	
9.																			10	12	
10.																			9	10,5	
11.																			9	10,5	
12.																			10	12	
13.	1	3	1	3	1	1	1	1	1	1	1	1			1	1	1	10	12	25,5	
14.																			5	28,5	
15.	1	3	1	3	1	1	1	1	1	1									5	9	
16.																					
17.	1	3	1	3	1	1	1	1	1	1									5	9	
18.																					
19.	1	3	1	3	1	1	1	1	1	1									5	9	
20.																					
21.																					
22.																					
23.																			7	31	
24.	1	3	1	3	1	1	1	1	1	1	1	1			1	1	1	10	14	27	
25.																			8	9	
26.																			6	6,5	
27.	1	3	1	3	1	1	1	1	1	1	1	1			2	2	1	10	13	26,5	
28.											3	3			2	3	1	10	10	20,5	
29.																					
30.																					
SA	7	21	7	21	7	7	7	7	7	7	7	7			7	7	5	50	212	351	= 5 Std. + 51 Min.

Tabelle 13: Arbeitsaufwand für die SchHI-Prüfung vom 5. bis 14. Lebensmonat

Anzahl und Zeit der Übungen im 13. Lebensmonat

März/April 19 . . .

Tage	Gerade Fährte		L-Form-Fährte		⊔-Form-Fährte		⊓-Form-Fährte		⌐⌐-Fährte		Beutebeißen		Verbellen		Flucht		Abwehr		Revieren		Stellen und Verbellen		Überfall		Flucht und Abwehr		Transport-überfall		Mutprobe		Leinen-führigkeit		Freifolge		Sitz		Platz		Bringen auf ebener Erde		Bringen über Hürde		Steh		Voraus-senden		Ablegen		Summe Anzahl	Summe Zeit in Min.	Bemer-kungen
	A	Z	A	Z	A	Z	A	Z	A	Z	A	Z	A	Z	A	Z	A	Z	A	Z	A	Z	A	Z	A	Z	A	Z	A	Z	A	Z	A	Z	A	Z	A	Z	A	Z	A	Z	A	Z	A	Z	A	Z	A	Z	
1.																																	1	3			1	1			1	1			2	2			5	7	
2.																															1	3			1	1													2	4	**Teilziele**
3.																															1	3			1	1													2	4	Prüfungsmäßige Ausführung der SchHI-Abteilungen
4.																																																			
5.																																																			
6.																																																			
7.																																																			C = Schutzdienst
8.					1	25													1	0,5	1	1,5	1	1					1	1,5	1	3	1	3	1	1	1	1	1	1	1	1			1	1	1	10	13	50,5	B = Unter-
9.					1	25													1	0,5	1	1,5	1	1					1	1,5	1	3	1	3	1	1	1	1	1	1	1	1			1	1	1	10	13	50,5	= ordnungs-
10.																																	1	3			1	1	1	1	2	2			1	1			6	8	= leistungen
11.																																							1	1	1	1			1	1			3	3	
12.																			1	0,5	1	1,5	1	1					1	1,5	1	3	1	3	1	1	1	1	1	1	1	1			1	1	1	10	12	25,5	
13.																			1	0,5	1	1,5	1	1					1	1,5	1	3	1	3	1	1	1	1	1	1	1	1			1	1	1	10	12	25,5	
14.																																																			
15.																																																			
16.																																																			
17.					1	25													1	0,5	1	1,5	1	1					1	1,5																			5	29,5	
18.					1	25													1	0,5	1	1,5	1	1					1	1,5																			5	29,5	
19.																			1	0,5	1	1,5	1	1					1	1,5	1	3	1	3	1	1	1	1	1	1	1	1			1	1	1	10	12	25,5	
20.																																																			
21.																																																			
22.																															1	3	1	3	1	1	1	1	1	1									5	9	
23.																																																			
24.																															1	3	1	3	1	1	1	1	1	1									5	9	
25.																																																			
26.																			1	0,5	1	1,5	1	1					1	1,5																			4	4,5	
27.																																																			
28.																																																			
29.																																																			
30.																																																			
SA					4	100													8	4	8	12	8	8					8	12	9	27	9	27	9	9	9	9	9	9					9	9	5	50	104	285	= 4 Std. + 45 Min.

Tabelle 14: Arbeitsaufwand für die SchHI-Prüfung vom 5. bis 14. Lebensmonat

Anzahl und Zeit der Übungen im 14. Lebensmonat

April/Mai 19 . . .

Tage	Gerade Fährte		L-Form-Fährte		⊔-Form-Fährte		⊓-Form-Fährte		-Fährte		Beutebeißen		Verbellen		Flucht		Abwehr		Revieren		Stellen und Verbellen		Überfall		Flucht und Abwehr		Transport-überfall		Mutprobe		Leinen-führigkeit		Freifolge		Sitz		Platz		Bringen auf ebener Erde		Bringen über Hürde		Steh		Voraus-senden		Ablegen		Summe Anzahl	Summe Zeit in Min.	Bemer-kungen
	A	Z	A	Z	A	Z	A	Z	A	Z	A	Z	A	Z	A	Z	A	Z	A	Z	A	Z	A	Z	A	Z	A	Z	A	Z	A	Z	A	Z	A	Z	A	Z	A	Z	A	Z	A	Z	A	Z	A	Z	A	Z	
1.																																																			
2.																															1	3	1	3	1	1	1	1	1	1	1	1			1	1	1	10	8	21	**Teilziele**
3.																																																			
4.																			1	0,5	1	1,5	1	1					1	1,5	1	3	1	3	1	1	1	1	1	1	1	1			1	1	1	10	12	25,5	wie im 13. Lebens-
5.					1	25													1	0,5	1	1,5	1	1					1	1,5	1	3	1	3	1	1	1	1	1	1	1	1			1	1	1	10	13	50,5	monat
6.																																	1	3			1	1											2	4	
7.																																	1	3	1	1	1	1											3	5	SchHI-Prüfung
8.																																	1	3	1	1	1	1											3	5	A = 100 / V
9.																			1	0,5	1	1,5	1	1					1	1,5	1	3	1	3	1	1	1	1	1	1	1	1			1	1	1	10	12	25,5	B = 92 / sg
10.																																	1	3			1	1											2	4	C = 98 / V
11.																			1	0,5	1	1,5	1	1					1	1,5	1	3	1	3	1	1	1	1	1	1	1	1			1	1	1	10	12	25,5	
12.					1	25																									1	3	1	3	1	1	1	1	1	1	1	1			1	1	1	10	9	46	
13.					1	25													1	0,5	1	1,5	1	1					1	1,5	1	3	1	3	1	1	1	1	1	1	1	1			1	1	1	10	13	50,5	
14.																																																			
15.																			1	0,5	1	1,5	1	1					1	1,5	1	3	1	3	1	1	1	1	1	1	1	1			1	1	1	10	12	25,5	
16.					1	25													1	0,5	1	1,5	1	1					1	1,5	1	3	1	3	1	1	1	1	1	1	1	1			1	1	1	10	13	50,5	
17.																																																			
18.					1	25													1	0,5	1	1,5	1	1					1	1,5	1	3	1	3	1	1	1	1	1	1	1	1			1	1	1	10	13	50,5	
19.																																																			
20.																																																			
21.																																																			
22.																																																			
23.																																																			
24.																																																			
25.					1	25													1	0,5	1	1,5	1	1					1	2	1	3	1	3	1	1	1	1	1	1	1	1			1	1	1	10	13	51	Prüfung
26.																																																			
27.																																																			
28.																																																			
29.																																																			
30.																																																			
SA					6	150													9	4,5	9	13,5	9	9					9	14	11	33	15	45	13	13	15	15	11	11	11	11			11	11	11	110	140	440	= 7 Std. + 20 Min.

Tabelle 15: Arbeitsaufwand für die SchHI-Prüfung vom 5. bis 14. Lebensmonat

Anzahl und Zeit der einzelnen Übungen

Tier: Deutscher Schäferhund Rüde gew. am 19.2.19. . .

Abteilung A (Fährten)

Monate	Tag Gesamt-Mittelwert A	Tag Gesamt-Mittelwert Z	Gerade Fährte A	Gerade Fährte Z	L-Form-Fährte A	L-Form-Fährte Z	U-Form-Fährte A	U-Form-Fährte Z	⊓-Form-Fährte A	⊓-Form-Fährte Z	Stufen-Form-Fährte A	Stufen-Form-Fährte Z	Summe A	Summe Z
5. Monat Juli/Aug. 19. . .	3,37	17,43	12	180	8	240							20	420
6. Monat Aug./Sept. 19. . .	2,97	22,13			5	155	15	425					20	580
7. Monat Sept./Okt. 19. . .	3,13	16,23			1	30	7	210	4	140			12	380
8. Monat Okt./Nov. 19. . .	3,37	12,50					5	160	1	40	1	25	7	225
9. Monat Nov./Dez. 19. . .	2,60	9,30					3	75	1	50	1	30	5	155
10. Monat Dez./Jan. 19. . .	5,17	10,06					2	50					2	50
11. Monat Jan./Febr. 19. . .	3,87	8,10					2	50					2	50
12. Monat Febr./März 19. . .	7,07	11,70					2	50					2	50
13. Monat März/April 19. . .	3,47	9,50					4	100					4	100
14. Monat April/Mai 19. . .	4,23	12,97					5	125					5	125
Summe	3,92	13,00	12	180	14	425	45	1245	6	230	2	55	79	2135
13.5.1978 SchHI-Prüf.	290	v					1	25					1	25

Abt. A = 100 Pkt.
Note: vorzüglich

Abteilung C (Schutzdienst)

Monate	Beute-beißen A	Beute-beißen Z	Verbellen A	Verbellen Z	Flucht A	Flucht Z	Revieren A	Revieren Z	Beißen – aus – Verb. A	Beißen – aus – Verb. Z	Stellen und Verbellen A	Stellen und Verbellen Z	Überfall A	Überfall Z	Mutprobe A	Mutprobe Z	Summe A	Summe Z
5. Monat Juli/Aug. 19. . .	30	30	24	24													54	54
6. Monat Aug./Sept. 19. . .	8	8	8	8	7	7	10	5			10	15			2	3	45	46
7. Monat Sept./Okt. 19. . .	8	8	4	4	4	4	13	6			13	20			13	20	55	62
8. Monat Okt./Nov. 19. . .	3	3			2	2	12	6			12	18	3	3	12	18	44	50
9. Monat Nov./Dez. 19. . .	3	3	3	3	3	3	3	2			3	5	3	3	3	5	21	24
10. Monat Dez./Jan. 19. . .	3	3			9	9	12	6			12	18	8	8	8	12	52	56
11. Monat Jan./Febr. 19. . .	4	4			9	9	14	7	12	12	14	21	2	2	2	3	57	58
12. Monat Febr./März 19. . .	3	3			16	16	36	18	21	21	36	54	8	8	36	54	156	174
13. Monat März/April 19. . .							8	4			8	12	8	8	8	12	32	36
14. Monat April/Mai 19. . .							8	4			8	12	8	8	8	12	32	36
Summe	62	62	39	39	50	50	116	58	33	33	116	175	40	40	92	139	548	596
13.5.1978 SchHI-Prüf.							1	0,5			1	1,5	1	1	1	2	4	5

Abt. C = 98 Pkt. von 100 Pkt.
Note: vorzüglich (v)

Abteilung B (Unterordnung) und Gesamt

Monate	Leinen-führigkeit A	Leinen-führigkeit Z	Freifolge A	Freifolge Z	Sitz A	Sitz Z	Platz A	Platz Z	Bringen auf ebener Erde A	Bringen auf ebener Erde Z	Bringen über Hürde A	Bringen über Hürde Z	Voraussenden mit Platz A	Voraussenden mit Platz Z	Ablegen unter Ablenkung A	Ablegen unter Ablenkung Z	Steh A	Steh Z	Summe A	Summe Z	Gesamt Summe Anzahl A	Gesamt Summe Zeit in Min. Z
5. Monat Juli/Aug. 19. . .	11	33			16	16													27	49	101	523
6. Monat Aug./Sept. 19. . .	7	21			7	7			7	7							3	3	24	38	89	664
7. Monat Sept./Okt. 19. . .	7	21	2	6	7	7	3	3	3	3							5	5	27	45	94	487
8. Monat Okt./Nov. 19. . .	10	30	6	18	7	7	7	7	12	12					2	20	6	6	50	100	101	375
9. Monat Nov./Dez. 19. . .	10	30	5	15	10	10	10	10	10	10	5	5			2	20			52	100	78	279
10. Monat Dez./Jan. 19. . .	19	57	15	45	23	23	12	12	16	16	10	10	3	3	3	30			101	196	155	302
11. Monat Jan./Febr. 19. . .	6	18	6	18	7	7	7	7	12	12	7	7	6	6	6	60			57	135	116	243
12. Monat Febr./März 19. . .	7	21	7	21	7	7	7	7	7	7	7	7	7	7	5	50			54	127	212	351
13. Monat März/April 19. . .	9	27	9	27	9	9	9	9	9	9	9	9	9	9	5	50			68	149	104	285
14. Monat April/Mai 19. . .	10	30	14	42	12	12	14	14	10	10	10	10	10	10	10	100			90	228	127	389
Summe	96	288	64	192	105	105	69	69	86	86	48	48	35	35	33	330	14	14	550	1167	1177	3898
13.5.1978 SchHI-Prüf.	1	3	1	3	1	1	1	1	1	1	1	1	1	1	1	10			8	21	13	51

Abt. B = 92 Pkt. von 100 Pkt.
Note: sehr gut (sg)

Bemerkungen:

Hauptfehler in Abt. B:
Bei der Übung „Platz" machte der Hund „Sitz".

Mittelwerte	A	Z	Abt. A	Abt. C	Abt. B
pro Monat	118	390	A = 7,9 Z = 213,5	A = 54,8 Z = 59,6	A = 55,0 Z = 116,7
pro Woche	29,42	97,46	A = 1,97 Z = 53,38	A = 13,70 Z = 14,90	A = 13,75 Z = 29,18
pro Tag	3,92	13,00	A = 0,26 Z = 7,12	A = 1,83 Z = 1,99	A = 1,83 Z = 3,89

Vergleichen wir den Arbeitsaufwand der einzelnen Hundeführer miteinander, dann können wir bei fast gleichen Voraussetzungen teilweise sehr große Unterschiede feststellen. Die Ursache dieser erheblichen, aber unnötigen Differenzen bilden sehr oft folgende unberücksichtigte Tatsachen, vor allem bei Hunden aus „zweiter Hand“:

1. Die soziale Partnerschaft zwischen Mensch und Hund sowie die Leistungen des Schutzhundes richten sich stets nach dem Verhalten des Hundeführers. Dies bedeutet: Dasselbe Tier kann je nach der Gesellschaft seines jeweiligen Sozialpartners ein verschiedenes Verhalten, ein anderes Charakterbild an den Tag legen. Zum Beispiel kann ein Schutzhund bei einem autoritären Hundeführer ein folgsamer, arbeitsfreudiger und zufriedener „Meutekumpan“ sein, während er nach dem Wechsel zu einem unautoritären Hundeführer nicht mehr gehorcht und sogar Neurosen bekommt. Die jeweilige Umwelt wird also zum integrierenden Bestandteil des feiner abgestuften individuellen Verhaltensbildes des Hundes.
2. Robusten, harten und geltungssüchtigen Schutzhunden müssen wir rechtzeitig, nachdrücklich und oft wiederholt unsere Autorität unmißverständlich klarmachen, sonst gibt es immer wieder „Rangstreitigkeiten“ zwischen Hundeführer und Hund. Der zurechtgewiesene Hund ist dann jedesmal seelisch befreit, wird uns nichts nachtragen und uns um so mehr lieben, respektieren und gehorchen. Also: ein harter, eigenwilliger und wehrhafter Schutzhund braucht einen noch härteren Hundeführer, wenn er ihn als Rudelführer anerkennen soll.

Die Idealstufe jeder sportlichen Tätigkeit ist erreicht, wenn der Hund absoluten Gehorsam zeigt und ihm die Arbeit zum Bedürfnis und Ausführung zur Belohnung geworden sind. Denn nur dann zeigt der Hund ein Höchstmaß an der notwendigen Arbeitsfreude, Aufmerksamkeit, Führigkeit, Korrektheit, Konzentration, Schnelligkeit, Sicherheit etc.

Bei dem Airedale-Terrier auf den Abbildungen 1 bis 6 sind diese idealen Tätigkeitsmerkmale beispielhaft bei den Übungen „Folgen bei Fuß", „Ablegen", „Stehen", „Herankommen", „Vorsitzen", „Bei Fuß sitzen" deutlich zu erkennen.

Abb. 1

Abb. 2

Abb. 3

Abb. 4

Abb. 5

Abb. 6

Kapitel 11

Auflistung der Kernpunkte

Ein Lebewesen auszubilden, abzurichten, zu erziehen, zu formen oder zu lehren bedeutet, daß wir in *bewußter* Absicht das Verhalten eines Tieres in die von uns gewünschten Bahnen lenken und vorbestimmten Endformen zuführen. Dabei ist die Qualität und der Erfolg des Lehr- und Lernprozesses im wesentlichen abhängig von der geistigen Reife des Tierlehrers. Denn diese bestimmt letztlich seine Qualifikation. So kann z. B. der Ausbilder eines Hundes ein „Dressurhandwerker" oder ein „Dressurkünstler" sein, d. h. der Hundeführer kann die Formung des Hundes als eine Art Handwerk (Hobby) oder als eine Kunst (Lebensaufgabe) betrachten und durchführen.

Unabhängig von der persönlichen Einstellung des Hundeführers bedingt die richtige *und* erfolgreiche Formung und Führung des Hundes einige wichtige lern- und tierpsychologische Tatsachen, die für *beide* „Berufszweige" gleichermaßen gültig sind. Dabei hängt der praktische Erfolg in erster Linie davon ab, wie *gut* der Hundeführer diese Erkenntnisse auf die Eigenschaftskonstellation seines Hundes ausrichten kann. Die entscheidenden Kernpunkte der art- und wesensgerechten, lernpsychologisch *richtigen* Formung und Führung des Hundes ergeben aufgelistet folgende Regeln:

1. Übernimm für *alle* Belange im Umgang mit dem Hund *jederzeit selbst* die Verantwortung und konzentriere deine *ganze* Energie *ausschließlich* auf den Weg zum *erfolgreichen* Hundeführer.
2. Erkenne deine *eigene* Wesensart durch eine *ehrliche* Selbstanalyse, stelle *objektiv* deine Führanlagen fest und vervollkommne *optimal* deine Führerqualifikation im Rahmen deiner Fähigkeiten und Möglichkeiten.
3. Eigne dir ein *umfangreiches* Fachwissen an, prüfe *sachlich* deine Hundehaltung und wähle im Tatfall *stets* einen Hund, der deiner Führ-Reife, deinen Vorstellungen und deiner Umwelt am *besten* entspricht.
4. Baue das Mensch-Hund-Verhältnis *immer* auf der Ebene des Hundes auf und behandle den Hund *allezeit* art- und wesensgerecht – auch wenn es manchmal schwerfällt oder die Umwelt verständnislos reagiert.

5. Forme den Hund *von Anfang an* gezielt sowie lern- und tierpsychologisch *richtig*. Dabei vermeide *alles,* was deine Führerrolle in Frage stellt.
6. Beachte bei der Formung des Hundes *stets* das Grundprinzip des Lernens, das Lerndreieck. Dabei unterschreite beim intervallartigen Training *niemals* das Lust-Unlust-Verhältnis von 4 zu 1.
7. Betrachte die Hundeausbildung *primär* als eine Lebensaufgabe und sei mit *ganzem* Herzen bei der Sache. Dabei verliere *nie* den „roten Faden" *jeder vernünftigen* Mensch-Hund-Beziehung und *jeder erfolgreichen* Hundeführung:

   Zuerst denken und dann handeln!

Außer dem *geistigen* Rüstzeug benötigen wir für die Formung und Führung des Hundes noch einige Grundausrüstungsgegenstände. Diese sind:

1. ein großgliederiges, nicht zu großes Kettenwürgehalsband
2. ein der Größe des Hundes angepaßtes Dressurhalsband
3. ein Lederhalsband für Welpen und Junghunde
4. eine Doppelführleine für größere Hunde
5. eine Einfachführleine für kleinere Hunde
6. eine Führschlaufe für größere bzw. eine kurze Führleine für kleinere Hunde
7. eine der Größe des Hundes angepaßte Anlegekette
8. eine reißfeste 10-m-Perlonleine
9. ein 650 g schweres Apportierholz
10. eine Wurfkette
11. ein bis zwei Hartgummibälle von 4 bis 6 cm Durchmesser
12. mehrere Rundhölzer von 2 bis 4 cm Durchmesser, etwa 15 cm lang.

Mit der Verinnerlichung dieses Buches haben wir einen Wissensstand erworben, der uns befähigt, einen Hund in jeder Hinsicht *optimal* zu formen und zu führen.

Die *richtige* Anwendung dieser lern- und tierpsychologischen Erkenntnisse ist in dem Buch „Vom Welpen zum idealen Schutzhund" ausführlich und leicht verständlich dargestellt. Dabei ist dieses auf die Schutzhundausbildung zugeschnittene Fachbuch in Wort und Bild so gestaltet, daß es als Leitfaden für die *erfolgreiche* Formung und Führung *aller* Hunderassen genutzt werden kann. Dies gilt vor allem für den Kern jeder *idealen* Teamarbeit zwischen Mensch und Hund: *Den*

Gehorsam! Denn nur wenn der Hund die Anweisungen des Hundeführers uneingeschränkt und schnell befolgt, können

- unerwünschte Reaktionen des Hundes allezeit sofort unterbunden werden.
- auf allen Gebieten der Hundeausbildung Spitzenleistungen erzielt werden.

GRUNDAUSRÜSTUNGSGEGENSTÄNDE FÜR DEN AUFBAU

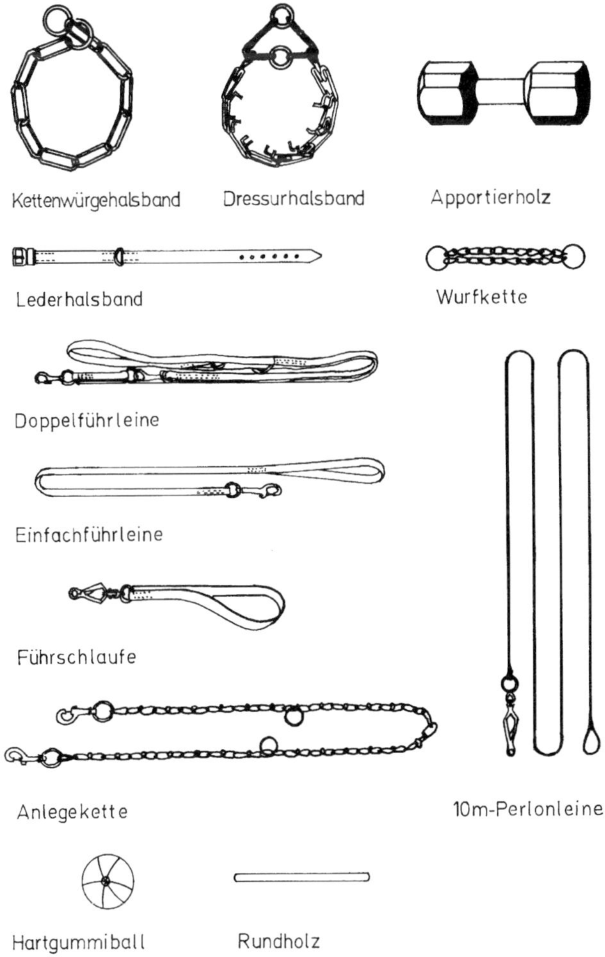

Kapitel 12

Wichtige Grundbegriffe von A–Z

Die Lehre von der Zucht, der Ausbildung und den Krankheiten des Hundes (Kynologie) hat wie jedes andere Teilgebiet der Biologie eine gemeinsame Verständigungsgrundlage und eine eigene Fachsprache. Jedoch besteht in der Kynologie allgemein die *akute* Gefahr, Fachausdrücke *unzulässig* zu deuten, vor allem im *menschlichen* Sinne.

Da solche Fehlinterpretationen aber *nachweislich* den Aufbau eines *optimalen* Mensch-Hund-Verhältnisses hemmen und sogar verhindern, werden nachfolgend einige wichtige kynologische Grundbegriffe näher erläutert.

A

Ablegen bezeichnet das sofortige Platzmachen und ruhige Liegenbleiben des Hundes in jeder Situation und an jeder Stelle.

Afterkrallen sind unerwünschte 5. Zehen an der Innenseite der Hinterläufe des Hundes.

Aggression oder aggressives Verhalten oder Aggressionsverhalten ist die Sammelbezeichnung für alle Elemente des Angriffs-, Verteidigungs- und Drohverhaltens des Hundes. Jedoch wird zwischen innerartiger (Rivale) und zwischenartiger (Beute, Feind) Aggression unterschieden.

Aggressivität bezeichnet das Ausmaß der Angriffsbereitschaft des Hundes. Sie kann innerhalb gewisser Grenzen durch die Umwelt beeinflußt werden, vor allem im frühkindlichen Alter.

Ahnentafel ist der schriftliche Nachweis über Rassenreinheit, Name und Abstammung des Hundes, gehört zum Hund und ist beim Verkauf dem neuen Eigentümer unbedingt unterschrieben auszuhändigen. Die Ahnentafel gilt als Urkunde im juristischen Sinn und wird von dem zuständigen Zuchtbuchamt der Rasse amtlich ausgestellt und schriftlich anerkannt.

Aktionsraum umfaßt das gesamte Wohngebiet des Hundes, einschl. Revier, Auslauffläche usw.

Aktionsspezifische Ermüdung besagt, daß eine durch Reize ausgelöste und gerade abgelaufene Verhaltensweise des Hundes eine Zeitlang nicht mehr oder nur noch mit sehr verstärkter Reizgestaltung ausgelöst werden kann. Sie hat nichts mit einer allgemeinen körperlichen Ermüdung zu tun.

Aktivität ist das Tätigsein des Hundes innerhalb gewisser Grenzen, unterbrochen von einem Ruhezustand.

Alpha-Tier wird jenes Tier eines Rudels genannt, das in der Rangfolge die Spitzenstellung einnimmt (Rudelführer).

Ambivalente Bewegung ist eine Kombination mehrerer Intentionsbewegungen aus den unvereinbaren Trieben in einer Konfliktsituation. Zum Beispiel der wütend bellende, aber in seiner Körperhaltung sich unterwürfig duckende Hund.

Angeboren sind alle Verhaltensweisen des Hundes, die bei seiner Geburt in seinem Organismus vorprogrammiert sind.

Anpassungsfähigkeit ist die erblich bedingte Eigenschaft des Tieres, sich den herrschenden Umweltverhältnissen so anzupassen, daß Lebenskraft, Leistungsfähigkeit und Fortpflanzung nicht geschmälert werden.

Anthropomorphismus ist die Übertragung menschlicher Gestalt und menschlicher Verhaltensweisen auf nichtmenschliche Dinge oder Wesen. Vor allem die Vermenschlichung von Tieren ist eine sehr häufig auftretende Form des Anthropomorphismus, weil bestimmte Körperteile oder Verhaltensweisen eines Tieres beim Menschen Zuneigung oder Abneigung hervorrufen. Diese Vermenschlichung ist aber der größte Feind einer guten Mensch-Hund-Beziehung.

Appell bezeichnet die unbedingte Folgsamkeit des Hundes. Sie wird durch ständiges und zielbewußtes Üben erreicht.

Appetenz ist die Bezeichnung für einen auf eine bestimmte Reizsituation gerichteten Erregungszustand, der erst bei Eintritt der Reizsituation von der zielbildenden Endhandlung abgelöst wird.

Appetenzverhalten oder Suchverhalten bezeichnet das aktive Anstreben einer auslösenden Reizsituation. Es strebt die Endhandlung als Ziel an, ist frei von aktionsspezifischer Ermüdung und ist die lernfähige Phase des Hundes. Dabei wird zwischen gerichteten (ererbten oder erlernten Verhaltensanteilen) und ungerichteten (lokomotorischer Aktivität) Appetenzverhalten unterschieden.

Apportieren ist das Heranbringen eines ausgelegten oder weggeworfenen Gegenstandes.

Artspezifisch oder artgemäß bezeichnet in diesem Buch ein typisch hundliches Verhalten.

Assoziation ist die Verknüpfung von Vorstellungen, von denen die eine die andere hervorgerufen hat.

Aufbau ist allgemein die systematische Formung des Hundes mit Hilfe von dosierten Umweltreizen. Er sollte so früh wie möglich beginnen sowie art- und wesensgerecht durchgeführt werden.

Augenerkrankung deuten z. B. an: Rötung der Bindehaut, Tränenfluß, Entzündung, Eiterung, Schwellung des Lidrandes, eitriger Ausfluß oder Glanzlosigkeit der durchsichtigen Hornhaut, Trübung der Linse.

Assoziatives Lernen umfaßt zwei Lernarten:

– das Lernen nach Art der „bedingten" Reflexe, d. h. Aneignung der Fähigkeit, auf einen gegebenen Reiz mit einer einem anderen Reiz zugehörigen Reaktion zu antworten.

- das Lernen durch „Versuch und Irrtum" oder „Lernen aus Erfahrung", d. h. Aneignung einer Verhaltensweise durch wiederholte körperliche Erfahrung, wozu auch unangenehme Erlebnisse gehören. Diese Lehrweise verwendet die Hundemutter wie der Rudelführer.

Ausbildungskennzeichen ist ein auf Prüfungen eines Rassezuchtvereins erworbenes Kennzeichen, z. B. Internationale Prüfung, Stufe I–III. Bei einem Schutzhund sollte z. B. immer das höchste Ausbildungskennzeichen angestrebt werden. Hunde, die dieses Ziel nicht oder nur mit mäßigem Erfolg erreichen, sind für die Zucht von Leistungstieren wenig geeignet.

Ausdauer beinhaltet

1. die Eigenschaft, Triebhandlungen zu Ende zu führen, ohne sich ablenken zu lassen oder sie rasch abzubauen.
2. die Fähigkeit, körperliche, psychische Anstrengungen ohne offensichtliche Ermüdungserscheinungen durchzustehen.

Ausdruck sind die äußeren Merkmale der seelischen und geistigen Verfassung des Hundes, der sich entsprechend den verschiedenen Situationen verändern kann.

Ausdrucksverhalten ist die Sammelbezeichnung für alle Verhaltensweisen, die der innerartigen Verständigung dienen (Stimme, Mimik, Körperhaltung, Gebärden, Augenausdruck).

Ausgleichungstendenz ist ein Vorgang bei Lebewesen, die in ständigem sozialem Kontakt zueinander stehen. Sie gleichen sich mit der Zeit einander an. Hier gilt: „Wie der Herr, so das Gescherr."

Auslöser sind Verhaltensänderungen des Hundes, deren Aufgabe darin besteht, beim Partner eine Antwort auszulösen. Es ist Teil des Schlüsselreizes.

Ausscheidungsverhalten umfaßt Handlungen wie Harn- und Kotabsatz, Erbrechen, Anal-Markierungsverhalten, Scharren mit den Pfoten nach dem Kotabsatz usw.

Außenreize sind Sinnesreize außerhalb des hundlichen Körpers, die in unterschiedlicher Weise seine Triebhandlungen in Gang setzen. Daneben können sie auch die Richtung einer Bewegung bestimmen (richtende Reize) oder die weitere Handlungsbereitschaft des Hundes beeinflussen (motivierende Reize).

Autokrankheit ist eine Reisekrankheit, die durch Bewegung ausgelöst wird, an die der Körper nicht gewöhnt ist.

Aversion ist die Bezeichnung für einen während der Dauer eines Störreizes bestehenden Erregungszustand, der erst mit dem Aufhören des Störreizes abklingt.

B

Bastard ist ein Nachkomme von zwei Arten innerhalb einer Gattung, z. B. Wolf/Hund.

Bedingte Aktion ist eine positive instrumentelle Konditionierung, bei der der Hund lernt, ein Bedürfnis durch gezielte Aktivität zu befriedigen.

Bedingte Appetenz ist eine positive klassische Konditionierung, bei der der Hund die neuen auslösenden und/oder richtenden Reize mit dem Appetenzverhalten verbindet. Sie führt bei wiederholt auftretender gleicher Reizsituation zu einer „bedingten Aktion".

Bedingte Aversion ist eine negative klassische Konditionierung, bei der der Hund die neuen auslösenden und/oder richtenden Reize mit dem Meideverhalten verbindet. Sie führt bei wiederholt auftretender gleicher Reizsituation zu einer bedingten Hemmung.

Bedingte Hemmung ist eine negative instrumentelle Konditionierung, bei der der Hund lernt, ein Verhalten künftig zu unterdrücken.

Beißen sollte der Hund nur im Notfall oder auf Befehl seines Herrn. Der Hundebesitzer hat für entstehenden Schaden gesetzlich zu haften.

Beißerei ist Kampf unter Hunden. Ankündigung: Knurren, Hochstellen der Rückenhaare und der Rute, Zähne zeigen, stelzender Gang, Aufrichten der Ohren. Schlichtung: beide Besitzer heben ihren Hund an den Hinterbeinen hoch.
Schuld: der Besitzer, der seiner Sorgfaltspflicht nicht genügte, z. B. ein Hund war nicht angeleint.

Belehrung ist eine ruhige, konsequente und spielerische bis maßregelnde Gewöhnung des Hundes an ganz bestimmte Verhaltensweisen. Sie erfolgt in der Zeit von der 8. bis 16. Woche.

Bellen ist die vielgestaltige Lautäußerung des Hundes, welche bis zur Lärmbelästigung führen kann. Deshalb sollte jeder Hund dazu erzogen werden, daß er seine Lautäußerungen der Umwelt anpaßt.

Beschwichtigungsgebärde oder Befriedigungsgeste bezeichnet alle Verhaltensweisen, die eine innerartige Aggression unter Hemmung setzen (Begrüßungsgesten, Bettelbewegungen, Begattungsaufforderung).

Beta-Tier ist das an zweiter Stelle stehende Tier eines Rudels (Vizerudelführer).

Beutetrieb ist mit dem Jagdtrieb nahe verwandt und äußert sich in dem Bestreben, Beuteobjekte z. B. zu suchen, zu verweisen, aufzustöbern, zu hetzen, zu treiben, nachzuspringen, zu fangen, zu fassen, festzuhalten, niederzureißen, totzuschütteln.

Bewachungsverhalten umfaßt Handlungen wie das Bewachen von Haus und Hof, von Gegenständen, Lebewesen und das Bellen.

Bewegungs- und Betätigungstrieb ist der mehr oder weniger intensive Drang, die angestaute physische und psychische Energie in Form von Bewegung oder irgendwelcher Betätigung zu entladen. Die Grundlage ist die konstitutionelle und konditionelle Verfassung des Hundes.

Bewertung ist die Beurteilung eines Hundes im Hinblick auf Schönheit, Leistung und Zuchteignung durch Prüfrichter an Hand der festgelegten Rasse- und Leistungsmerkmale.

Bissigkeit trifft dann bei Hunden zu, wenn sie ohne besonderen Grund Lebewesen angreifen oder auf jede nur scheinbare Bedrohung mit einem blindwütigen Angriff reagieren. Sie wird den Hunden oft durch falsche Erziehung beigebracht (aneifern, anhetzen). Angstbeißen ist Wesensschwäche.

Blutlinie = Ahnenreihe einer bestimmten Familie, die durch bestimmte Ahnen und deren Sprosse innerhalb der Ahnentafel repräsentiert wird.

Bringtrieb ist das Bestreben, Beuteobjekte oder Teile von ihnen aufzunehmen, zu verschleppen, zu verstecken, zu vergraben oder zu bringen.

C

CACIB bedeutet Certificat d'Aptitude au Championnat International de Beauté = Anwartschaft auf das internationale Schönheitschampionat.

CACIT bedeutet Certificat d'Aptitude au Championnat International de Travail = Anwartschaft auf das internationale Arbeitschampionat (für Gebrauchshunde).

Caniden sind hundeartige Raubtiere. Canis familiaris ist der Haushund.

Chromosomen sind Teile des Zellkerns, in dem sich die Erbanlagen befinden. Der Hund besitzt in jeder Körperzelle 39 Chromosomenpaare = 78 Chromosomen. Bei Teilung der Keimzelle findet eine Reduktion auf die Hälfte der Chromosomen statt, wobei diese rein zufällig ist. Die Zahl der theoretisch möglichen Kombinationen beträgt 549 755 873 888.

D

Demutsgebärde ist eine Unterwerfungsgeste, die in der innerartigen Auseinandersetzung vom unterlegenen Hund eingenommen wird. Sie ist in ihrer Form oft das Gegenteil der Drohbewegung.

Domestikation bedeutet Haustierwerdung. Es ist der Ersatz der natürlichen Auslese (Selektion) durch künstliche Zuchtwahl des Menschen.

Domestikationsmerkmale sind erbliche Veränderungen im Verhalten und im Körperbau des Hundes im Vergleich zu seiner wilden Stammform, dem Wolf (übermäßige Triebregung, Muskelschlaffheit, ausdrucksloser Gesichtszug, Albinismus, Mopskopf, Dackelbeine usw.).

Dominant wird innerhalb der sozialen Rangordmung der jeweils überlegene Hund bezeichnet.

Dressur oder Abrichtung oder Abführung oder Ausbildung bezeichnet die Endphase der hundlichen Lernleistung, niemals den Beginn oder eine

Zwischenphase. In dieser letzten Lernphase werden die früher gelernten Lernschritte (Aufbau) zu einer komplizierten Gesamtleistung aneinandergereiht. Diese Tätigkeit erfolgt meist mit bedeutendem Affektaufwand und einer maximalen Intensität der Mensch-Hund-Beziehung.

Drohgebärde ist eine Einschüchterungsgeste, die den Zweck hat, einen Rivalen oder Feind so einzuschüchtern, daß es nicht zum Kampf kommt. Sie entspringt in der Regel dem Konflikt zwischen Angriffs- und Fluchtdrang.

Duftmarkieren ist die Bezeichnung für die geruchliche Kennzeichnung eines Reviers, eines Sozialpartners oder des eigenen Körpers. Dies kann durch Harn, Kot, Speichel oder Drüsensekret geschehen.

Durchfall ist z. B. eine Folge von verdorbener Nahrung, eines unreinen Futternapfes, von unverträglichen Nahrungsmitteln usw. Stopfend wirken mit Kamillentee angerührte Haferflocken, Reis, Knochenmehl, Karottensaft, geriebene Äpfel, zartes Fleisch.

Durst sollte der Hund nie leiden. Ab zwei Stunden nach der Fütterung sollte dem Hund mehrmals täglich frisches Wasser gereicht werden (bis ca. 17 Uhr). Hierbei gilt: je trockener die Nahrung, desto größer die Flüssigkeitsmenge, die der Körper für die chemische Reaktion benötigt. Krankhaftes Durstgefühl tritt bei Nierenerkrankungen, Diabetes und hohem Fieber auf.

E

Endhandlung ist eine relativ einfache, kurze und oft sehr starre Erbkoordination, die am Ende einer Folge von Appetenzhandlungen auftritt. Sie wirkt allgemein „triebverzehrend“ oder „triebbefriedigend“ und kann durch Negativreize nur ausnahmsweise gehemmt werden.

Entwicklungsphasen des Hundes sind: Vegetative Phase (1. und 2. Woche); Übergangsphase (3. Woche); Prägungsphase (4. bis 7. Woche); Sozialisierungsphase (8. bis 12. Woche); Rangordnungsphase (13. bis 16. Woche); Rudelordnungsphase (5. bis 6. Monat); Pubertätsphase (7. bis 10. Monat); Erwachsenenphase (ab 11. Monat).

Entwöhnung bezeichnet die Loslösung des Welpen von der Mutter nach Beendigung seiner ernährungsbedingten Abhängigkeit.

Erbanlagen. Die Träger der Erbanlagen oder Gene sind die Chromosomen. Die Erbanlagen können dominant und rezessiv sein. Sie mischen sich nicht wie Flüssigkeiten, sondern wie verschiedenfarbige Kugeln, die unverändert ihre Farben beibehalten, wie immer sie auch gemischt werden. Die Vererbung folgt also dem Gesetz der Spaltung und nicht einer Anteilsregelung. Ob und wieviel Erbgut ein Hund von seinen Ahnen mitbekommt, bleibt dem Zufall überlassen. Dabei vererben sich jedoch nicht die im Laufe eines individuellen Lebens erworbenen Eigenschaften.

Erbrechen ist z. B. eine Folge von überfülltem Magen, verdorbener Nahrung usw. Behandlung mit Schonkost wie beim Durchfall.

Erbkoordination ist ein erblich festgelegter Bewegungsablauf, der von bestimmten Umweltreizen ausgelöst wird und dann zwanghaft abläuft.

Erfahrungsentzug oder Lernentzug bezeichnet das Vorenthalten bestimmter Erfahrungen bei der Aufzucht und dem Aufbau des Hundes.

Erkennen ist die Fähigkeit des Hundes, zwei oder mehr Reize voneinander zu unterscheiden.

Erkundungsverhalten oder Neugierverhalten ist das freiwillige und ungezwungene Aufsuchen und aktive Untersuchen neuer Reizsituationen. Es ist in der Jugend des Hundes besonders ausgeprägt und zeichnet sich durch einen hohen Grad freier Kombinierbarkeit von unterschiedlichen Verhaltensweisen aus.

Ermüdung bezeichnet allgemein die abnehmende Auslösbarkeit einer hundlichen Handlung.

Erregung bezeichnet allgemein die gesteigerte Ansprechbereitschaft des Hundes auf Außenreize aller Art.

Ersatzhandlung ist eine Bewegung, die nicht auf das handlungsauslösende Objekt, sondern auf ein Ausweichobjekt gerichtet ist. Sie tritt in einer Konfliktsituation auf.

Erwerbskoordination ist eine zeitweilige oder langandauernde individuelle Verhaltensweise des Hundes, die das Ergebnis einer Umwelterfahrung ist.

Erziehung ist die ruhige und konsequente Anpassung des Junghundes an das Leben im Mensch-Hund-Rudel. Sie erfolgt in der Zeit vom 5. bis 10. Monat.

Ethologie ist allgemein das Studium tierlichen Verhaltens mit den Methoden der Biologie (Verhaltensbiologie).

Eugenik ist die Förderung des Erbgutes durch züchterische Maßnahmen.

Extinktion oder Auslöschen bezeichnet das Verschwinden einer erlernten Verhaltensweise nach der instrumentellen Konditionierung bzw. einer erlernten Verknüpfung nach der klassischen Konditionierung, wenn die entsprechenden Verstärker ausbleiben.

F

FCI bedeutet Fédération Cynologique International = Internationale Kynologische Vereinigung.

Fehlprägung erfolgt beim Hund durch „falsche" Erfahrung während seiner sensiblen Phase.

Fellsträuben ist das Aufrichten der Haare als Wärmeschutz oder Verständigungsmittel.

Fluchtdistanz ist derjenige Abstand, bei dessen Unterschreitung der Hund vor einem bestimmten Objekt die Flucht ergreift. Sie kann von Hund zu Hund verschieden groß sein.

Fluchttrieb ist das Bestreben des Hundes, sich einer Gefahr durch Verhaltensweisen der Flucht zu entziehen.

Folgsam oder gehorsam ist ein Hund, wenn er die Anweisungen seines Führers sofort und genau ausführt.

Frustrationssituation entsteht, wenn der Hund einen sehr stark erregten Trieb durch äußere Umstände nicht abreagieren kann.

Führigkeit ist die Bereitschaft des Hundes, sich in die Meutegemeinschaft einzuordnen und dem ranghöheren Meutekumpan zu gehorchen. Die psychische Voraussetzung dafür ist die Unterordnungsbereitschaft.

Futtermenge ist beim Hund so zu bemessen, daß er schlank bleibt. Seine Rippen sollten beim Streicheln des seitlichen Brustkorbes mit der flachen Hand gut zu fühlen sein.

G

Gebärden oder Gesten sind Ausdrucksformen wie Demutsgebärden, Imponiergehabe, Drohstellung, Freude, Schmerz, Unsicherheit, Angst usw.

Gebiß besteht beim Welpen aus 28 Zähnen (Milchgebiß) und beim erwachsenen Hund aus 42 Zähnen. Diese teilen sich auf in:

Schneidezähne	6 + 6
Fang- oder Hakenzähne	2 + 2
Lückenzähne oder Prämolaren	8 + 8
Mahlzähne oder Molaren	4 + 6
Summe oben + unten	20 + 22

Die „Reißzähne" sind die Prämolaren 4 oben und die Molaren 1 unten. Beim Deutschen Schäferhund kann zwischen diesen beiden Zähnen ein Druck von etwa 1 650 kg pro cm^2 entstehen.

Gedächtnis ist allgemein die Fähigkeit, Informationen abrufbereit zu speichern. Der Hund hat ein erworbenes „Individualgedächtnis" und ein ererbtes „Artgedächtnis".

Gehirn umfaßt Lust und Unlust vermittelnde Flächen, deren Verhältnis etwa bei 4:1 liegt.

Gehör rangiert beim Hund an 2. Stelle. Es kann Schallfrequenzen von 30 000 bis 80 000 Hz wahrnehmen und Geräuschquellen sehr genau lokalisieren.

Geltungstrieb zeigt sich im Bestreben des Hundes, innerhalb des Rudels eine ranghöhere Stellung einzunehmen, z. B. die des Rudelführers.

Generalisation oder Reizgeneralisation ist die Fähigkeit des Hundes, bestimmte Einzelerfahrungen, insbesondere traumatische, auf ähnliche Reizkombinationen zu übertragen.

Genotyp bezeichnet die Gesamtheit der Erbmasse oder das Erbbild des Hundes.

Gene sind Erbeinheiten innerhalb der Zelle. Die gesamten Gen-Komplexe bilden die Erbmasse.

Geruchssinn steht beim Hund an erster Stelle. Die Nase besitzt eine Schleimhaut von ca. 160 qcm und ist beim Hund mittlerer Größe 0,1 cm dick. Die Anzahl der Geruchsrezeptoren reicht bis 220 Millionen.

Geselligkeitsbedürfnis oder Sozialappetenz oder Sozialtrieb bezeichnet die Bereitschaft des Hundes, sich dem Artgenossen oder dem Menschen anzuschließen.

Gesichtssinn ist beim Hund drittrangig. Das Scharfsehen reicht bis 8 m, das Bewegungssehen von ca. 5 bis 350 m und das Flächensehen umfaßt einen Winkel von ca. 220 bis 270 Grad.

Gewöhnung ist allgemein die Fähigkeit des Hundes, sich an wiederholt auftretende, folgenlose Reize zu gewöhnen und nicht mehr auf sie zu reagieren. Dieser Abbau der vorhandenen Reizbeantwortung ist eine einfache Lernform und stellt gleichsam das Gegenstück zur klassischen Konditionierung dar. Denn bei der Gewöhnung wird ein primär reaktionsauslösender Reiz zu einem neutralen Reiz.

H

Haarausfall kann, sofern er nicht durch Parasiten oder Räude verursacht wird, auf Vitaminmangel oder Vergiftung beruhen. Jedoch haart der Hund zweimal im Jahr. Dann sollte er täglich gebürstet werden.

Handscheu wird ein Hund z. B. durch rohe Behandlung, allzu viele Schläge mit der Hand oder dem Stock, Strafreize nach dem Herankommen, falscher oder vermenschlichender Aufbau.

Hart ist der Hund, wenn er unlustvolle Empfindungen und Erlebnisse hinnimmt, ohne sich im Moment oder auf Dauer wesentlich beeindrucken zu lassen. Also eine geringe Empfindlichkeit gegenüber Schmerz, Strafe, Niederlage im Kampf usw. Die Folge ist eine schlechtere Führigkeit. Andererseits ist Härte durch zweckmäßige Haltung und durch Training erheblich steigerungsfähig.

Hauterkrankung deuten z. B. an: Juckreiz (Kratzen, Lecken, Beißen), nässende Stellen, Pusteln, Erhebungen, Tumoren, Schuppen, Auflagerungen, punkt- bis flächenförmige Verfärbungen, Verdickungen, Fältelungen, Haarbruch, Haarlosigkeit, Haarfärbung.

Heim erster Ordnung ist das Gebiet, in dem sich der Schlaf-, Ruhe- und Freßplatz des Hundes befindet. Diesen dürfen nur engste persönliche „Angehörige" bewohnen.

Heim zweiter Ordnung ist ein begrenztes Gebiet um das Heim erster Ordnung, z. B. die ständige Auslauffläche des Hundes.

Hemmung bezeichnet beim Hund eine durch äußere oder innere Reize bzw. durch entgegengesetzte Verhaltenstendenz blockierte Verhaltensweise.

Hepatitis ist eine fast immer tödlich endende infektiöse Leberentzündung. Anzeichen sind hohes Fieber, Mattigkeit, Appetitlosigkeit, Erbrechen,

Durchfall, Bindehautentzündung, Bauch sehr empfindlich gegen Berührung. Vorbeugend wirken Impfungen im Alter von ca. 8 und 13 Wochen.

Hetzen ist das Verfolgen einer Beute auf Sicht oder mit der Nase.

Hierarchie oder Rangstufe ist allgemein die Herrschaft einer übergeordneten über eine untergeordnete Instanz. Dabei wird unterschieden zwischen sozialer Hierarchie (Rangordnung) und Instinkthierarchie.

Hochheben sollte bei kleinen Hunden nur mit beiden Händen erfolgen. Dabei faßt die eine Hand den Nacken des Hundes, während die andere ihn unten abstützt.

Höhere psychische Fähigkeiten umfassen das Lernvermögen und die Assoziations- und Kombinationsbegabung des Hundes. Es sind mehr oder minder ausgeprägte Anlagen, die sich bei dem Aufbau durch eine leichtere oder schwerere Lern- und Auffassungsgabe bemerkbar machen.

Hüftgelenksdysplasie (HD) ist eine vererbbare Fehlentwicklung des Hüftgelenkes, die zu einer chronischen Erkrankung der Hüfte führen kann. Sie kann durch entsprechende Fütterung und Haltung des Welpen in ihrer Entwicklung gehemmt werden.

Hundebesitzer: ist der rechtmäßige Besitzer des Hundes. Zu den Pflichten gehört u. a.: Hundesteuer zahlen; für Schäden, die der Hund anrichtet, haften; beim Spazierengehen mit dem Hund die Straßenverkehrsordnung beachten; Tollwutverdacht sofort melden und den Hund gemäß dem Tierschutzgesetz halten und unterbringen. Wichtig: der Hundebesitzer behält auch dann die Haftung, wenn er die Sorge für die Unterkunft eines Tieres anderen Personen überträgt.

Hündeführer oder Führer ist jene Person, die im Mensch-Hund-Rudel als Führer fungiert. Dies kann der Hundebesitzer selbst oder eine andere Person sein.

Hundesport: dient dem Ziel, die Leistungen der Hunde und deren Gebrauchswert und ihre Schönheit zu steigern.

Hundesprache sind die verschiedenen körperlichen, mimischen und stimmlichen Ausdrücke des Hundes.

Hypertrophie ist das übermäßig häufige Auftreten einer bestimmten Verhaltensweise, z. B. Hypersexualität.

I

Imponierverhalten oder Imponiergehabe bezeichnet allgemein ein verschränktes oder mildes Drohverhalten des Hundes, das auf Artgenossen abweisend, einschüchternd oder beeindruckend wirken soll.

Individualdistanz ist ein individuell sehr stark variierender Abstand, bis auf den der Hund einen Artgenossen oder Menschen an sich heranläßt. Ihr Unterschreiten führt zur Aggression oder zum Ausweichen.

Individualpotenz ist die Durchschlagskraft der Erbanlagen einzelner Hunde, bestimmte Eigenschaften auf ihre Nachkommen zu vererben.

Infantilverhalten umfaßt Handlungen wie Suchen der Milchquelle, Milchtritt, Lecken, Winseln, mit der Rute wedeln oder sie einklemmen, Schnauzebetteln, Hochspringen an Meutegenossen, Anstoßen mit der Pfote oder Nase, Auf-dem-Rücken-Rollen, Beinstrampeln, Harnabsatz, Vorderpfote heben usw.

Innenreiz ist ein Sinnesreiz innerhalb des hundlichen Körpers.

Instinkte sind alle Anlagen zu angeborenen Verhalten. Sie werden durch bestimmte Reize ausgelöst und laufen dann zwanghaft in einer bestimmten Weise ab. Also ein innerer Zwang, eine gewisse Verrichtung in einer bestimmten Art ins Werk setzen zu müssen.

Instinkt-Dressur-Verschränkung bezeichnet die Zusammenschaltung von Teilen der Erbkoordinationen mit Erwerbskoordinationen oder die Ausbildung von Verhaltensmerkmalen durch Wechselwirkungen zwischen Erbgut und Umwelt.

Instinktermüdung ist das Nachlassen der Triebstimmung durch Überbeanspruchung des jeweiligen Triebes, z. B. das Nachlassen des Bringtriebes beim mehrmaligen Apportieren hintereinander.

Instinkthandlung bezeichnet eine Verhaltensweise, mit der der Hund, ohne vorherige Erfahrung zu machen, mit seiner Umwelt in Beziehung tritt. Sie ist unveränderlich wie ein Körperteil.

Instinkthierarchie bedeutet, daß das Gesamtverhalten des Hundes einer gewissen hierarchisch strukturierten Ordnung unterliegt.

Instinktverhalten ist das Suchen des Hundes nach den nötigen Reizen, um sein Triebziel verwirklichen zu können, z. B. Suchen nach den notwendigen Schlüsselreizen, um die Körperausscheidungshandlungen durchführen zu können.

Intelligenz ist die Fähigkeit des Hundes zum Erlernen von Verhaltensweisen. Sie ist zum Teil rassebedingt und kann durch entsprechende Aufbauarbeit gefördert werden. Der Hund besitzt im Gegensatz zum Menschen nur zwei Intelligenzstufen: die Prägung und die soziale Intelligenz.

Intentionsbewegung oder Andeutungsbewegung besagt, daß die Triebstimmung nicht ausreicht, um eine ausgelöste Handlungsfolge zum Abschluß zu bringen. Sie ist das Gegenteil der Leerlaufreaktion.

Inzestzucht ist die Paarung von Geschwistern, von Elternteilen und Kindern, von Großelternteilen und Enkeln.

Inzucht ist die Paarung von stammverwandten Tieren.

J

Junghund ist ein Hund zwischen dem 3. und 11. Lebensmonat. Im Alter von etwa einem dreiviertel Jahr wählt er seinen Herrn.

Juvenil ist ein jugendlicher, noch nicht geschlechtsreifer Hund.

Kampftrieb ist das Bestreben des Hundes, die eigenen Körperkräfte mit einem Rivalen oder Feind zu messen, sei es im Spiel oder im Ernst. Die Voraussetzungen für einen ausgeprägten Kampftrieb sind:
1. das Gefühl der physischen Stärke,
2. die innere Sicherheit und Unerschrockenheit,
3. der Geltungstrieb,
4. eine gewisse Härte und
5. ein ausgeprägtes Sexualverhalten.

Kampfverhalten umfaßt Handlungen wie Droh- und Demutsgebärden der verschiedenen Stärkegrade, mehrere Angriffs- und Kampfesweisen, das Durchschütteln des Gegners usw.

Karnivoren sind Fleischfresser wie Hund und Katze. Merkmale: spitze Zähne zum Festhalten und Zerteilen, verhältnismäßig dünner und kurzer Darm, weil konzentrierte Nahrung. Sie können Zellulose nicht auflösen, weil die notwendigen Baktieren fehlen.

Kauen tut der Hund nicht. Er verschlingt nach Wolfsart alles in großen Happen.

Kauf: des Hundes sollte schriftlich fixiert werden. Die Rassezuchtvereine haben Musterverträge zur Hand.

Kommentkampf oder Turnierkampf ist eine relativ harmlose Kampfform nach festen Regeln. Er dient dazu, Rivalen zu verdrängen oder die Stellung innerhalb der Rangordnung zu vermitteln. Meist geht ein intensives Drohverhalten voraus.

Kommunikation oder Verständigung ist der Prozeß, bei dem ein Hund (Sender) das Verhalten eines anderen (Empfänger) durch Aussenden von Signalen beeinflußt.

Kondition bezeichnet die körperliche Verfassung bzw. den Fütterungs-, Pflege- und Leistungszustand zu einem bestimmten Zeitpunkt.

Konditionierung bezeichnet allgemein ein Verfahren, in deren Verlauf eine Verhaltensweise oder eine andere Reaktion von bestimmten Bedingungen abhängig wird. Dabei wird unterschieden in

a) Klassische Konditionierung

Sie bedeutet, daß ein künstlicher, bisher neutraler Reiz solange mit einem natürlichen Reiz verbunden wird, bis der Signalreiz allein in der Lage ist, die zugehörige Reaktion auszulösen. Der Hund lernt passiv einen neuen Reiz.

b) Instrumentelle Konditionierung

Sie bedeutet, daß eine neue Bewegung mit der Verminderung eines Bedürfnisses in Verbindung gebracht wird. Der Hund lernt aktiv eine neue Bewegung.

Konfliktsituation entsteht für den Hund, wenn zwei miteinander nicht vereinbare Verhaltenstendenzen, z. B. Angriff und Flucht, gleichzeitig aktiviert sind und keine von ihnen eindeutig vorherrscht.

Konfliktverhalten sind Verhaltensweisen, die in einer Konfliktsituation auftreten, z. B. vermehrtes Gähnen in unpassenden Situationen, übertrieben häufiges Kratzen, Sich-Schütteln, Pfoten-Belecken, sinnloses Hin- und Herspringen, Zittern, Winseln, Speicheln, Scharren am Boden oder an Wänden, Erbrechen, Kotabsatz, wiederholtes Beinheben zum Spritzharnen.

Konstitution ist mehr grundlegender und allgemeiner Art. Sie umfaßt die Körperbeschaffenheit in bezug auf Widerstandskraft gegen äußere Einflüsse, die auf die Leistungsfähigkeit hinweisen.

Körperpflegeinstinkt umfaßt Handlungen wie das Sich-Kratzen, Sich-Schütteln, Sich-Lecken, Sich-Beknabbern, das Wischen mit den Vorderpfoten über die Augen, Nase und Ohren, das Reiben des Körpers an Gegenständen oder an einem geliebten Artgenossen, das Belecken eines Meutemitgliedes an allen Körperteilen, außer am Fang (Unterwerfungsgeste), das Wälzen in übelriechenden Gegenständen.

Körung ist die Auswahl von besonders für die Zucht geeigneten Hunden im Hinblick auf Leistung und Schönheit.

Kotfressen = rückartig ererbte Gewohnheit oder aus Vitaminmangel oder Mineralmangel auftretender Aushunger. Keine Untugend. Futter umstellen.

Kreuzung ist die Paarung von Tieren verschiedener Rassen, um neue Rassen zu bilden, bestehende Rassen umzuformen oder zu veredeln.

Kritische Distanz ist der Abstand, bei dem ein in die Enge getriebener Hund zum Angriff übergeht.

Kynologie ist die Lehre vom Hund.

L

Läufe sind die Beine des Hundes.

Läufigkeit ist die Hitze der Hündin, d. h. der erwachte Geschlechtstrieb. In der Regel wird die Hündin zweimal im Jahr für etwa 4 Wochen läufig.

Latenzzeit ist die Zeit zwischen Signal und Antwort oder die Zeit zwischen dem Eintreffen eines Reizes und dem Auftreten der durch ihn ausgelösten Reaktion.

Leerlaufhandlung ist eine Verhaltensweise, die auf Grund starker Schwellenerniedrigung ohne Außenreize spontan hervorbricht und abläuft.

Lefzen sind die Lippen des Hundes. Sie sind „trocken", wenn sie geschlossen anliegen und „überfallend", wenn die oberen über die unteren fallen.

Leptospirose oder Stuttgarter Hundeseuche ist eine oft tödliche Infektionserkrankung. Anzeichen sind hohes Fieber, keine Aufnahme von Nahrung, übermäßiger Durst, Durchfall, Erbrechen, schwere Nierenerkrankung, Mattigkeit, Gelbfärbung der Schleimhäute. Vorbeugend wirken Impfungen im Alter von ca. 8 und 13 Wochen.

Lernbegabung oder Lerndisposition oder Lernvermögen oder Lernfähigkeit umfaßt alle im Erbgut festgelegten Voraussetzungen für die Leistungen des Hundes. Sie ist erblich begrenzt bei den einzelnen Rassen, Individuen und Funktionskreisen, verschiedenartig ausgeprägt und entwicklungsbedingten Änderungen unterworfen. So kann z. B. das gleiche Ausmaß von Erfahrungen innerhalb und außerhalb der sensiblen Phasen zu sehr unterschiedlichen Ergebnissen führen.

Lernen ist allgemein die Aufnahme von Informationen durch ein Lebewesen und die Aufbewahrung der Erfahrungen im Gedächtnis. Beim Hund sind das alle Prozesse, die zu einer individuellen Anpassung seines Verhaltens an die jeweiligen Umweltbedingungen führen.

Linienzucht ist die Paarung von Hunden aus einer Herkunftslinie, weil bei Ausscheidung fremden Erbgutes die Durchschlagskraft erhöht wird.

Lokomotionsbewegungen sind leicht verfügbare Bewegungsweisen von einer Stelle zur anderen, z. B. kriechen, gehen, laufen, klettern, schwimmen, fliegen. Sie können zwar nicht prinzipiell verändert, aber durch Außenreize andersartig zusammengesetzt und zu neuen Folgen geformt und eingeschliffen werden.

M

Maske ist das scharf abgegrenzte hellere oder dunklere Farbfeld im Gesicht des Hundes.

Meideverhalten zeigt der Hund, wenn er eine physische oder psychische Bedrohung oder eine offene Aggression mit Flucht, Unterlassungsreaktionen, Demutsgebärden usw. beantwortet.

Meutetrieb ist das Bestreben des Hundes, sich zu einem reinen Hund- oder Hund-Mensch-Rudel zusammenzuschließen. An diese Meute fühlt er sich gebunden und in ihr wirken seine auf die Meute ausgerichteten Triebe.

Milchhaar ist das Haar, welches der Welpe bis zur ersten Abhaarung besitzt. Die Haarung tritt z. B. beim gesunden Schäferhund in der Zeit zwischen der 10. und 14. Woche ein.

Mimik bezeichnet alle Ausdrucksbewegungen und -haltungen im Bereich des Gesichts. Sie ist beim Hund nur in einfacher Form vorhanden.

Mittelgröße haben Hunde mit einer Wideristhöhe von 42 bis 63 cm. Ab 63 cm sind es große Hunde. Von 42 bis 25 cm sind es kleine Hunde, und unter 25 cm gehören die Tiere zu den Kleinsthunden.

Modifikation bezeichnet generell alle durch Umweltfaktoren im individuellen Leben hervorgerufenen, nicht erblich bedingten Änderungen eines Organismus. Dabei legt der Genotyp die Grenzen fest, innerhalb derer der Phänotyp des Hundes durch Modifikation verändert werden kann.

Monorchid ist ein Rüde, der nur einen Hoden besitzt (Monorchismus).

Motivation oder Antrieb oder Stimmung ist die Bereitschaft des Hundes zur Ausführung einer bestimmten Handlung. Sie hat für jede Verhaltensweise zu jedem Zeitpunkt einen bestimmten Wert und entstammt allgemein den vier großen Triebanlagen: Ernährungstrieb, Aggressionstrieb, Fluchttrieb und Sexualtrieb. Der Motivationsgrad ist dabei abhängig von einer Vielzahl äußerer und innerer Faktoren, die ihre Wirkung nicht isoliert ausüben, sondern in verschiedenartigen Wechselbeziehungen zueinander, z. B. motivierende Reize, Entwicklungsstand, Ermüdung usw. Ersichtlich ist die Motivation aus der Stärke und der Häufigkeit einer Handlung.

Motivierende Reize sind Außenreize, die nicht eine äußere Reaktion hervorrufen, sondern durch Änderung der inneren Stimmungslage des Hundes die Auslösbarkeit einer Verhaltensweise durch andere Reize vorbereitet.

Motorisches Lernen bezeichnet das Lernen auf dem Gebiet der Bewegungsausführung.

Mut bedeutet in der Kynologie Unerschrockenheit oder Furchtlosigkeit in bekannten und unbekannten Situationen. Er basiert auf der Wesensverfassung und den Triebanlagen des Hundes und kann nicht durch Training erworben werden.

Mutationen sind neu auftretende Veränderungen der Erbfaktoren.

Mutterlinie ist die systematische Züchtung aus einer bewährten Mutterhündin in geraden Generationsfolgen mit weiblichen Tieren.

N

Nachahmung bezeichnet das „Lernen durch Beobachtung". Dabei übernimmt der Hund beobachtete Verhaltensweisen indirekt in sein Verhalten, auch wenn sie seinen wahren Anlagen nicht entsprechen, z. B. feiges Verhalten trotz innerer Sicherheit.

Nacheffekt oder Bekräftigung oder Verstärkung ist die Bezeichnung für alle Ereignisse, die nach einer vom Hund ausgeführten Verhaltensweise auftreten und zu einer anschließenden Wiederholung oder Abbau des gezeigten Verhaltens führen.

Nervenverfassung beeinflußt sehr stark das Verhalten und den Wert des Hundes. Übermäßige Nervenreizbarkeit ist eine Wesensschwäche, während eine zu hohe Nervenbasis eine schlechte Arbeitsgrundlage ist. Das in jeder Hinsicht beste Nervensystem ist jenes, das auf eine mittlere Reizschwelle reagiert.

Neurose entsteht, wenn der Hund nicht mehr in der Lage ist, einen Konflikt, dem er wehrlos ausgeliefert ist, zu lösen.

O

Objektübertragene Bewegung ist eine Handlung, die nicht an dem Objekt, das ihn erregt, sondern an einem anderen, zufällig vorhandenen ausgeübt wird. Zum Beispiel kann ein gereizter Hund seine Wut an einem zufällig vorhandenen rangniederen Tier auslassen.

Ohrenerkrankung deuten z. B. an: Ohrenschütteln, Kratzen am Ohr, Schiefhalten oder Schütteln des Kopfes, Geruch aus dem Ohr, Auflagerungen, Verdickungen, Geschwüre des Ohres, Schmerzäußerungen bei Berührung des Ohres.

Omega-Tier ist das an letzter Stelle stehende Tier in der Rangordnung eines Rudels (Prügelknabenstellung).

Orientierungsverhalten umfaßt Handlungen wie Schnüffeln, aufmerksam gespanntes Sehen und Hören, planmäßiges Suchen usw.

P

Pfoten sind die Zehen und Sohlen der Läufe. Sie sollen beim Hund möglichst kurz und geschlossen sein (Katzenpfoten).

Phänotyp bezeichnet das äußere Erscheinungsbild des Hundes. Es ist das Ergebnis des Wechselspiels zwischen den Erbanlagen und den Umweltbedingungen, die während seiner Entwicklung auf den Organismus einwirken.

Phobie oder Vermeidungszwang ist eine auf ein bestimmtes Objekt oder spezielle Situation bezogene, stark ausgeprägte unkontrollierbare Angst.

Physiologie ist die Lehre von den Funktionen und Leistungen der Lebewesen.

Prägung ist ein verhältnismäßig schneller Lernvorgang in frühester Jugend, der sich von den anderen Lernprozessen durch drei Eigenschaften unterscheidet:

1. Durch eine ausgeprägte sensible Phase.
2. Durch ein sehr stabiles, nicht rückgängig zu machendes Lernergebnis.
3. Durch die Unmöglichkeit, Nichtgelerntes nachzuholen.

Prämolaren sind Lückenzähne, die sich erst beim Zahnwechsel des Hundes entwickeln. Es sind auf jeder Seite des Ober- und Unterkiefers die ersten 4 Zähne nach den Fangzähnen und werden auch von dieser Richtung aus gezählt (P1, P2, P3, P4).

Prüfung ist eine von hundesportlichen Organisationen eingerichtete, vorher ausgeschriebene und nach einer Prüfungsordnung ausgerichtete Veranstaltung, bei der bestimmte Leistungen des Hundes geprüft und bewertet werden.

Prüfungsordnung ist die Zusammenfassung der Zulassungs- und Durchführungsbestimmungen für die Prüfung. Sie wird in gewissen Abständen überprüft und nach den gewonnenen Erfahrungen abgeändert oder ergänzt. Jede Prüfung ist in einzelne Fächer eingeteilt. Für die Leistungen werden Zensuren vergeben. Das Richterurteil ist grundsätzlich unanfechtbar.

Rachitis ist eine Mangelkrankheit in der Zeit des Wachstums. Sie wird durch falsche Ernährung und Aufzucht hervorgerufen. Anzeichen dafür sind verdickte Gelenke, gebogene Läufe, mißgestaltetes Gebiß. Vorbeugend wirken vollwertiges und ausgewogenes Futter sowie viel Bewegung und Aufenthalt in frischer Luft.

Räude ist eine schwere, durch Milben übertragene Hauterkrankung. Anzeichen sind Pusteln, Schuppen, Haarausfall, Abmagerung.

Rangordnung der sozialen Hierarchie ist allgemein die geregelte Verteilung von „Rechten und Pflichten" innerhalb einer Tiergruppe. Sie wird durch Kämpfe oder Paarbildung festgelegt. Dabei ist die Rangstufe eines Tieres abhängig von seiner Größe, Körperkraft, Geschicklichkeit und Kampfbereitschaft. Das ranghöchste Tier (Alpha-Tier) hat die Aufgabe, durch sein Können und seine Erfahrung das Überleben der einzelnen Rudelmitglieder zu sichern.

Rasse ist eine Gruppe von Einzeltieren innerhalb einer Art mit gemeinsamen, vererblichen Eigenschaften.

Rasseausdruck ist der körperliche und wesensmäßige, für eine Rasse typische Ausdruck: Rassetyp.

Rassehund ist der zuchtmäßig gezüchtete und in einem anerkannten Stammbuch eingetragene, edle Hund.

Reflex ist die sichere und sofortige Antwort auf einen Sinnesreiz. Diese Reiz-Reaktions-Beziehung kann erblich sein (unbedingter Reflex) oder erlernt (bedingter Reflex).

Reifung ist die Vervollkommnung einer Verhaltensweise ohne Übung. Sie beruht auf Entwicklungsprozessen im Zentralnervensystem.

Reiz oder Stimulus ist allgemein ein physikalischer Zustand oder eine Zustandsänderung in der Umwelt oder im Inneren eines Lebewesens, der im Organismus zu Veränderungen führt.

Reiz-Reaktions-Beziehung ist bei einfachen Reflexen starr und unveränderlich. Sie kann jedoch bei anderen Verhaltensweisen durchaus von der Umwelt und der Stimmung des Tieres beeinflußt werden.

Reizschwelle ist die Mindestgröße eines Reizes, die bei einem Lebewesen eine Reaktion auslöst. Dabei kann der Schwellenwert von verschiedenen Innen- und Außenbedingungen beeinflußt werden.

Reizsummation bezeichnet die wechselseitige Reizverstärkung von Schlüsselreizen, die ein und dieselbe Verhaltensweise auslösen. Dabei entspricht der Gesamtwert einer Situation in der Regel nicht der genauen Summe der Einzelreize.

Revier ist ein verteidigtes und markiertes Wohngebiet, dessen Größe von dem Grad der Angriffslust des Tieres bestimmt wird. Im Mittelpunkt des Reviers ist die Kampfbereitschaft am größten, während sie mit zunehmender Entfernung in gleichem Maße abnimmt, wie die Umgebung für das Tier fremder und furchterregender wird.

Risthöhe ist die Höhe zwischen dem höchsten Punkt des Widerristes und des Ballengrundes.

Rückenhaar ist das Haar zwischen Nacken und Rücken in der Widerristgegend. Bei Erregungszuständen wird es oft wie eine Bürste gesträubt.

Rudel ist bei Hunden eine geschlossene Gesellschaft, deren Mitglieder sich als Individuen persönlich kennen und die in einer Rangordnung zusammenleben.

Rumpf des Hundes besteht aus Brust, Rücken, Bauch und Beckenpartie.

Rute ist der Schwanz des Hundes. Es wird unterschieden nach der

a) Form:

Haken-, Knopf-, Korkenzieher-, Posthorn-, Ringel-, Säbel-, Stichel- und Stummelrute.

b) Behaarung:

Aal-, Bürsten-, Fahnen- und Otternrute.

S

Sauberkeit ist Grundbedingung für eine erfolgreiche Haltung. Nicht nur der Hund selbst, sondern auch alle Gegenstände, mit denen der Hund in Berührung kommt, einschließlich Lager und Zwinger, sind ständig sauberzuhalten.

Schärfe ist eine Wesensanlage, die triebhaft verankerte oder durch Erziehung verstärkte Bereitwilligkeit des Hundes, auf unvermutete Reize und offensichtliche Angriffe feindlich zu reagieren. Schärfe hat nichts mit Mut zu tun.

Scherengebiß ist die bei den meisten Hunderassen erwünschte Form des Hundegebisses, bei dem die Kronen der oberen Schneidezähne ein wenig über die des Unterkiefers hinausgreifen.

Scheu ist ein nerven- und wesensschwacher Hund. Scheue kann aber auch umweltbedingt sein, z. B. Handscheue, Leinenscheue. Diese tritt dann auf, wenn der Hund öfters sehr unangenehme Erfahrungen mit der Hand des Menschen oder der Führleine machte und deshalb vor jeder Hand- oder Leinenbewegung zurückweicht.

Schlittenfahren oder rutschen mit oft vorgezogenen Hinterläufen auf der Analgegend ist ein Zeichen für starken Wurmbefall bzw. Entzündung oder starker Füllung der Analdrüsen.

Schlüsselreiz oder Signalreiz ist ein Außenreiz oder eine Reizkombination, der ein bestimmtes Verhalten auslöst oder aufrechterhält sowie die Orientierung einer Verhaltensweise oder die Stimmungslage des Hundes beeinflußt.

Schnupfen ist eine gelegentlich auftretende Erkältungserscheinung, der sich meist nach einigen Tagen von selbst gibt.

Schußfest sollte jeder gesunde und nervenfeste Hund sein. Schon der Welpe sollte an laute Geräusche gewöhnt werden.

Schutzhund ist im weiteren Sinne ein Hund, der durch sein Verhalten und Vorgehen seinen Herrn beschützen kann.

Schutzimpfung ist eine vorbeugende Maßnahme gegen bestimmte Krankheiten. Der Hund sollte die erste Schutzimpfung im Alter von 7 bis 9 Wochen und die zweite Impfung im Alter von 11 bis 14 Wochen erhalten.

Schutztrieb ist die vererbbare Veranlagung, auf jeden Angriff, ob gegen sich oder gegen seinen Herrn, mit einem Gegenangriff zu reagieren. Der Schutztrieb steht in engem Zusammenhang mit der Bindung an seinen Herrn.

Schwellenwertänderung bezeichnet die Änderung in der Auslösbarkeit einer Verhaltensweise. Sie kann von verschiedenen Faktoren bestimmt werden und führt entweder zu einer Schwellenerhöhung (schwere Auslösbarkeit der Reaktion) oder zu einer Schwellenerniedrigung bzw. -senkung (leichtere Auslösbarkeit der Reaktion). Extreme Schwellenerniedrigung kann Leerlaufhandlungen zur Folge haben.

Seelenleben ist art- und wesensbezogen. Jede Vermenschlichung oder die Beurteilung nach menschlichen Maßstäben ist falsch.

Senkrücken ist ein fehlerhafter, eingesenkter Rücken, der z. B. durch Überfütterung oder zu frühes oder zu zahlreiches Werfen bei einer Hündin entstehen kann.

Sensible Phase ist derjenige Lebensabschnitt, in dem ein Lebewesen für bestimmte Lernerfahrungen besonders empfänglich ist. Sie tritt im Leben des Tieres nur einmal auf und zeigt sich beim Hund in der Prägungsphase.

Sozial bedeutet in der Ethologie, daß die betreffende Verhaltensweise die Aufgabe einer innerartigen Verständigung erfüllt.

Sozialisierungsphase ist der Lebensabschnitt des Hundes, in dem er seine spezifischen sozialen Kontakte erwirbt. Sie dauert von der 8. bis 12. Woche und ist für ein optimales Mensch-Hund-Verhältnis von entscheidender Bedeutung. Wird sie verpaßt, kann der soziale Erfahrungsentzug später nicht mehr nachgeholt werden. Der Hund ist in bezug auf den Menschen sozial „fehlgeprägt" (Zwingerhunde).

Sozialverhalten oder soziales Verhalten bezeichnet allgemein alle auf den Artgenossen gerichteten Verhaltensweisen wie Verhalten in der Gruppe, der Sexualität und der Aggression.

Spieltrieb ist mit dem Bewegungs- und Betätigungstrieb verwandt bzw. zum Teil in ihm begründet. Er ist in der Jugend besonders ausgeprägt und bleibt bis in das hohe Alter des Hundes erhalten.

Spielverhalten bezeichnet alle jene Verhaltensweisen, die innerhalb des Verhaltensbereiches keinen „Ernstbezug" besitzen. Es ist allgemein gekennzeichnet durch einen relativ hohen Anteil an spontanen Verhaltensweisen und kann als Solitätspiel, Objektspiel oder Sozialspiel durchgeführt werden.

Spontanes Verhalten ist ein Verhalten, das nicht durch Außenreize ausgelöst oder aufrechterhalten wird, sondern von „innen" heraus entsteht, z. B. spontanes Auftreten von Lokomotionsbewegungen.

Spürtrieb ist im Jagdtrieb des Hundes verankert und äußert sich

a) in der Bereitschaft, eine Tier- oder Menschenfährte aufzunehmen.

b) in dem Bestreben, die Fährte mit tiefer Nase freudig und ausdauernd zu verfolgen.

Stammbaum ist das Verzeichnis aller von einem Zuchttier oder Elternpaar abstammenden Nachkommen. Er ist je nach den Generationsfolgen mehr oder weniger verzweigt und umfangreich.

Standard stellt die von dem verantwortlichen Klub aufgestellte und von der FCI genehmigte Beschreibung des Idealtypus der Rasse dar.

Staupe ist eine schwere Infektionskrankheit mit oft tödlichem Ausgang. Anzeichen sind hohes Fieber, Freßunlust, Mattigkeit, eitriger Ausfluß aus Nase und Augen, Husten. Vorbeugend wirken Impfungen im Alter von ca. 8 bis 13 Wochen.

Stockhaar ist die ursprünglichste Behaarung des Hundes. Sie setzt sich aus kurzer, weicher Unterwolle und kürzeren oder etwas längeren Grannenhaaren zusammen. Die Grannen der kurzstockhaarigen Hunde können 3 bis 4 cm, die der langstockhaarigen 5 bis 8 cm lang sein.

T

Taxis oder Orientierungsreaktion ist eine Bewegung, die der räumlichen Orientierung gilt.

Telegonie ist die irrige Meinung, daß ein Rassehund, der von einem Hund einer anderen Rasse oder von einem Mischling gedeckt wurde, in der Zukunft keine rassereinen Nachkommen mehr gebären kann.

Temperament des Hundes äußert sich in der psychischen Beweglichkeit und der Reaktionsintensität auf die verschiedenen Umweltreize. Dabei gilt: der Hund ist um so temperamentvoller, je lebhafter und reaktionsintensiver er sich gegenüber seiner Umwelt verhält. Er ist um so temperamentsärmer, je träger und interessenloser er sich benimmt. Jedoch darf das Temperament nicht mit Nervosität verwechselt werden.

Temperatur zwischen 37,5 bis 39 Grad ist beim Hund als normal zu bezeichnen. Fieber beginnt erst bei 39,2 Grad.

Tierpsychologie ist jenes Teilgebiet der Verhaltensbiologie, das sich mit den Persönlichkeitsmerkmalen eines Tieres beschäftigt und sie beschreibt. Dabei sind viele wichtige tierpsychologische Erkenntnisse an Zoo- und Zirkustieren gewonnen worden.

Totschütteln bezeichnet ein intensives seitliches Kopfschütteln mit der im Fang gehaltenen Beute. Bei jungen Hunden ist das Totschütteln ein häufiger Bestandteil des Spielverhaltens.

Tollwut ist die gefährlichste Infektionskrankheit. Der Virus wird durch Biß oder Speichel eines erkrankten Tieres übertragen. Anzeichen sind Gereiztheit, Appetitlosigkeit, Zerbeißen unverdaulicher Gegenstände, Angriffslust, Raserei, heiseres Bellen, Heulen, Lähmung der Hinterbeine, ständige Veränderung der Größe der Pupillen. Vorbeugend sind regelmäßige Schutzimpfungen, beginnend im Alter von 3 Monaten.

Trieb ist die ererbte Bereitschaft des Hundes zu einem bestimmten Verhalten.

Triebstau entsteht, wenn ein bestimmter Trieb lange keine Gelegenheit mehr zum Ablaufen hatte. Dadurch steigert sich die Bereitschaft des Hundes zu einem bestimmten Verhalten.

Trocken ist ein Hund mit eng anliegender Haut, ohne Fett- oder überflüssige Fleischablagerungen, unter der die Muskel, Bänder und Knochen plastisch hervortreten.

Trockenverbellen ist allgemein eine bellformende Übung, die dem Hund das gezielte Bellen lehrt. Speziell dient das Trockenverbellen dazu, die saubere Ausführung einer späteren, an einen bestimmten Außenreiz gekoppelte Verbellübung systematisch vorzubereiten.

U

Überbaut ist ein Hund, dessen obere Kruppenlinie höher liegt als der höchste Punkt des Widerristes.

Übersprungsbewegung ist eine schwächer aktivierte Verhaltensweise, die in einer Konfliktsituation durch die gegenseitige Hemmung der vorherrschenden Verhaltenstendenzen zum Durchbruch kommt.

Umwelt bezeichnet allgemein die gesamte Umgebung oder „Außenwelt" des Hundes. Speziell jedoch diejenigen Faktoren der Umgebung, die auf den Hund tatsächlich in irgendeiner Weise einwirken.

Unterordnungsbereitschaft ist die Neigung des Hundes, sich dem Ranghöheren unterzuordnen, nachdem er dessen Autorität erlebt und respektieren gelernt hat.

Unterwolle sind die unter den äußeren Grannen- oder Deckhaaren liegenden, weichen, wärmenden, anschmiegsamen Haare.

V

VDH bedeutet Verband für das Deutsche Hundewesen e. V. Er ist die Dachorganisation der deutschen Rassezuchtverbände mit Sitz in Dortmund.

Verhalten umfaßt allgemein alle Bewegungen, Lautäußerungen, Körperhaltungen und Verständigungsweisen des Hundes.

Verhaltensstörung ist jedes von der Norm abweichende Verhalten des Hundes wie krankheitsbedingte Veränderung, Fehlprägung, Fehlentwicklung oder unnatürliche, zwanghafte Bewegung.

Verstand des Hundes umfaßt die Lern-, Merk- und Wiedergabefähigkeit sowie die Assoziatons- und Kombinationsbegabung. Der Hund hat nicht Besonnenheit, Einsicht, logische Denkfähigkeit etc. = Vernunft.

Verstopfung tritt z. B. ein, wenn der Hund zuviel Knochen oder Knochenmehl frißt. Abführend wirken Fette, Milch oder Quark, rohe Milz oder Leber usw.

W

Weichheit oder große Empfindlichkeit ist die Eigenschaft des Hundes, sich von unlustvollen Empfindungen oder beängstigenden Ereignissen stark und nachhaltig beeindrucken zu lassen. Sie bedeutet keine Wehleidigkeit.

Wehrdistanz ist derjenige Mindestabstand, bis auf den ein Tier, bei fehlender Fluchtmöglichkeit, einen überlegenen Feind an sich herankommen läßt, ohne mit verzweifeltem Angriff zu reagieren.

Wehrtrieb ist das Bestreben des Hundes, sich gegen eine physische oder psychische Bedrohung oder gegen eine offene Aggression zu verteidigen.

Wesen ist die Eigentümlichkeit und die Eigenart des Hundes. Es äußert sich z. B. im Temperament, Anhänglichkeit, Lernfreudigkeit, Arbeitswille, Ausdauer, Kampfesmut usw. und ist bei jedem Hund andersartig gelagert.

Wesensschwäche ist im wesentlichen angeborene starke Feigheit, Ängstlichkeit, Schreckhaftigkeit, Nervenschwäche und Mißtrauen. Die Mängel können weder mit Dressurmaßnahmen noch mit irgendeiner anderen Methode verringert oder beseitigt werden.

Wesenssicherheit ist das Gegenteil der Wesensschwäche und die Grundlage jeder optimalen Aufbauarbeit. Sie hängt ab von dem Intensitätsgrad der drei Wesensgrundlagen Konstitution, Trieb- und Instinktveranlagung und den höheren psychischen Fähigkeiten.

Wurmkur ist eine Bekämpfungsart der inneren Parasiten. Beim Hund sollte die erste Wurmkur bereits in der 3. Lebenswoche durchgeführt werden.

Z

Zeitliche Beziehung von Ursache und Wirkung bei instrumenteller Konditionierung:

Zuerst erhält der Hund die Antriebsbefriedigung, wenn er ein bestimmtes Verhalten zeigt.

Dann setzt der Hund das erlernte Verhalten gezielt zur Antriebsbefriedigung ein (Mittel zum Zweck).

Literatur

Dieses Buch ist ein *allgemeiner* Leitfaden für *jeden* verantwortungsbewußten *und* erfolgsorientierten Hundeführer, der seinen Hund nach lern- und tierpsychologischen Grundsätzen formen und führen will. Deshalb habe ich nicht an den entsprechenden Stellen die einschlägigen Arbeiten anderer Kapazitäten, auf die ich mich beziehe, genau zitiert. Die folgende Liste führt die Literatur auf, die ich bei meiner Arbeit mit Gewinn benutzt habe.

Hassenstein, Bernhard: Instinkt, Lernen, Spielen, Einsicht. Verlag Piper & Co, München.

Immelmann, Klaus: Einführung in die Verhaltensforschung. Verlag Paul Parey, Hamburg.

Immelmann, Klaus: Wörterbuch der Verhaltensforschung. Verlag Paul Parey, Hamburg.

Lorenz, Konrad: Über tierisches und menschliches Verhalten. Verlag Piper & Co, München.

Lorenz, Konrad: Vergleichende Verhaltensforschung. Verlag Springer, Wien.

Müller, Manfred: Vom Welpen zum idealen Schutzhund. Verlag Oertel + Spörer, Reutlingen.

Müller, Manfred: Die Spezialausbildung des Schutzhundes. Verlag Oertel + Spörer, Reutlingen.

Müller, Manfred: Der leistungsstarke Fährtenhund. Verlag Oertel + Spörer, Reutlingen.

Müller, Manfred: Der echte, führige Schutzhund. Verlag Oertel + Spörer, Reutlingen.

Bildquellen

Die Fotos sind von Manfred Müller, Elisabeth Homm und Susanne Hollesen. Sie zeigen Hunde unterschiedlichen Alters und Ausbildungsstandes.

Die Auswahl der Bilder erfolgte primär nach ihren Aussagewerten in puncto Textverdeutlichung.

Fachbücher rund um den Hund

Anders Hallgren

Lehrbuch der Hundesprache

Mit dem Hund auf du und du
2. Auflage

180 Seiten, 14 Farbbilder, 92 Schwarzweißbilder, 14,8 × 21 cm, gebunden
ISBN 3-88627-136-6
DM 28,– / öS 218,– / sFr. 29,50

Hunde haben eine gut entwickelte und reiche Sprache. Sie haben dadurch vielfältige Möglichkeiten, untereinander Botschaften auszutauschen. Sie erzählen sich wesentlich mehr, als man bislang glaubte. Ein Hund kann mit Leichtigkeit einen anderen Hund zu einer Beißerei herausfordern oder dafür sorgen, daß keine Beißerei entsteht. Er kann einem anderen Hund erklären, daß er an einer Kontaktaufnahme interessiert ist oder daß dieser lieber Abstand halten soll.
Die gleiche Sprache, die die Hunde untereinander gebrauchen, verwenden sie auch gegenüber dem Menschen.
Während unsere Hunde aber instinktiv ihre eigene, angeborene Sprache sowohl sprechen als auch verstehen können, müssen wir Menschen sie Schritt für Schritt erlernen. Wie man dabei erfolgreich vorgeht, zeigt uns das Werk von Anders Hallgren.

Verlagshaus Reutlingen · Oertel + Spörer
Postfach 16 42 · D-72706 Reutlingen
Telefon 0 71 21 / 302-552 · Fax 0 71 21 / 302-512